"中国新闻学丛书"编辑委员会

主　任：李　彬　赵月枝

委　员：（按姓氏笔画顺序）

王君超　王润泽　王维佳　史安斌　吕新雨　李　珮
李　彬　李希光　杨萌芽　吴　玫　吴　靖　张　垒
张　桐　赵月枝　胡　钰　俞　凡　洪　宇　程曼丽

"中国新闻学丛书"出版委员会

主　任：杨国安　杨萌芽

委　员：（按姓氏笔画顺序）

马　龙　王鹏飞　纪庆芳　杨　波　杨国安　杨萌芽
陈建恩　郑　鑫　胡玲霞　姜　畅　谌洪波　薛建立

中国近现代出版产业化进程中的马克思主义著作传播（1899—1945）

张国伟 著

河南大学出版社
·郑州·

图书在版编目（CIP）数据

中国近现代出版产业化进程中的马克思主义著作传播：1899—1945 / 张国伟著 . -- 郑州：河南大学出版社，2021.5

ISBN 978-7-5649-4721-7

Ⅰ.①中… Ⅱ.①张… Ⅲ.①马列著作－传播－研究－中国－1899-1945 Ⅳ.① A8 ② G206

中国版本图书馆 CIP 数据核字 (2021) 第089057号

责任编辑	胡玲霞
责任校对	董庆超
装帧设计	翟淼淼　高枫叶

出版发行	河南大学出版社			
	地址：郑州市郑东新区商务外环中华大厦2401号		邮　编：450046	
	电话：0371-86059715（高等教育与职业教育出版分社）			
	0371-86059701（营销部）			
	网址：hupress.henu.edu.cn			
排　版	河南大学出版社设计排版部			
印　刷	河南瑞之光印刷股份有限公司			
经　销	全国新华书店			
版　次	2021年6月第1版		印　次	2021年6月第1次印刷
开　本	710 mm×1010 mm　1/16		印　张	15.5
字　数	340 千字		定　价	48.00 元

（本书如有印装质量问题，请与河南大学出版社营销部联系调换。）

总序：新时代　新征程　新闻学　新探索

李　彬　赵月枝

中国共产党成立一百年前夕，酝酿有年的"中国新闻学丛书"开始问世。所谓"中国新闻学"自然指立足中国的新闻学，离不开中华民族5000多年源远流长的文明史、中国人民近代以来180余年屡挫屡奋的斗争史、中国共产党100年来艰苦卓绝的奋斗史、中华人民共和国70多年正道沧桑的发展史，以及其中蔚为大观的新闻与传播实践史，包括新闻学与传播学的学术传统。同时，由于主流传统同马克思主义道统水乳交融，中国新闻学又始终心系天下，关注人类命运共同体及其新闻传播实践，离不开《国际歌》寄寓的国际主义情怀——"英特纳雄耐尔"（international）。充分展现这些学术内涵，不是一篇总序而是全套丛书的工作。而说明丛书的缘起，至少可以彰显"中国新闻学"的立意与定位。

早在2002年，范敬宜甫任清华大学新闻与传播学院首任院长之际，高瞻远瞩，身体力行，大力倡导以马克思主义为指导，具有"中国特色、中国气派、中国作风"的新闻学及其学科体系与教育体系，一时风起云涌，得到广泛响应。2008年，由于金融危机爆发以及全球资本主义体系危机加剧，"马克思归来"成为汇聚中外前沿学术思想的时代强音，而如何赓续中国新闻学的马克思主义中国化传统，进而创新网络时代的新闻学，愈发成为中国新闻学人迫在眉睫的时代使命。

党的十八大后，随着新时代的气息春风徐来，新闻学也迎来前所未有的良机。2016年，习近平主持召开全国哲学社会科学工作座谈会并发表讲话，明确提出要着力构建中国特色的哲学社会科学及其学科体系、学术体系和话语体系，与此同时要加快完善对哲学社会科学具有支撑作用的学科，其中引人注目地包括新闻学，令新闻传播学界无不倍感鼓舞。

为了响应新时代召唤，中信改革发展研究基金会于2014年成立，聚焦了一批各学科守正创新的一流学者，致力于推进中国特色、中国气派、中国风格的哲学社会科学建设。2017年，中国特色新闻学研究会在清华大学成立伊始，就与中信基金会密切合作，举办了首届"中国特色新闻学高级研讨班"。其间，我们同来自五湖四海的青年学者一起，从不忘本来、吸收外来、面向未来的视角，畅谈了理论逻辑、历史逻辑、实践逻辑有机统一，普遍意义与中国特色若合一契的中国新闻学构想。

在此基础上，基金会将"中国新闻学丛书"作为重点项目列入研究计划。之所以亮出"中国"的旗号，既不是以本土主义对抗西方中心主义，也不可能是"囊括四海，并吞八荒"，而是旨在凸显梁启超所谓"中国之中国、亚洲之中国、世界之中国"的自觉意识，表明更自觉地从全球史视野的高度，面向中国实践、更深入地扎根中国大地、更自信地践行中国道路的学术追求，也就是中信改革发展研究基金会的宗旨——坚持实事求是，践行中国道路，发展中国学派。

——坚持实事求是。丛书作者术有专攻，各抱地势，但无论深入历史，还是透视现实，无论穷究学理，还是钻研实务，无不遵循实事求是的治学精神，如一代马克思主义新闻学家甘惜分晚年希冀的："立足中国土，请教马克思。"

——践行中国道路。坚持实事求是为的是践行中国道路，正如解释世界为的是改变世界。何谓中国道路？一句话，就是中国共产党领导的革命、建设、改革所开辟的道路。而这条道路的灵魂在于社会主义，即习近平总书记所言，中国特色社会主义不是别的什么主义而是社会主义。中国新闻学说到底也是为社会主义新闻业立魂、立言、立心。

——发展中国学派。随着中国道路日渐开阔，以及文化自觉与学术自觉日益醒悟，中国学派也呼之欲出。近代以来，特别是新中国成立七十余年来，中国新闻学已经取得长足进展，从梁启超到邵飘萍，从邹韬奋到范长江，从邓拓到穆青，从延安窑洞人民广播的手摇发电机到数字时代融媒体，一代代中国记者以及学者以其辛勤耕耘和开创性工作奉献了无数心血和智慧，也为中国新闻学及其学派奠定了厚实基础。现在的关键在于我辈是否具有足够自信，摆脱某种制约中国新闻学想象力与创造力的"学术殖民"心态以及学术话语，用中信基金会理事长孔丹的话说，将"他信"变为"自信"，将著书立说的立足点从"彼岸"转到"此岸"。

19世纪初，西方文脉俨然在欧陆，德国洪堡大学等更是文化圣地，吸引着东西南北的欧美知识精英，而在立国不过半个世纪、偏处海角天涯的美国，哈佛文人R. W. 爱默生（Ralph Waldo Emerson），却提出了美国文化走自己路的主张，发表了美国文化的独立宣言《美国学者》（*American Scholar*）。如今，经过七十余年锻造的中华人民共和国，已经开启了全面建设社会主义现代化国家的新征程，发展中国学派以审视中国经验、提炼中国理论、贡献中国方案，更可谓名正言顺，水到渠成。

2019年立春时节，河南大学新闻与传播学院和河南大学出版社同意将这套丛书纳入河南大学献礼中华人民共和国成立70周年的重点图书，2020年这套丛书又入选国家出版基金资助项目。中州自古英雄气，"逐鹿中原，问鼎天下"一向激荡人心。作为百年名校，河南大学也是文脉悠长，俊采星驰，包括名记者邓拓等校友。"中国新闻学丛书"能够落户河南大学出版社，也是得其所哉。

大鹏之动，非一羽之轻也；骐骥之速，非一足之力也。十多年来，我们一直勉力耕耘，与各方有生力量一道共同推进中国特色、中国气派、中国风格的新闻学建设，这套丛书就是一批阶段性成果。我们深知，如同伟大的中国革命与社会主义事业，我们的社会主义学术事业包括中国新闻学也不可能一蹴而就，更不可能凭少数人埋头苦干，而是需要持之以恒的扎实工作，更需要一批又一批、一代又一代的同道共襄此举。

2021年6月

（李　彬，清华大学新闻与传播学院教授、博士生导师，曾任河南大学黄河学者，兼任澳门科技大学博士生导师）

（赵月枝，加拿大皇家学会院士，西门菲莎大学全球传播政治经济学加拿大国家特聘教授，兼任清华大学新闻与传播学院卓越访问教授）

序

雷启立

19世纪中叶,一个幽灵,共产主义的幽灵,在欧洲大陆徘徊。以《共产党宣言》为代表的马克思主义思想光芒,终于刺破旧欧洲一切势力——教皇和沙皇、梅特涅和基佐、法国的激进派和德国的警察——的笼罩和围剿,传到亚洲,播撒到中国,星火燎原,改变了世界。在旧势力那么强大的情况下,新思想是如何传播,并变成物质力量的?哪些因素在起作用,起到了多大的作用,是如何起作用的?这些一直是学界不断讨论和关注的重要议题。很早的时候,人民关注思想本身的力量,"批判的武器"直接被化约为"武器的批判"。新文化史的研究方法转向另外一种进路,工具、媒介、日常生活、小事件,又被描述为改变大历史的契机。在罗伯特·达恩顿(Robert Darnton)那里,约翰内斯·谷登堡(Johannes Gutenberg)发明的金属活字印刷技术成就了马丁·路德(Martin Luther),造成了宗教改革的燎原之势,带来了欧洲18世纪以来的资本主义的勃兴。18世纪发生在欧洲的启蒙思想和运动不仅是一种思想和精神的传播过程,还是一个物质的生产过程,思想以物质为载体,经由日常生活召唤和市场逻辑传递,进而产生力量。

马克思主义在中国的传播研究同样在这一维度被打开。这一传播过程不只是思想文化层面的不断阐释,更是作为物质载体的传播媒介深刻参与的传播过程。清末以降,中国的印刷技术经历了从雕版印刷到铅活字印刷为主的转变,技术变革塑造的新生产方式介入社会文化的生产和传播过程,与思想潮流相互缠绕,你推我进,成为启迪思想改造社会的重要力量。陆续出版的珍贵历史资料,如《中华民国史档案资料汇编》(5辑)、"共产国际、联共(布)与中国革命档案史料丛书"(17卷)、"地方革命历史文件汇编"(366册)等档案资料,如湘潭大学出版社出版的《红藏:进步期刊总汇(1915—1949)》,收集、影印了1915—1949年间中国共产党领导下创办的红色期刊151种,计3亿余字的珍贵报刊资料等,特别是以中国共产党建党百年为契机,新近发掘的相关档案、文献、报刊、文物等史料,为相关研究的深入开展提供了坚实的基础。

岁月如白驹过隙，张国伟2013年入学从我攻读传播学博士学位。其时，这样一种研究思潮已经初露端倪，他选定"马克思主义著作在中国的出版和传播（1899—1945）"为题，爬梳整理相关文献，谋篇结构理论和史实，大费周章，各种纠结，情形如在昨日。博士毕业后，他在此基础上增删成就这本《中国近现代出版产业化进程中的马克思主义著作传播（1899—1945）》，显然是更加成熟和完善了。本书不同于以往对马克思主义的研究集中于思想文化内容的阐释和考察，将研究重点置于作为思想文化载体的图书报刊，以及由此展开的策划、生产、出版、销售和阅读等一系列出版传媒活动上。沿着传播学研究的思想进路，他较多地运用了传播学和文化研究的理论和方法，特别注重描绘"彼时的新式传媒如何塑造马克思主义群体、如何刊载马克思主义内容、如何出版发行马克思主义著作以及当时的社会背景和法律规则等如何影响马克思主义的传播"，继而呈现出"马克思主义从报刊上的只言片语到体量庞大的图书门类，从学术组织的研究议题变成大众图书报刊上的阅读内容，从京、津、沪、汉、穗等大城市走入内地乡间，从众多西方思想中的一个成为极具影响力的社会主流思潮"的传播过程。于是，出版和传媒不仅仅是经济的或政治的进程的反应，而成为斯图尔特·霍尔（Stuart Hall）所说的"与经济和政治同等重要的现实社会的组成部分"。如此这般对图书报刊及其背后一系列出版传播活动的考察，从另外的维度展现了马克思主义思想传播过程中的复杂性，也呈现了彼时的社会文化背景、思想诉求、印刷技术水平、行业生态状况等历史图景，将无形的思想与有形的物质生产活动进行关联，进而考察物质性的生产活动是如何介入社会生活进而成为改造社会的一股力量的，为描绘和理解当时的社会情势和运行状况提供了可能。

当一种研究方法和思想进路开展到某个程度以后，背后需要周延的地方就同样会凸显出来。就像《共产党宣言》的出版和传播一样，《资本论》的出版和传播过程同样惊心动魄。史料表明，《资本论》首个中文全译本是1938年由大夏大学（华东师范大学前身）校友郭大力和中华大学（华中师范大学前身）校友王亚南翻译出版的。从1928年开始，郭大力和王亚南就开始组织翻译这部大书，矢志不渝。早期译稿毁于炮火，战乱中二人颠沛流离，辗转于各地，且译且寄，为保证译稿质量，多文种校勘，230余万字的大书始告译竣。译事既难，又兼出版商迫于政治风险不敢承接，各种艰辛，不一而足，非有坚定之信念而不能为也。此后的出版发行过程更是跌宕起伏，波澜壮阔，似乎又不是"技术"力量和"生意"逻辑所能概括，先进的革命思想所具有的深刻感召力又是怎样具有"物质"的力量，亦值得有更深入的研究。在众多研究的基础上接续过往，发表新论,切磋取舍,确非易事。好在,所有过往,皆为序章,期待国伟博士有更多的成果问世。

2021年6月,上海
(作者系华东师范大学传播学院教授,博士生导师)

目 录

绪 论 ·· 001

第一章　清末民初的出版传媒形态与社会思潮 ·· 014
第一节　清末民初的出版变革 ··· 015
第二节　新式印刷技术影响下的思想变革 ·· 026

第二章　出版变迁下马克思主义思想的早期传播 ··· 037
第一节　传播者的聚合 ·· 038
第二节　书报为媒：马克思主义观点的早期传播 ······························· 051
第三节　商业出版涉足马克思主义著作 ··· 062

第三章　出版产业中的马克思主义著作（1927—1937）······································ 072
第一节　红色出版机构的马克思主义图书出版 ·································· 075
第二节　新生命书局的马克思主义图书出版 ····································· 088
第三节　其他商业出版机构的马克思主义图书出版 ··························· 102
第四节　思想、主义与生意：出版中的表征与认同 ··························· 134

第四章　走向民众：马克思主义著作的销行 ·· 139
第一节　图书流通：从大城市出发 ··· 140
第二节　红色力量领导的图书流通 ··· 170

第五章 传播博弈：马克思主义图书的禁与反禁 ………………… 190

第一节 政府管制出版传媒业 ……………………………… 190
第二节 查禁马克思主义书刊 ……………………………… 195
第三节 "敌人的查禁帮了我们大忙" ……………………… 202

第六章 马克思主义著作的出版传播：物质文化的双重变奏 …… 208

第一节 "庶民的胜利"：阅读和思想的突围 ……………… 208
第二节 阅读与信仰共同体：马克思主义者群体形成 …… 214
第三节 延安成为马克思主义传播的中心 ………………… 216

结语：出版与新的思想文化 ……………………………………… 220

参考文献 …………………………………………………………… 225

后 记 ……………………………………………………………… 235

绪　论

一、再思考：物质传播与思想散布

作为中国革命和建设的重要指导理论，马克思主义在中国具有特殊的地位和影响。自20世纪初，学者围绕它展开的研究、讨论，就未曾间断过。在这些研究中，马克思主义在中国的传播历程始终是重要的议题。不同学科背景的专家学者，对其进行了大量研究，取得了丰硕的研究成果。

以往的研究，更关注作为人类思想成果和中国革命建设思想重要组成部分的马克思主义在中国传播的宏观过程，集中于分析以中国共产党人为代表的进步人士对马克思主义的认识与接受，考察马克思主义与中国社会的结合，呈现马克思主义对近现代中国的巨大影响。这些课题从哲学史、政治史、文化史、军事史等角度，梳理了马克思主义在中国传播的脉络，着重从思想文化层面，论述马克思主义被中国人接受和践行的历史状况。

马克思认为，经济基础对思想文化等上层建筑具有决定作用。恩格斯在晚年，对此观点作了进一步的解释，在强调经济的基础因素之外，还特别注意思想文化等上层建筑对社会结构的反作用。他们的观点强调了经济等物质基础与思想文化等上层建筑的关系。按照这一观点，马克思主义在中国的出现与传播，既与思想文化等因素有关系，还与彼时的物质基础尤其是马克思主义的书刊载体紧密相关。在此视阈下，考察和分析彼时马克思主义著作和载有马克思主义内容的书刊的出版及它们在中国的传播情况，尤其是20世纪40年代中期以前的情况，对研究马克思主义在中国的传播，具有非常重要的意义。

清末以来，由传教士引进的西方印刷技术在中国不断发展成熟，以印刷为技术基础的新式报刊图书纷纷出现。它们很快被时人接受，并逐渐成为影响中国社会变迁的重要力量。它们登载了大量有别于中国传统文化知识的内容，如宗教宣传、商业资讯、西方思想、文学作品、新闻时政等各种信息。这些内容被人们竞相阅读讨论，有些内容甚至成为国家选拔人才的重要标准。新式书刊在传递内容的同时,也成为人们表达各种观点的平台,《万国公报》《时务报》《新民丛报》等报刊就分别是不同组织的言论平台。

孙中山、梁启超以及早期的马克思主义者陈独秀等革命派、保皇派、无政府主义派人士,在认识到传媒的巨大作用之后,积极主动地创办和运用传媒组织,传播各种思想主张。受到这些新式传媒影响的进步读者,尤其是青年学生和新式知识分子,逐渐形成了各自的同人组织或"想象的共同体"。新式书刊传播思想主张,吸引和招纳了大批受传者。这些受传者在形成思想上的认同之后,又有意无意地充当了意见领袖,影响着其他人。清末民初的新式传媒越来越成为一种重要的社会现象,传媒影响整个社会的效应也逐渐显现出来。

与此同时,以新式书刊为基础的中国出版和传媒行业也在形成并发展壮大。此时出版和传媒行业的商业色彩与它展现的文化属性相比,丝毫不弱。在近代中国发行时间最长的《申报》1872年创刊时,它的创办者美查等人就抱着明显的经济诉求。商务印书馆成立伊始,股东们也是以生计和职业理想为主要目的。中华书局、世界书局、开明书店、大东书局,这些民国时期的书业巨子,在传播文化的同时,经济收益亦是滚滚而来。就《新青年》而言,它的主持者们也必须要考虑该刊的收支问题,也一度因为收支问题,编辑、印刷、发行各方发生过纠纷,而《新青年》与群益书社之间的经济纠纷也只是彼时传媒行业的冰山一角。出版和传媒行业在肩负或实现文化道义的同时,始终持有经济诉求,某些情况下,它的经营活动完全从商业利益出发。可以说,彼时出版和传媒行业的发展形势深刻影响了各种思想文化在中国的传播状态。

1899年《万国公报》上的《大同学》一文中,出现了马克思的名字。这是马克思的名字第一次出现在中国的报刊上。[1] 此后,马克思及马克思主义便时常出现在中国的媒体上。在学者阿里夫·德里克看来,马克思主义在中国的传播大致有三个阶段:第一阶段从1899年到1910年代后期,在此阶段,以部分词、句、章节和段落的形式出现在媒体上,是马克思主义在中国的重要存在形式;第二阶段从1918年到20世纪20年代中期,此时期内,各家媒体纷纷加入传播和讨论马克思主义的行列,马克思主义对中国的影响也比其他西方思想更明显;第三阶段开始于20世纪20年代中后期,大革命运动的发展和书刊的出版传播,尤其是大革命失败后,大量马克思主义著作的涌现,使马克思主义在知识分子

---

[1] 这是中文报刊上第一次出现马克思的名字和主张。不过在文中,马克思先是被当作英国人,后被称为德国人,马克思还被译为"马客偲"。

和普通读者中间产生了广泛影响。[1]

在早期阶段,《万国公报》《译书汇编》《浙江潮》《新民丛报》《民报》《新世界》等宗教报刊、留学生刊物和国内的政党刊物,无论其目的和初衷为何,它们客观上成了介绍和传播马克思主义的先行者。此后,《觉悟》《学灯》《晨报副镌》《京报副刊》《新青年》《建设》等各种商业或同人性质的报刊大量刊载马克思主义相关内容,商务印书馆、中华书局等大出版社和泰东图书局、水沫书局、南强书局等中小出版机构,先后出版发行了大量马克思主义著作。

晚清尤其是民国以来的传媒在马克思主义传播中的重要作用,近年来逐渐被学者们关注,他们陆续推出了一批研究成果,以此来展现传媒与马克思主义在华传播之间的关系。这些研究的宗旨大多在于探究和考证某一种或几种刊物刊载了马克思主义内容,梳理某一家或几家出版社推出了哪些马克思主义图书,展现以共产党人为代表的进步人士借助于新式传媒传播马克思主义的艰苦卓绝的历史过程。总体而言,这些研究成果,依然遵循从信仰层面研究马克思主义在华传播的范式。在这种研究范式中,出版和传媒只是被当作一种工具,更多地从属于马克思主义在华传播的整体叙事,丧失了独立性和自为性。事实上,出版和传媒行业与马克思主义在华传播之间的互动远不止于此,这一命题蕴含着更加丰富深刻的含义。作为商业活动一员的传媒,它所带有的文化和商业属性同时作用于马克思主义在中国的传播进程。这一点尤其应该得到应有的重视。

马克思主义自19世纪末经由报刊传入中国,经过几十年的发展,它从报刊上的只言片语变成了体量庞大的图书门类,在出版和传媒行业中具有不可小视的重要地位;从学术组织的研究议题变成了图书报刊上的阅读内容,满足和拓展了大众的阅读需求;从京、津、沪、汉、穗等大城市走入内地乡间,扩大了它的影响范围;从众多西方思想中的一分子变为在中国具有重要地位和影响的社会主流思潮,推动了中国20世纪社会思想的变迁。一系列报刊、图书,成了马克思主义在中国传播的载体和纽带。这一传播历程,不仅与中国彼时的政治、军事、经济等进程有关,更与彼时的出版和传媒形态有着密切的联系,而这一切,均与中国近现代出版产业化进程互动共振。

20世纪初,经历了"三千年未有之大变局"的中国社会出现了复杂多样的社会问题,这些问题涉及政治、经济、军事、外交等各个方面。社会中的有识之士面对此种情况,不断探寻和比较应对之策。而马克思主义对于彼时的中国

---

[1] 阿里夫·德里克:《革命与历史》,翁贺凯译,江苏人民出版社,2010,第18-20页。

社会，某种程度上也带有浓厚的启蒙意义。

这就要求我们必须重新思考以图书报刊为主要产品的出版社和传媒机构如何涉足和影响马克思主义在华的传播，如何与作为思想文化的马克思主义形成互动，并帮助后者从众多"东渐的思潮"中脱颖而出，成为主流社会思想。这显然需要系统性的考察。

美国学者罗伯特·达恩顿考察了18世纪《百科全书》在法国及欧洲其他地区的出版传布，分析了它对启蒙思想的推动作用。在他看来，启蒙运动不仅有狄德罗等人撰写新知识内容，还有相关人士出版《百科全书》，更有本应该压制和查禁这些内容的反对势力对它的欢迎和推广。出版商和反对势力对《百科全书》的青睐与关照，一方面在于《百科全书》承载的内容是真正有用的知识，对西方社会具有极强的指导作用；另一方面则是《百科全书》蕴含着丰富的商业价值，[1] 能为策划者、印刷者、出版商和销售者带来经济回报。正是在这些因素的综合作用下，启蒙思想才得以传播，并对社会产生巨大的影响。

达恩顿从琐碎的历史材料入手，将目光转向普通的日常生活，收集整理了商业往来信函、图书广告、书籍订单和账单等资料，展现了《百科全书》的策划、印刷、出版和流通的一系列过程。他将社会和文化作为一个整体考察，不仅再现了物质载体的广为流传对思想的推动作用，更揭示了当时社会生产机制的运行状况及其影响。这种关注社会生产机制具体运行的研究方法对于探究思想文化的变迁具有巨大的启发意义。

在文化研究学者斯图尔特·霍尔看来，文化已经不再仅仅是其他进程——经济的或政治的进程——的反映，而是与经济或政治的发展进程具有同等重要的地位，都属于现实社会的组成部分。[2] 按照他的观点，所有的社会实践本质上都属于文化范畴，都带有被赋予的特定意义。

他认为文化经由表征、认同、生产、消费和规则等环节循环而来，是通过两个或更多的不一样的或截然不同的要素统合在一起的一种结合形式呈现出来的。但是，这种结合并不必然，而是需要非常多的偶然性环境。[3] 经由这一系

---

[1] 在《百科全书》的策划、印刷、出版和传播过程中，商业贿赂、订购回扣和利润等各种经济性质的活动占据了重要位置。

[2] 保罗·杜盖伊、斯图尔特·霍尔、琳达·简斯等：《做文化研究——索尼随身听的故事·导言》，霍炜译，商务印书馆，2003，第2页。

[3] 保罗·杜盖伊、斯图尔特·霍尔、琳达·简斯等：《做文化研究——索尼随身听的故事·导言》，霍炜译，商务印书馆，2003，第3页。

列的循环，通过被赋予特定意义的生产实践和消费者对产品的使用，文化的意义得以产生。

霍尔的观点和研究，不仅注重"生产"意义的各环节对文化的影响，更注重这些环节的整体作用对文化的影响。换句话说，他也是在注重对事物整体考察的基础上，讨论社会生活的各个环节与思想文化的形成和传播之间的关联。这种理论方法，就突破了在以往研究中注重对某种特定因素的考察，而注重从社会整体研究考察。

达恩顿和霍尔的研究，均将社会与文化作为一个整体来考察，分析物质和意义的产生对文化的影响，展现社会各环节的综合因素对思想文化的影响，从不同层面揭示了社会生产机制对思想文化的影响。这些研究方法对考察20世纪初期马克思主义在中国的传播，具有良好的启发。

清末民初，中国面临着严峻的社会现实，外有西方列强的压迫，内有政治、经济等社会问题的困扰，到了生死存亡的关键时刻，寻求救亡图存、富国强民的道路已经从呼声转变成了中国人的实际行动。马克思主义具有的科学性和革命性，吸引了当时寻找国家出路的中国人的目光。在逐渐领悟到马克思主义蕴含的巨大作用之后，更多的中国人开始有意识地讨论和传播马克思主义。在这股力量逐渐强劲的社会风潮引领下，图书报刊扮演着日益重要的角色，数量众多的出版社和传媒机构纷纷参与进来，大量载有马克思主义内容的书刊不断出版销行，广为流传。

随着这些图书报刊的不断传播，马克思主义蕴含的对人类命运的关注，对洞悉中国社会问题的帮助，对中国革命事业的指导作用，以及在此基础上形成的中国愿景，赢得了更加广泛的社会认同。这种认同经过各种图书报刊的表征与传播，又吸引了更多的中国人阅读、讨论和传播马克思主义。以上海为中心的出版行业，推出了不计其数的马恩经典著作全译本和节译本，以及以马克思主义为核心内容的著述，为新一轮的马克思主义传播提供了有力的物质支持。

马克思主义在中国的传播过程，既是中国人对能够指导人类解放和中国革命事业的马克思主义思想的认可与接受，同时亦是马克思主义著作和载有马克思主义内容的报刊图书被中国生产、消费的过程，也是各种规则和社会环境相互影响作用的过程。

按照这种研究思路，（本著作立足于出版产业化脉络）回归到当时的历史语境，考察图书报刊的出版流通与马克思主义在中国的传播之间的关系便有了更为具象的可能。我们就可以更深入细致地考察出版社和传媒机构何以成为推动马克思主义在中国传播的重要力量，以及它们的运作如何影响马克思主义的传播。把这一总体研究目标分解开来，就是下列各项问题的关注所在。

早期的马克思主义传播者[1]如何认识传媒的作用？传媒给予了他们什么样的启示？他们如何从传媒的受传者变成了传播者？马克思主义著作的出版重心为何会是上海？商务印书馆、中华书局等大型出版机构为何会异常谨慎地处理马克思主义著作的出版工作，而中小型出版机构则热衷于出版马克思主义图书？大革命失败后，社会上为何会出现一股马克思主义图书热？20世纪30年代开始，政府逐渐加大禁止马克思主义传播的力度，为什么马克思主义图书的出版活动能继续进行甚至更加高涨？民营书店的马克思主义著作是如何从沪、京、粤、津、宁、汉等大城市销行至内地乡村，从而从空间上实现了跨越的？

以上问题均与彼时出版产业化进程中的传播活动息息相关：传播活动的参与者，出版社和传媒机构的图书报刊的生产、销行、阅读与消费，社会各界对此的反应。这些因素综合在一起影响着马克思主义在中国的传播。对这些问题的考察，不仅能够让我们更全面地认识上述力量在马克思主义传播中的作用，展现马克思主义在中国传播的多面性，也能够让我们更深刻地感知20世纪以来中国文化、思想与社会的巨大变化。

二、若干重要概念的界定

清末民初，印刷技术的成熟与普及，促进了中国出版业和传媒机构的发展。20世纪上半叶，中国出版业和传媒机构与马克思主义在华传播之间的互动关系已经显现。为了更深入地研究这一主题，本著作对相关对象及概念作如下界定。

（一）出版

现存中文文献中最早明确出现"出版"一词的是《东西洋考每月统记传》，"出版"在该报的编辑序言中出现两次。从上下语境中，可以发现，出版至少包含有印刷和流通两层意思。[2]

作为商务印书馆灵魂人物的张元济，在他的日记和书信中，多次使用"出版"一词，并且经常将其与"印刷""印行"等词交替使用。[3]联系这些日记和

---

[1] 此处，"传播者"一词的含义比较广泛，有马克思主义的拥护者，也有马克思主义的质疑者，还包括只简单接触和谈论马克思主义的群体。这些人的传播活动在客观上起到了传播马克思主义的作用。

[2] 王振铎：《"出版"史论》，《出版发行研究》2006年第10期，第29页。

[3] 详见《张元济日记》《张元济全集·第1卷·书信》等资料。

书信所提及的事情,会发现,大多数时候,张元济所指的"出版"与印刷同义。严复就《原富》一书与商务印书馆交涉时,在写给张元济的信中,表示"颇望此书早日出版"[1]。根据书信内容,严复先生此处的"出版",更多指的是图书付印。

1914年12月,北洋政府制定颁布《出版法》。该法第一条即指出"用机械或印版及其他化学材料印刷之文书图画出售或散布者,均为出版"[2]。在此部法规中,"出版"包含印刷和发行流通两层含义。报刊图书的印刷发行均属于出版范畴。

1930年,南京国民政府颁布《出版法》。这部法律虽然对于"出版"并没有给出明确的界定,但是对出版品种类、发行人、著作人、编辑人等内容作了详细规定。[3]《出版法》的各项条款已经昭示,当时社会上普遍认为出版是一个包含着编辑、印刷、发行等流程,并主要以图书、报纸、杂志等纸质印刷物为产品的系统。

实际上,经过晚清民初数十年的发展,"出版"一词的含义更加丰富。民国时期的出版逐渐成为一种产业,它不仅涵盖编辑、印刷、发行等工作流程,还与管理人员、编辑人员、印刷工人、发行人员等群体有关,更包含着企业的经营宗旨与管理机制等内容。

出版的变化,也影响了新的社会文化的形成。在此意义上,商务印书馆在当时就不只是一个印刷机构,而是一个包含编辑、印刷、策划、发行、思想交流等活动的文化综合体。这也是商务印书馆与北京大学被称为"中国现代文化学术的双子星座"的原因。[4]

可以说,彼时的出版已经成了一个内涵丰富的系统,是一种重要的文化形态。本著作所使用的"出版"是一个系统概念,涉及编辑、印刷、发行、销售、经营、传播思想文化等诸多行为。

(二)传媒

在当下的社会语境和学术研究中,传媒一般指大众传媒,是指通过机械设

---

[1] 王栻主编《严复集》(第三册),中华书局,1986,第546页。
[2] 张静庐辑注《中国近代出版史料》(初编),上海书店出版社,2011,第331页。
[3] 张静庐辑注《中国现代出版史料》(乙编),上海书店出版社,2011,第510-511页。
[4] 王建辉:《中国现代学术文化的双子星座——北京大学与商务印书馆》,《北京大学学报(哲学社会科学版)》1999年第2期,第78-83页。

备大批量复制并传播信息，从而影响使用者的组织，[1] 主要有报纸、杂志、广播、电视、互联网等媒体形式。

清末民初，铅印技术的引进和发展，对当时的社会产生了重大影响，一方面在于它的印刷速度快，能够在短时间内完成大规模的印刷量；另一方面在于它降低了生产成本，提高了出版物的普及率。相对于传统雕版印刷的线装书和各种单页，当时的传媒就是指用铅字印刷技术出版的图书、报纸和杂志等纸质出版物。这就如同今天我们认为新媒体是以数字技术为基础的网络、自媒体等传媒形式一样。

彼时的许多报刊都由出版社的印刷厂承印，且很多报刊的装帧设计形式和图书是一样的，部分报刊的页数与内容体量甚至远超许多图书。不少出版社自办报刊以自我宣传，报馆自设售书处发行图书，出版社和报馆保持着密切联系。很多时候一个机构就兼具出版和传媒两种功能了。

当时的图书、报刊与当下语境中的图书、报刊也是不一样的。当下对图书、报刊等出版物有明确的区分，图书有书号[2]，报刊有刊号[3]，并分别有相对应的管理体系。而在当时，图书、报刊之间并没有严格的界限。

为论述的流畅及尊重当时的客观性，本著作根据当时的历史语境，会将传媒与出版连用，对图书、报刊也依当时的状况描述，统称为书刊、书报。

出版产业化亦是这些图书、报刊从小到大，从零散到密集，从单一到规模，从印刷到产业链条的过程。

（三）马克思主义著作

从清末至20世纪40年代中期，马克思主义在中国的传播，其思想内容经历了从简单引介到完整翻译的转变。在这一过程中，马克思主义的各种思想、观点通过不同的形式出版和传播，既有马恩著作的各种译本，也有许多以马克思主义为核心内容的著述，还有关于马克思主义的只言片语的讨论文章。为使研究对象更具针对性，本著作中所论述的马克思主义著作主要包括以下几类：

---

[1] 谢丽·比亚吉：《媒介/影响：大众传播媒介概论》，宋铁军译，中国人民大学出版社，2011，第6页。

[2] 即ISBN，由国别语种代码、出版社代码、书序码和校验码组成。

[3] 由国际标准刊号和国内统一刊号两部分组成：国际标准刊号，即ISSN，由8位数字组成，分为前后两段，格式为ISSN XXXX-XXXX；国内统一刊号，即CN，格式为CN XX-XXXX。

1. 马恩著作

这类著作主要有两种形式。

一是马恩著作的完整中译本,如《共产党宣言》《反杜林论》《哲学之贫困》《社会主义从空想到科学的发展》《家庭、私有制和国家的起源》《资本论》等经典著作的中译本。这些著作在20世纪上半叶先后出现了多种译本,出版发行了多个版本。

在1945年之前,《共产党宣言》即出现了陈望道译本,华岗译本,成仿吾、徐冰译本,陈瘦石译本和博古译本五种译本。其中,陈望道1920年完成的译本先后出版发行了上海社会主义社、平民书社、广州国光书店、汉口党化社、中国青年社、上海春江书店、汉口人民出版社等多个版本,在社会上广泛流通。

1929年6月,上海新生命书局出版了李膺扬(杨贤江)翻译、周佛海校订的恩格斯名著《家族私有财产及国家之起源》。两年后,此书再版。到1938年时,此书已经发行到了第八版。

《哲学之贫困》在1929年后也相继出现了许德珩、杜竹君(李一氓)翻译的完整译本。上海春秋书店、水沫书店和北平东亚书局先后出版过此书。两个译本的中译名还有差异,许德珩将之译为《哲学之贫乏》,杜竹君(李一氓)则将其命名为《哲学之贫困》。

1930年,上海的江南书店和昆仑书店先后出版了吴亮平(署名吴黎平)和钱铁如翻译的《反杜林论》。两人的译本定名也有区别,前者为《反杜林论》,后者则注明为《反杜林格论(上册)》。吴亮平译本先后有江南书店版本和笔耕堂版本问世。

马克思最伟大的理论著作《资本论》,也有多个中文译本。1930年3月,上海昆仑书店出版了陈启修翻译的《资本论》第一卷第一分册。潘冬舟完成了第一卷第二册和第三册的翻译工作,并由北平东亚书局出版。1934年5月,上海商务印书馆推出了吴半农翻译、千家驹校对的《资本论》第一卷第一分册。1936年6月,世界名著译社出版了《资本论》第一卷中、下册。1938年,读书生活出版社推出了郭大力、王亚南合作翻译的《资本论》首个中文完整译本。

二是马恩经典著作的节译本和汇编本。彼时,在完整中译本之外,社会上还有大量以文集、汇编等形式出版的马克思主义图书。这些图书主要收入马恩著作的内容。此类著作在当时不仅数量多,而且范围广。《共产党宣言》《反杜林论》《哲学之贫困》《社会主义从空想到科学的发展》《家庭、私有制和国家的起源》《资本论》等经典著作,均存在数量庞大的汇编或节译本。这些图书的出版推动了中国人了解马克思主义的进程,扩大了马克思主义的影响。

就《社会主义从空想到科学的发展》而言，在中文全译本出现之前，先后就有上海伊文思图书公司的《科学的社会主义》、上海创造社出版部的《社会主义的发展》、上海泰东图书局的《社会主义发展史纲》、上海沪滨书局的《宗教·哲学·社会主义》和上海启智书局的《社会进化的铁则》等节译本或汇编本。这还仅是以图书形式出版的著作，至于没有结集出版而散落在各类报刊上的节译类文章数量就更多了。[1]

2. 其他以马克思主义为核心内容或主要观点的著述

这些著述又可以简要分为两类。

一是解释马克思主义的通俗著述。这类著作中既有国人自主编写的《资本论入门》之类的通俗读物，也有中国人对国外马克思主义研究著作的翻译。此类著作的目的在于帮助读者理解马克思主义的基本概念、发展演变过程等内容。

二是运用马克思主义理论分析中国具体问题的论著。这类图书是中国人运用马克思主义理论发现、分析和试图解决中国问题的成果，在当时具有重要的意义。当时运用马克思主义理论寻找中国道路的群体，不仅有中国共产党，还有国民党，也有大量的学术研究者，他们运用马克思主义的理论和方法，分析中国的经济、思想、文化、军事和政治等各领域的问题，取得了许多重要的成果。当然，这些应用研究的著作，也存在着不少的瑕疵甚至错误。20世纪30年代，关于中国社会历史性质的大讨论，就催生了一大批此类著作。

需要指出的是，这类图书在论述马克思主义的相关思想、理论和观点时，准确性和客观度并不如人意，如有些图书将无政府主义、修正主义等内容和马克思主义混为一谈。虽然按照现在的标准来衡量，此类著作存在不少错讹之处，但是它们与马恩经典著作一起，在客观上构成了本著作讨论的重要部分。这些图书与马恩经典著作的出版传播共同推动了人们的阅读、讨论和思考，事实上推动了马克思主义在中国的传播。

（四）研究期限

本著作以马克思主义著作在中国的印刷、出版、发行和流通为线索，考察马克思主义著作的出版散布与马克思主义思想在中国的传播、发展的关系。这是一个历时性的考察，时间跨度长达近半个世纪。为使研究更集中，本著作选取的研究起讫点分别为1899年和1945年。

---

[1] 参见《中国近代出版史料》《中国现代出版史料》《民国时期总书目》《民国时期出版书目汇编》《马克思恩格斯著作在中国的传播》等资料。

1. 1899年

19世纪六七十年代，与社会主义、马克思主义相关的内容已经开始在中国出现。它们散见于当时的部分新式书刊的文章里。王韬在《华字日报》连载有关普法战争的文章，介绍了普法战争的爆发、进程等消息。王韬的这些文章已经涉及了马克思主义相关内容。[1] 后来，这些文章又被结集成《普法战纪》出版，由中华印务总局印刷。

《普法战纪》中提到的马克思主义等信息，并没有在当时的社会上引起大的反应，一方面是由于彼时的新式图书、报刊的影响范围依然有限，另一方面则是由于当时国人更关注西方的科技信息，对西方的思想文化并没有给予特别的注意。虽然《申报》也对《普法战纪》中的部分文章进行了转载，也有读者写信，表达了"阅之令人见识之大扩心志"的反馈[2]，但是这些文章大多被视为域外奇闻。

《万国公报》的前身《教会新报》在1871年报道了巴黎公社的消息[3]，后来又陆续刊载了欧洲的社会主义、无政府主义等内容，但作者对它们的论述大多语焉不详。1889年《万国公报》复刊，它在报道西方的各种主义和劳工运动时依然采取就事论事的手法，并没有将它们与当时的政治、思想、文化等状况联系起来。[4] 直到1899年，《万国公报》连载《大同学》时，才对社会主义、马克思主义给予了比较系统的论述。

此外，《万国公报》虽然也曾努力把当时中国的上层社会和精英知识分子纳入它的读者群，但是效果并不明显。它的读者大部分还是皈依了宗教的人士。《万国公报》此时的社会影响力和发行范围并不广泛，直到1894年它才迎来良好的发展机遇。中日甲午战争爆发带来的信息需求，刺激了中国人对书刊的阅读。1894年，《万国公报》的发行量翻了一番。[5] 1895年以后，它的发行量增持续增长。1897年月均发行3200份，1903年月均发行4530份，最高时达到39000

---

[1] 参见王韬《普法战纪》，中华印务总局。

[2] 《申报》1873年11月25日、12月6日。

[3] 《教会新报》第3册，第166页。

[4] 伯纳尔：《一九〇七年以前中国的社会主义思潮》，丘权政、符致兴译，福建人民出版社，1976，第24-25页。

[5] 李提摩太：《亲历晚清四十五年：李提摩太在华回忆录》，李宪堂、侯林莉译，天津人民出版社，2005，第210-211页。

多份。[1] 与此同步的是读者数量也大幅上涨，影响范围也随之扩大。此时的《万国公报》也才真正展现出大众传媒的特质。

1899年，《万国公报》第一次提到了马克思的名字[2]，并对马克思的思想主张给予了简单介绍。而此时，以《万国公报》为代表的新式书刊也已经在社会上形成了比较大的影响力。所以，本著作把《万国公报》首次明确提到马克思及其思想主张的1899年作为研究起点。

2. 1945年

1941年5月和1942年2月，毛泽东在延安先后作了《改造我们的学习》和《反对党八股》的报告，号召整顿学风、整顿党风、整顿文风。此后，中国共产党开始在延安进行整风运动。整风运动中的一项重要任务就是提高干部的马列主义水平。

1942年，吴亮平、张仲实、艾思奇、柯柏年等人组成编辑委员会，编辑了《马恩列斯思想方法论》。此书经毛泽东审定后，于1942年4月出版发行。在《例言》中，编辑委员会介绍了出版此书的背景，是为了响应"中央和毛泽东同志反主观主义、反宗派主义、反党八股"的号召，出版此书的目的是为了帮助党员干部掌握马克思、恩格斯、列宁和斯大林的科学共产主义的思想方法，完成学风、党风和文风的整顿，推动党员更好地投身中国革命斗争，为中国革命的胜利而奋斗。[3]

1942年10月27日，中共中央宣传部决定成立编译部，负责编译马恩列斯等人的著作。在制订1943年工作计划时，中央责成张仲实、柯柏年等人拟定翻译计划，在若干年内完成对马恩列斯著作的翻译工作。[4] 鉴于"延安过去一般翻译工作的质量，极端不能令人满意"，"许多马恩列斯的著作必须重新校阅"，中共中央在1943年5月指定凯丰、博古、洛甫、杨尚昆等人组成翻译校阅委员会，并要在当年"首先校阅党校所用全部翻译教材"。[5] 博古先后校译了《共产党宣言》和《社会主义从空想到科学的发展》等著作。

---

[1] 《广学会年记言》，《万国公报》第133册，第1-2页。

[2] 在《大同学》中，马克思先后被译为马克思和马客偲，国籍分别是英国和德国。

[3] 《例言》，解放社编委会《马恩列斯思想方法论》，解放社，1942，第1页。

[4] 中共中央马恩列斯著作编译局马恩室：《马克思恩格斯著作在中国的传播》，北京：人民出版社，1983，第306页。

[5] 中央档案馆：《中共中央关于一九四三年翻译工作的决定（一九四三年五月二十七日）》，《中共中央文件选集》（第十四册），中共中央党校出版社，1992，第42页。

1945年结束的延安整风运动，不仅提高了党员干部的马列主义水平，还确立了辩证唯物主义的思想路线，同时收获了马克思主义中国化的理论创新成果——毛泽东思想。马克思主义理论思想成为社会主流思潮，成为中国共产党领导人民进行革命的主导思想。尽管此时中国共产党还没有取得执政地位，但是中国共产党领导人民取得革命的胜利已经成为不可阻挡的历史趋势，中国革命最终将取得胜利的根基已经在这个时期筑牢，马克思主义著作在中国大地上的传播也已成蔚然之势。此后，马克思主义在中国的传播与中国革命的实践一起，进入了另一个新的阶段。那是另外一个需要讨论的课题了，不在本著作的研究范围之内。所以，本著作不以新中国成立的1949年为研究时间的下限，而选择1945年作为研究的收束时间点。

第一章　清末民初的出版传媒形态与社会思潮

清末民初，中国社会经历了一场大变动。对这段时期的思想变动，梁启超在《五十年中国进化概论》中有过比较深刻的描述。按照梁启超的观点，清末以来，中国在如何应对外部压力时，采取了从"器物"到"制度"再到"文化"的三段式应对策略。现在看来，其实也可以称之为三种社会主导思想的转换。洋务运动、戊戌变法和新文化运动则分别对应着这三次的思想转变。鸦片战争之后，中国感到自身的"器物"不如外国的先进，希望通过学习西方的先进技术，实现"船坚炮利"。此后，清政府开始大量购买和引进西方的设备与技术，整个洋务运动是这一社会思想的外在表现。遗憾的是，甲午一战，证明"器物"并不能够使自身强大，清政府又把目光转向了西方的制度，也就进入了所谓的"制度"学习阶段。第三阶段则是所谓的文化转向时期。在此时期，国人开始反思和审视自身文化，希图从文化的变革中寻求国家的出路，并为此发出了"要求全人格的觉悟"的呼声。[1]

柯文在《在传统与现代性之间：王韬与晚清改革》一书中指出，晚清时期，在政府的主导思想之外，已经有部分中国人士开始探索中国的改革和其他道路的可能性。他以王韬为案例，较为详细地考察了这种改革思想的状态。当然，柯文的考察点"不在于王韬为什么没有成为一个革命者，而在于他怎样成为一个开创者"[2]。柯文以王韬的思想转变为个案，考察外来事物对中国传统社会的影响以及王韬等人在面对这些影响时的应对之策。在柯文的研究中，出版活动对王韬的人生轨迹和思想转变有着重要的影响。

这为我们提供了需要进一步追问的话题：清末民初，依赖新式印刷技术的出版和传媒活动是如何与中国社会发生联系的？出版传媒行业对中国社会产

---

[1] 梁启超：《五十年中国进化概论》，《梁启超文存》，江苏人民出版社，2012，第251-252页。
[2] 柯文：《在传统与现代性之间：王韬与晚清改革》，雷颐、罗检秋译，江苏人民出版社，2006，第4页。

生了什么样的影响？对这些问题的回答，不仅能够解释王韬的转变，还可以呈现以印刷技术为基础的出版传媒与中国近现代社会思想文化变迁之间的深刻关系。

第一节　清末民初的出版变革

19世纪初期，在经历了口头传教的失败后，西方的传教士们发现图书是一种能提高传播效果的工具。此后，传教士们开始借助印刷技术，出版各种带有宗教内容的刊物，以期广泛传播宗教思想。经由他们引进的西方印刷技术对中国传统的雕版印刷形成了冲击，并促进了彼时新的出版形态的形成。

一、印刷技术的革新

中国传统社会的主要印刷形式是雕版印刷。这种生产方式需要的基础条件不高，只要有合适的木材、熟练的刻工、适用的刀具、充足的油墨，就能够印刷了。"既脱稿，则付梓刻板。中国刻板法，将书以宋字写于薄纸，反糊于木板，则用刀剞劂。书中所有图画，则有画工摹成，同糊板上镌之。"[1]

从傅兰雅的描述里，我们大致可了解雕版印刷的生产流程和实用性：首先是使用方式灵活，即使只印一部也可以；其次，发现印刷错误易于修改，"若板有错字，亦易更改"；再次，雕版印刷还具有较强的灵活性，"不用印架，不需机器，俱以手工手器印之"。[2] 当然，雕版印刷对时间和人力成本有着较高的要求，而两者在传统农业中国有相当丰富的资源。

当中国的官刻、坊刻、私刻场所里，雕版印刷大行其道的时候，西方的金属活字印刷技术也随着传教士的足迹，漂洋过海来到了印刷术的发源地中国，与雕版印刷一起组成了彼时中国的印刷技术景象，并在之后超越了雕版印刷。

19世纪初，在经历了口头传教的挫折之后[3]，首位来华传教的基督教士马礼逊开始反思，并努力寻找合适的传教手段。已经在欧洲深刻体会到印刷技术

---

[1] 傅兰雅：《江南制造总局翻译西书事略》，载张静庐辑注《中国近代出版史料》（初编），上海书店出版社，2011，第18页。

[2] 傅兰雅：《江南制造总局翻译西书事略》，载张静庐辑注《中国近代出版史料》（初编），上海书店出版社，2011，第18-19页。

[3] 此挫折与清政府的禁止西方宗教在中国传播的政策密切相关。

力量的马礼逊，开始把目光转向具有无声的力量的图书。基于中华民族是读书的民族的判断，马礼逊认为印刷几乎是唯一能运用的利器。印刷图书，使宗教内容披上中式外衣，在中国毫无困难地到处通行，成为传教士们的共识，并一直坚持了下来。[1]而为了能够出版符合中国社会情况的图书，传教士们也开始了对印刷技术的重视与改进。

1810年开始，马礼逊开始请人代印中文版的《耶稣救世使徒行传真本》。此书采用雕版印刷方式，印刷效果很成功。但随着传教事业的深入，用雕版印刷所面临的成本高、保存与分发不便、用工麻烦等困难逐渐显现。而这些困难促使马礼逊和以后的传教士们开始尝试更为方便经济的活字印刷方式。1831年以后，几经波折的马礼逊开始自己负责以活字印刷为主、石印为辅的印刷工作，并逐步采用铸造而非雕刻的金属活字。

比马礼逊稍晚的麦都思、姜别利等人也先后投身到中文金属活字的研制和印刷工作中。得益于戴尔、姜别利等人的技术研究，英华书院、美华书馆等推出的中文活字，不仅满足了传教工作的印刷需要，还逐步流入中国社会。而墨海书馆、英华书院、美华书馆等印刷出版机构，也逐步成了西方展示金属活字印刷技术的窗口，并成了西方印刷技术进入中国的重要通道。

1843年，麦都思领导下的墨海书馆在上海成立，它是在巴达维亚印刷所的基础上建立起来的。在成立的第三年，其印刷量就已经达到了300万页。[2]这不仅意味着传统的中式木刻印刷已经无法满足大批量的印刷需要，而且显示了西式的活字印刷已经具备了取代雕版印刷的条件。

墨海书馆、英华书院、美华书馆等印刷机构在完成宗教印刷任务之余，还承印了许多其他的出版物。这些工作为印刷所带来了额外的经济效益。以美华书馆为例，在1862年，代印收入为673.05元，1863年就增长到了2780.07元。[3]

教会印刷所的出现，吸引了中国士人的关注目光，而印刷所为了获得良好的公共关系，也不时主动邀请中国人前去参观。1848年，王韬到访墨海书馆，领略到了西式印刷技术的丰采，"以铁制印书车床，长一丈数尺，广三尺许。旁置有齿重轮二。一旁以二人司理印事。用牛旋转推送出入，悬大空轴二，以皮条为之经，用以递纸。每转一过，则两面皆印，甚简而速，一日可印四万余纸。字以活版，以铅浇制。墨用明胶、煤油合搅煎成。印床两头有墨槽，以铁轴转

---

[1] 苏精：《铸以代刻：传教士与中文印刷变局》，台湾大学出版中心，2014，第8-9页。
[2] 苏精：《铸以代刻：传教士与中文印刷变局》，台湾大学出版中心，2014，第198页。
[3] 苏精：《铸以代刻：传教士与中文印刷变局》，台湾大学出版中心，2014，第489页。

之，运墨于平板。旁侧联以数墨轴，相间排列。又揩平板之墨，运于字版"[1]。新式印刷的高效吸引了王韬的注意力，而印刷的美观"墨匀则字迹清楚，乃非麻沙之本"[2]更是博得了王韬的好感。西式印刷技术蕴含的巨大意义给王韬留下了深刻的印象，这也成为他以后投身于印刷出版行业，并在1873年接收墨海书馆香港分馆的重要渊源。

如果说19世纪六七十年代前后，西式印刷技术还主要掌握在传教士手中，主要用于印刷宗教图书，对中国社会还没有产生重要的冲击作用，那么在此之后，随着印刷技术从传教士们手中流传出去，中国人开始深刻感受到新式印刷技术的力量。《申报》的创办及成功，便是新式印刷技术与中国社会结合的重要尝试与成功范例。

1872年，英国商人美查联合其他人创办《申报》。《申报》刚起步时，主营业务是发布商业消息。为了更加贴合市民需要，它的内容逐渐扩展到社会上的各个领域，经济、政治、科技、奇闻、民生等各种不同于以往的信息均能在《申报》中找到。这些综合性的信息最终到了读者手中，并产生影响。这些内容不仅更新速度快，而且体量大，对时效要求也高。这些对印刷提出了更高的要求，传统雕版印刷根本无法完成，而新式印刷则能够满足它的生产要求。《申报》的出现，不仅提高了信息的传播体量和速度，而且展示了印刷技术的巨大魔力。

如果《申报》采用中国传统雕版印刷，它对木版、雕工的需求量将是一笔巨大的成本。这且不说，单是完成后的雕版存放就是一个大问题。而铅字印刷的引入，只需要字模和熟练的排字工即可。每期报刊印刷后，不需要考虑铅版的存放问题，只需要把字模拆下就可以继续后面的使用了。两相对比，铅字印刷具有的优势，自然逃不过一些精明的中国人的眼光。

此后的二三十年间，印刷技术逐渐被中国认可和接受。就连被誉为采集精、雕印雅的《时务报》，也在出版一个月后，改用铅印技术了，因为"数月之间，销行至万余份"[3]的出版量，对雕版印刷实在是个考验。随着大量报刊和图书的出现，印刷技术对中国传统社会的影响力也逐渐显现，并在19世纪末爆发出来，其表现就是各种新式书报的出现和出版机构的成立。[4]

---

[1] 王韬：《瀛壖杂志》，岳麓书社，1988，第127页。

[2] 王韬：《瀛壖杂志》，岳麓书社，1988，第127页。

[3] 叶再生主编《中国近现代出版通史》（第一卷），华文出版社，2002，第545页。

[4] 需要注意的是，传教士改进过的中文活字与印刷技术，不仅在中国广为传播，还流传到了日本。日本的中文活字和印刷机器，也对中国社会产生了深刻的影响。

中日甲午之战直至20世纪前期，政府变革与中国社会的走向问题成了舆论场上最重要的社会议题。这些议题讨论的直接影响就是社会中的先进知识分子不再对坚船利炮等科技力量抱有特别的兴趣，他们转而关注西方和日本等国家、地区的制度、文化等社会科学内容，希图从中找到解决国家危局的方案。经世济民，一直是中国士林的精神传统，在此精神熏陶下的中国士人，尤其是不满于社会现状的激进读书人更希望借用西方社会中的有益成分，来实现救国济民的梦想。他们实现这些要求和愿望的途径，一方面在于从西方社会思想中寻找道路，一方面公开表达自己的思想主张。而以铅印技术为基础的大规模出版活动正好能够满足这两个要求。

冯自由的父亲冯镜如在1898年联合何澄一在上海创办了广智书局，从其名字"广智"大概可以看出这家出版社的心胸抱负了。确如其名，广智书局出版了大量的社会科学图书，其中最具开创性的莫过于1903年出版的《近世社会主义》一书。《新民丛报》称"此书关系与中国前途者有二端：一为劳工问题……一为组织党派……是书析之最详，有志者请急先睹"[1]。除此之外，广智书局还出版了大量其他的政治性图书。

这些图书介绍了西方社会的发展历程，讲述了西方的政治组织形式，为人们提供了一个观察社会的新视角。其中的先觉者更是依照上述内容，主动开始融入对社会的改造与变革活动。而这种阅读体验又形成一个螺旋效应，刺激了读者们更强烈的阅读欲望，要求更多阅读内容。这种案例在记录彼时社会变迁的资料中不胜枚举。

1896年8月22日，在维新运动如火如荼的时候，维新派的机关报《时务报》在上海创刊，初期销量4000份左右，半年之后的销量即达到了7000多份，最多时的销量高达17 000份。如此大的销售量，昭示了其辐射范围的广泛，这对宣传和表达维新派的政治主张具有莫大的助力。

此时的各种书报纷纷涌现，不仅出版重镇上海如此，其他广大的中国地域亦如此。天津、杭州、南京、武汉、福州、广州、长沙等沿江沿海城市自不必提，这些地方出版的《大汉报》《大江报》《大公报》《羊城日报》等报刊一时间闻名于世。就连中原腹地和边疆地区也出现了各种刊物，成为表达各种主张的舆论工具。

地处中原腹地的开封，1906年由官书局同人创办了《河南白话演说报》。该报采用图书样式出版。作为一份社团报刊，它的主要目的在于用白话形式宣

---

[1] 详见《新民丛报》1903年3月第27号等期插页。

传新事物，启蒙中下层社会的民智。素称闭塞的山西省，也先后创办了《晋报》《讲演白话报》《明义学报》《晋阳学报》等报刊。

与此同时，许多以女性为受众的报纸也纷纷出现。梁启超的夫人李蕙仙及康有为的女儿康同薇在1898年共同创办了《女学报》，聚集了一批出名的女性编辑。1905年，张筠芗创办的《北京女报》在北京出版。该报主要宣传立宪政治，提倡子女教育，主张婚姻自由，反对迷信。[1]1907年，秋瑾主编的《中国女报》在上海创刊，该报的宗旨在于"使女子生机活泼……为醒狮之前驱，为文明之先导"[2]。

1911年武昌起义爆发后，消息传到上海，报馆集中的望平街上挤满了打探消息的市民。各报为了满足需要，一天印发几次号外。这一时期，许多投机人士也看到了其中的商机。他们随便拉几个人，找间屋子，联系好承印单位，居然也办起了小报。这类小报不下30家之多，不过，既然属于投机，这些小报的存在时间自然很短，长则两三个月，大多是出版十几期就草草收场了。

无论是发行量数千的《时务报》，还是数量繁多的地方性报纸，又或者种类繁多的女报，它们得以在19世纪末大量出现，既与社会形势的发展有关，更重要的是印刷出版技术的成熟和流散。可以说，印刷出版技术为它们提供了最基本的条件支持。

另外需要注意的是，清末的革命报刊，许多是由留日学生在日本印刷，分运回国的。这固然与清政府对舆论的控制有关，但是日本铅字印刷的便利与成熟，也是这些报刊在日本印刷完成的重要原因。铅印技术不仅在当时对中国留日学生产生了影响，还影响着他们回国后对以印刷为基础的出版和传媒行业的态度。

二、新出版形态的形成：人员、组织与制度

在中国近代报刊史上具有重要发端性质的《察世俗每月统记传》，虽然是外国人主导创办的，并且出版地也不在中国，但早期也有中国人梁发参与其中。梁发不仅从事刻印和发行工作，有时还用笔名写写文章，成了近代"正式服务报界之第一人"[3]。虽然该报还不是完全意义上的现代报刊，出版时间也不长，但其所产生的标志性意义则在于，以印刷为基础的出版活动为中国传统社会中

---

[1] 万启盈编著《中国近代印刷工业史》，上海人民出版社，2012，第472-473页。

[2] 《发刊词》，《中国女报》1907年第1期。

[3] 戈公振：《中国报学史》，中国新闻出版社，1985，第56页。

的读书人提供了入仕升官封妻荫子之外的路径。梁发之后，越来越多的中国人开始进入外国人创办的出版社和传媒机构，从事这种新的社会职业，沈毓桂、蔡尔康、董明甫、王韬等人是其中的代表。

1848年，科举不第且父亲病故的王韬面临着严重的经济问题。此时，父亲供职过的墨海书馆向他抛出了橄榄枝。得益于麦都思的聘请，王韬在墨海书馆期间获得了较高的生活报酬，从而能够从容地进行思考和学术研究。正如同柯文的评述"王韬代表了中国背景中的某种非常新的东西"[1]。王韬所面临的人生危机——科举落第、供养家庭的父亲突然去世、被揭发叛逆等——在中国任何时代都屡见不鲜。但他度过这些危机，尤其是重新获取经济来源的方式，只有19世纪中叶以后才能出现。之所以如此，就在于出版的功效。

晚清以来，太平天国运动、科举制度改革等一系列社会大变动，促使着大量文人向上海等沿海大城市汇集。按照叶中强的观点，这些人士大部分已经不再把仕途作为唯一的追求，而是投身于出版活动，依靠办报、编书、翻译，实现着各自的追求。[2] 这些人士在上海这个灯红酒绿的大都市里，尽情地发挥着各自的才能，上海等地出版传媒行业的繁荣及经济回报，为这些人士提供了物质上的保证。[3]

如果说以张元济为代表的出身于传统文化的早期出版从业者，在清末民初激烈的社会变革中，投身于出版行业，从事出版活动，内心深处还带有某种因外界力量胁迫而产生的难以名状的妥协之类的微妙心理的话，[4] 那么，从1910年代中期开始，这种情况就发生了非常大的改观。此时期大众也越来越认可出版行业对整个社会的影响，而出版从业者对自己所从事的职业也越来越具认同感，新的出版从业者群体也在逐渐形成并不断壮大。

从1910年代中期开始，进入出版界的从业者，呈现出更多的面向，个人的表现也更加复杂。这些人的知识文化结构更加多元，有些人既具备传统文化的

---

[1] 柯文：《在传统与现代性之间：王韬与晚清改革》，雷颐、罗检秋译，江苏人民出版社，2006，第57页。

[2] 叶中强：《上海社会与文人生活（1843—1945）》，上海：上海辞书出版社，2010，第2-3页。

[3] 据《中国近代报刊名录》《上海通史》《中国近代文学史》等资料统计，1911年之前，上海有460种中文报刊，54种外文报刊，在民初时期，在上海出版的文学期刊就达到了75种之多，从1862年到1908年，上海就出现了80多家新出版机构。

[4] 《申报》第一任主笔蒋芷湘在科举及第之后，立即辞去主笔职务，就是一个明显的例子。

素养，同时也接受过新式文化的教育。就目的而言，他们至少与张元济们的初衷已经有所不同了，至少不避讳对理想抱负、经济回报和名望地位的公开诉求了。最重要的是他们对出版都有更理性的认识和更高的期许，认为出版可以帮助他们实现各自的人生追求。

这些人早在求学期间就开始接触现代出版或传媒行业了，他们在学校里就已经开始接触、创办和编辑各种报刊。20世纪20年代，郭沫若、郁达夫等人甚至暂时放弃学业，从日本返回上海，参与泰东图书局的图书策划、编辑、校对等工作。这一方面说明了当时的现代传媒的影响在社会上已经非常普遍了，这些人已经认可出版和传媒活动在传递信息、表达观点方面具有的重要功用；另一方面也说明，印刷的普及已经为他们准备了技术基础，他们可以轻松获得各种条件，创办报刊，出版图书。

出版行业在满足他们表达观点、传递新知的要求之外，恐怕最重要的功能就是能够为新进入的从业者们提供坚实的资金保证了。这对于初出校园或者尚在求学的青年人尤其重要。

茅盾1916年从北京大学预科毕业，随后进入商务印书馆当编辑，月薪24元[1]，次年开始月薪涨到了30元。[2] 一年多的编辑工作为茅盾带来了200多元的收入，这使得茅盾可以带自己的母亲和弟弟在上海游览一圈、买书、住宾馆、喝洋酒，并乘坐火车二等车厢送沈泽民前往南京的水利局河海工程专门学校报到。茅盾一年的薪水居然在这些花销之外还有余裕。1919年时，茅盾每月的薪水已经有50元了，而且稿费每月也有40元了。

1921年，胡适受邀到访商务印书馆。在他的日记里，他清楚地记载了商务编译所169人的薪资情况。[3] 在169位编译所人员中，薪资30元至50元的编辑人员人数比较多，有46人，占据了27%的比例；薪资30元至100元的编辑人员共有78人，占据46%的比例。商务印书馆作为彼时中国出版业的霸主，其编辑的收入确实不菲。如果与当时的上海生活水平相比，便会发现，出版已然是一个比较好的职业。根据陈明远的统计和分析，按照1920—1925年上海的物价水平，商务印书馆编辑的月收入所得，足可以供一家人过得非常舒服。[4]

郑振铎曾在《悲观》中，对当时靠着出版而生活的旧式文人有着近乎激愤

---

[1] 此处为银圆。
[2] 茅盾：《我走过的道路》，人民文学出版社，1997，第129页。
[3] 胡适：《胡适日记全编》，曹伯言整理，安徽教育出版社，2001，第388-389页。
[4] 陈明远：《历史上银圆的购买力》，《社会科学论坛》2010年第24期，第104-105页。

的评论,直指他们是"卖文为活"的人。[1]虽然这是在新旧文人激烈对决之际的言辞,但是郑振铎无意中点出了一个非常重要的问题,这就是郑振铎这些人也已经成了新一代的"以文为生"者,只不过相比传统社会的文人们,他们享受着更加开放的空间和自由。事实上,出版不仅养活了茅盾这样的编辑人员,也为出版行业的其他内容生产者提供了稳定的资金来源。胡适在上海求学期间和北大任教期间,均从出版行业获得不菲的经济回报。[2]鲁迅辞去教职,定居上海,也在于他相信出版业能够提供稳定的资金支持。[3]陈望道、李汉俊、郁达夫等人也同样有过撰文挣钱的经历。

1910年代以后初次进入出版业的人员一般也会有其他社会专兼职,这些职位也为他们提供了一定的经济来源,但是相比从出版业获得的经济收入而言,显然少了许多。当然,如果要区分出版和其他职业的意义高低、社会价值多寡,是很难的。不过有一点必须承认的就是:正是源于出版业对于从业人员的物质支持,他们才有机会借用出版的力量创办各种刊物,出版各种图书,宣传各种主义思想。

与从业人员身份转变同步,出版业的经营主体、管理机制和出版物内容等一系列新形态也在逐步形成。

以出版经营主体而言,彼时的民营出版业发展势头很好,并很快成为出版业的中坚力量。清末民初,出版重镇上海出现了大批的民营出版机构。以商务印书馆为肇始,广智书局、永祥印书馆、广益书局、神州国光社、锦章书局、文明书局、国学扶轮社、开明书店、会文学社、有正书局、群学社、尚古山房、中华书局等中国出版史上著名的出版机构,均在此时涌现。从1896年到1911年间,上海就新创办了116家出版机构。[4]在这100多家出版机构中,以石印为主的有90家,以铅印为主的有20多家。[5]

这些民营出版业的图书主要以西学译著、小说和教科书为主。清末民初,中国社会经历的巨变激发了中国人向西方学习的动力,大量西方译著此时进入

---

[1] 西谛:《悲观》,《文学旬刊》第36号,1922年。转引自叶中强:《上海社会与文人生活(1843—1945)》,上海辞书出版社,2010,第132页。

[2] 《竞业旬报》曾聘请胡适担任编辑,月薪10元。

[3] 鲁迅:《在上海的鲁迅启事》,《语丝》1928年第4卷第14期。

[4] 陈昌文:《都市化进程中的上海出版业(1843—1949)》,上海人民出版社,2012,第69页。

[5] 统计自《上海出版志》编纂委员会编《上海出版志》,上海社会科学院出版社,2000,第249-264页。

中国。彼时，出版机构的名称中直接冠以"译"字的多达十几所，而以翻译西方图书为主营业务的出版机构更多。[1]

晚清以来，通俗文化逐渐盛行。十里洋场、灯红酒绿、五方杂处的上海等大城市，对这些通俗文化更是具有极强的接纳性和再生性。这使得以出版小说等通俗文化为主营业务的出版机构大行其道，其中影响力比较大的是小说林社、新世界小说社、社会小说社等出版社。就连有正书局和时报馆这样的机构，对小说的市场也特别看好，时报馆邀请包天笑主编各类小说。这一类别的内容成为部分出版社的重要业务，此后商务印书馆的《小说月报》、中华书局的《中华小说界》、文明书局的《小说大观》（实则由中华书局发行）和泰东图书局的《创造月刊》均是小说市场上的佼佼者。

需要注意的是，此时的小说内容和种类，相比中国此前的白话小说，更加丰富，不仅有明清古典小说，还有翻译自外国的小说，某些翻译小说的影响和销售范围比古典小说更大。包天笑当初随便译着玩的《迦茵小传》，后来成了文明书局的热销书。该书的热销，竟然还在上海文化圈内引发了一段笑谈。[2]

至于教科书的出版，自晚清以来就是出版市场上的重要类别，此时自然是民营出版业的关注重点。民国之前的文明书局、商务印书馆、教育世界社、昌明书局和蒙学书局等出版社以及后来的中华书局、世界书局、开明书店均致力于教科书的出版，出版机构之间明争暗斗。

在这些出版社之外，还有许多其他专门性的出版机构，这些出版机构分布在医学、地图、宗教、科学等领域。成立于1901年的上海科学仪器馆是中国人自己创办的第一家科学仪器普及教育机构，它出版了大量介绍自然科学的图书；中外舆地局则是专门出版各类地图的出版机构；艺苑真赏社成立于1904年，主要出版各种碑帖和书画，宣传中国古典艺术；新学会社主要翻译出版各种农学图书，旨在促进中国农业的进步；上海医学书局和上海中医书局则以出版医学图书、介绍医学知识为主；青年协会书局则主要出版教育和引导青年修身养性的图书；而上海佛学书局，则是一家专门出版佛学经典的书局，并代为定制各种佛学图书资料。这些出版社的出现和存在，原因不外乎两点：一是社会上存在着这些方面的需求；二则是出版事业繁荣到一定程度，才可能出现专业化

---

[1] 统计自《上海出版志》编纂委员会编《上海出版志》，上海社会科学院出版社，2000，第249-264页。

[2] 包天笑和杨紫麟合译的《迦茵小传》交由文明书局出版，而林纾将其与魏易翻译的《迦茵小传》交由商务印书馆出版，两者的故事不尽相同。

的分工，成立专业性的出版机构。

出版产业中，与出版技术、出版内容居于同样重要地位的是出版机构的组织结构和经营形式。19世纪末期，外国人在华创立出版机构的经验不仅使彼时的中国人认识到了现代出版的技术优势，看到了出版作为一项商业活动的前景，更为彼时的中国人提供了一种新型的组织形式。后两者对中国以后出版业的发展影响尤其大。中国传统社会的经济活动主要以个人或家族经营为主，合伙制偶有出现，几乎没有股份制。传统出版行业对股份制更是闻所未闻。

虽然上海的经济组织形式自开埠以来获得了长足的发展，但是上海出版业的组织形式没有发生大的变化。出版业获得资金的方式比较单一，除某些机构能够获得政府的资助外，大部分时候，只能采用合伙的形式获取资金。为了解决制约出版业发展的资金瓶颈问题，不少出版社在出版大型图书的时候，会事先发布消息，用优惠的方式号召人们预约，提前筹集资金。商务印书馆和中华书局在出版《四库全书》之类的套书时，也都采用过这种方式。这种方式在一定范围内比较有效，但它也只能暂时解决资金短缺问题，而不能为出版机构的发展提供稳定的资金来源。在1910年代之前，资金问题一直限制着中国出版业的发展。这也是王云五、陆费逵后来在总结中国出版业的发展历程时多次提到的一个问题。

20世纪初，这一问题获得了根本性改观。股份制开始被引进到出版行业，股份制公司纷纷成立。以商务印书馆为代表的出版公司逐渐发展改制成股份公司，并进入快速发展阶段。

出版机构的内部管理体制也逐步完善。上海的出版机构由于规模上的差距，内部管理体制也各有差别。小出版社，由于机构小、市场占有份额少，多数把编辑与发行工作合在一起，很少设有印刷所的。四马路上很多小书店，编辑与发行都是一套人马，在后屋编辑，在前店发行。得益于上海发达的印刷工业体系，这些小出版社的图书可以委托给其他的印刷所印刷。当然也有出版社本身就开展代印业务，"商中世大开"[1]这些出版社均为同人印刷过图书。中型的出版社，一般都设有自己的编辑部、发行部等部门，分别由不同的人承担相应的工作。至于"商中世大开"这样的大型出版机构，内部机构就比较复杂了，一般都设有编辑部、印刷厂、发行部等部门，涵盖生产与图书销售，有一套完备的体系。

---

[1] 商务印书馆、中华书局、世界书局、大东书局和开明书店五家出版机构，在民国时期的出版界有着"商中世大开"五巨头之称。

清末民初，稿酬、版权等制度建设也同样影响着出版新形态的形成。按照张敏的研究，王韬在1887年致盛宣怀的信中，就已经提到了稿酬。王韬在信中提到"《淞隐漫录》已盈十二卷，主者意将告止，因……月不满万五千册，颇费支持。然韬月中所入，又少佛饼四十枚矣"[1]。《点石斋画报》因为读者少了，每月销量不到15 000册，成本高，所以要停刊。画报停刊，对王韬的影响就是他每月要少得40枚银圆了。王韬已经是以文取酬的实践者和受益者了。

当时的翻译大家严复，其作品一直受到各出版机构的追捧。其译著《原富》的版权被南洋公学译书院购买，当时双方口头约定稿酬为2000两。后来在与张元济的通信中，严复自己也提到"且诚蒙俯纳所言，而译局准予售书分利凭据，则一切细目尚有可商，以期平允，如：（一）可限以年数。外国著书，专利版权本有年限，或五十年，或三十年；今此书译者分利，得二十年足矣。（二）二成分利，如嫌过多，十年之后尚可递减；如前十年二成，后十年一成，亦无不可"[2]。从这段记载中，我们可以推断出，严复得到了20%以上的版权收益。当然了，这个价格是严复这样名望甚隆的大人物提出的，小人物的版权收益则是另一番景象了。

1902年11月14日，《新小说》创刊。它虽然在日本创刊，但却以上海为主要的销售市场。梁启超在《新民丛报》上为它发出了一份《征文启》[3]，征稿内容摘录如下：

> 小说为文学之上乘，于社会之风气关系最巨。本社为提倡新学、开发国民起见，除社员自著自译外，兹特广征海内名流杰作，绍介于世。谨布征文例及酬润格如下：
>
> 第一类　章回体小说在十数回以上者及传奇曲本在十数出以上者
>
> 自著本　甲等，每千字酬金四元；乙等，每千字酬金三元；丙等，每千字酬金二元；丁等，每千字酬金一元五角。
>
> 译本　甲等，每千字酬金二元五角；乙等，每千字酬金一元六角；丙等，每千字酬金一元二角。

这既是一则征稿内容，同时也是一份稿酬简表，对稿酬标准作了细致的区

---

[1] 张敏：《从稿费制度的实行看晚清上海文化市场的发育》，《史林》2004年第2期，第86-94页。

[2] 王栻主编《严复集》（第三册），中华书局，1986，第544页。

[3] 《新民丛报》第19号，1902年10月31日。此《征文启》后来又被刊载在《新小说》的创刊号上。

分,原创作品的报酬要高于翻译著作。因为无法预知投稿者的背景和名望,所以,这份稿酬标准是相对公正的,大抵是能够反映彼时的收益水平的。这说明,稿酬制度已经在彼时的出版行业中日益盛行,且逐渐成为定制。

对于版权的保护,也成为出版业的重要话题。戊戌变法期间的一系列诏书中,就有"奖励报刊"的字样出现。在相关法律规定颁布之前,出版行业已经开始自发地进行版权方面的保护了。文明书局在出版《群学肄言》后,专门在各大报刊公开宣布"交由本局承印出售,予以版权"[1]。严复此后也利用自己的社会影响力,公开宣传版权保护的重要性和必要性。[2]此事亦受到了官方的公开呼应。1906年,《大清印刷物专律》颁布。虽然颁布此律的目的主要在于维护政府对出版印刷行业的管制,但是毕竟提到了对出版物的管理。1910年,《著作权律》正式颁布,这部法规对著作权的相关权益有了明确的保护,规定了对侵犯相关权利的惩罚措施。[3]

清末民初,出版从业人员、经营主体、管理机制、出版内容、版权稿酬制度等关涉出版业的各种要素,均完成了转变。这些转变共同促成了新出版形态的形成。而在此过程中,肇始于印刷技术改进的出版与社会思想文化之间的互动日益紧密,且对后者产生了巨大的影响。

第二节　新式印刷技术影响下的思想变革

一、印刷变革下的纲常解纽

被林语堂称誉为"中国新闻报纸之父"的王韬,在1873年和黄胜合作,买下了英华书院的印刷设备,并于次年2月4日创办了《循环日报》。此后长达10年的时间里,王韬都以《循环日报》为平台,孜孜不倦地发表着鼓吹变法自强的政论文章。《循环日报》发刊词虽寥寥数言,其核心内容却突出而简练,翻译成白话就是"凡日报发行于西洋各国,岂能泛泛而谈就可以得了的吗?因此,本报所载的有关政事之得失,足以验证国运之兴衰……也足以察风俗

---

[1]《文明书局〈群学肄言〉出书广告》,《大公报》1903年2月22日。
[2]《严幼陵观察上管学大臣论版权书》,《大公报》,1903年5月28日。
[3] 刘哲民编《近现代出版新闻法规汇编》,学林出版社,1992,第10-16页。

之厚薄"[1]。听其口气,可以想见,这和古代传统文人激扬文字指点江山,何其相似。

20多年后的1896年1月12日,以"广人才、保疆土、助变法、增学问、除舞弊、达民隐"为宗旨的《强学报》在上海创办。作为强学会上海分会的机关报,《强学报》虽然只出版了三期,但其救国图强的指导思想依然表露无遗。"本局现当开创之始,以发明强学之意为主,派送各处不取分文,一月之后乃收报费,欲阅者可到上海王家沙第一间挂号即得,置于时事新闻,因限于篇幅不及多载,俟将来乃续录之,非敢略也,附者讳指。"[2]在第一期的封面上,标明的日期是"孔子卒后二千三百七十三年",并且置于"光绪二十一年"之前。在以皇帝纪年为标尺的时代,此举背后的意味令时人深思。

此外,借助于印刷技术的强劲生产力,《强学报》的印刷量更多,普通人更容易获得。该报先期免费派送,后期收取报费。相较于邸报,这无疑极大地扩大了阅读范围,打破了传统的信息流通模式。技术的魔力,引起了朝廷的注意,"自强学会报章,未经同人商议,遽行发刻,内有廷寄及孔子卒后一条,皆不合,现时各人星散,此报不刊,此会不办"[3]。

同年8月9日,黄遵宪、梁启超、汪康年等人又在上海创办了《时务报》旬刊。梁启超在《论报馆有益于国事》中,强调了开报馆的重要地位和作用,"去塞求通厥道非一,而报馆其导端也,无耳目无喉舌是曰废疾,今夫万国并立,犹比邻也,齐州以内,犹同室也,比邻之事而吾不知,甚乃同室所为不相闻问,则有耳目而无耳目,上有所措置不能喻之民,下有苦患不能告之君,则有喉舌而无喉舌,其有助耳目喉舌之用,而起天下之废疾者,则报馆之为也"[4]。

1897年10月26日,严复与王修植、夏曾佑等人在天津创办《国闻报》,主张国家不是一二君臣所能治理,必须要集合民众的力量,要通过设立报馆,通过翻译和采访,达到"通中外之情、上下之情",从而"积一人之智力以为一群之智力""取各国之政教为一国之政教",最终实现"吾之群强""吾之国强"的目标。[5] 这些现在看来再正常不过的建议,在当时被视为大逆不道,政府方

---

[1] 古敏:《头版头条——中国创刊词》,时事出版社,2005,第12页。
[2] 《强学报》第1号,1995年11月28日,第1页。
[3] 《强学停报》,《申报》,1896年1月26日。
[4] 梁启超:《论报馆有益于国事》,《时务报》,1896年8月9日第1期,第1页。
[5] 沈云龙主编《近代中国史料丛刊三编》第三十三辑《国闻报汇编》,文海出版社,1987,第6页。

面几次施压。以致创始人之一的夏曾佑在《致汪康年书》中，感叹"敝馆国家压力，前者已去，后者方来"。这是报刊对社会秩序的挑战以及政府对它的严格管制给夏曾佑留下的印象。

1902年2月，因戊戌变法失败而逃亡日本的梁启超等人在横滨创办了《新民丛报》。该报以"新民"为主旨，着力介绍西方资产阶级的学说和各派思想，主张变法维新，严厉抨击慈禧为首的清政府。梁启超介绍和宣传了一系列的新学说，并自觉地运用理论阐释自己的政治主张，强调"中国之所以不振，由于国民公德缺乏，智慧不开"，必须先"维新吾民"然后才能"维新吾国"。[1] 这无疑迎合了当时大批青年的需求，启发了他们的思想。

按照李泽厚的观点，这种思想对当时社会的冲击显著而巨大，"大量新知识打开了原来只知四书五经孔孟老庄的封建传统文化的人们的眼界"。新知识的传播，使这些人认识到，在中国之外，还有着广阔的其他世界，还存在众多其他的知识内容，而这些新引进的知识中，又带有种类繁多的"新鲜的理论，观点，标准，尺度……"。[2] 这些思想的传布，一方面使国人意识到自己民族的落后，另一方面也使国人燃烧起救国和革命的热情。年轻时期阅读过这些文章的郭沫若感叹"在他那新兴气锐的言论之前，差不多所有的旧思想、旧风习都好像狂风中的败叶，完全失掉了它的精彩。二十年前的青少年——换句话说，就是当时有产阶级的子弟——无论是赞成或反对，可以说没有一个没有受过他的思想或文字的洗礼的"[3]。

与《新民丛报》同时期的其他报刊也在冲击和瓦解着传统思想和社会秩序。1902年，《苏报》的主持人陈范邀请章士钊任主笔，开始宣扬暴力革命，主张通过革命来完成救国改造。此后，该报宣称"非革命不足以谈破坏，非破坏不足以图建设"，公开谈论用暴力革命推翻中央政府的主张。《苏报》先后介绍和刊载了邹容的《革命军》和章太炎的《驳康有为论革命书》等文章，革命的语调与氛围日趋浓烈。

1905年11月，中国同盟会机关报《民报》在东京出版。在其发刊词中，同盟会明确提出了"民族、民权、民生"三大主义。一年之后，孙中山又对三民主义进行了详尽的解释，并在主张实行政治和民族革命的同时，要注重改良经济组织，预防社会革命。《民报》强烈的革命倾向，使得清政府照会日本驻华

---

[1] 梁启超：《新民说》，《新民丛报》1902年第1期。
[2] 李泽厚：《中国近代思想史论》，人民出版社，1979，第429页。
[3] 郭沫若：《少年时代》，海燕书店，1947，第126页。

使节阿部宋太郎，要求日本政府查禁该报。

1909年5月15日，"竖三民"报的首报《民呼日报》在上海创办。宣言书中开篇即提出，"《民呼日报》者，炎黄子孙之人权宣言书也。有世界而后有人民，有人民而后有政府。政府有保护人民之责，人民亦有监督政府之权。政府而不能保护其人民者，则政府之资格失；人民而不能监督其政府者，则人民之权利亡"[1]。简言之，《民呼日报》把自己定位为监督机关，为民众权益鼓与呼。

虽然上述报刊的存续时间不一，宗旨各异，发行数量多寡各异，影响范围大小有别，但是它们的存在都表明着，以印刷为基础的出版活动对纲常伦理有着巨大的破坏能力。中国长达几千年的文化历程中，思想意识的冲击历史上也出现过，各个时期也有不同的争论，无论是黄老之争，还是王学之辩，均没有清末这般激烈，无怪乎洞察如李鸿章者会发出"三千年未有之变局"的感慨。纵是如此，李文忠还是没有预见到这场大冲击大变局的结果比他想象的更加强烈。究其根本则在于，技术的变迁，打破了以往的思想垄断局面。

随着新印刷技术的成熟和普及，越来越多的普通人也开始能够接触到新式的书报，表达新的思想和观点，并把原来属于知识分子的舆论工具，推向了各色民众。得益于这些印刷技术和设备，各地的白话报纷纷出现，共同加入到挣脱传统思想束缚的潮流中，迎接新思想的启蒙。

北京的《京话日报》，所刊登的读者来稿，其作者来源非常广泛，其中就包括许多文化水平不高的"小业主、小商贩、小店员……家庭妇女、优伶以及一部分堕落风尘的妓女"[2]。这些普通人投稿给《京话日报》，至少说明他们是信服该报的。从这一案例中，我们也大致可以观察到此类报纸在当地民众中的影响力。

虽然在《清末的下层社会启蒙运动：1901—1911》中，李孝悌的观点可以解读为"清末的思想大冲撞"，其实有一个传递的过程或者说是在知识阶层的主导下把这种冲击也推向了民众。彼时的知识阶层以导师的心态向普通民众传递着各种思想，指导普通民众应该如何，不应该如何，其目的则在于把普通民众纳入传播者的意愿轨道中来，以期实现国家强盛和民族的复兴。尽管这种观点有待商榷，但是不可否认的是，彼时的社会已经进入了一个各种思想和力量激荡回旋的时代。印刷技术出现和普及之后，以封建纲常伦理道德为核心的传统思想再也无法拥有之前的巨大魔力了，在前者潜移默化的影响下，纲常伦理

---

[1] 杨毓麟：《杨毓麟集》，岳麓书社，2008，第320页。
[2] 李孝悌：《清末的下层社会启蒙运动：1901—1911》，河北教育出版社，2001，第25页。

逐渐解纽。

二、传媒舞台上的新思想论争

如前文所述，中国早期的大多数报刊创立初衷在于通上下之情，通中外之情。创办者们希望通过这种方式，寻找到一种指导性的思想或者可行的道路，以解救当前的危局，挽救国家，实现所谓富国强兵的梦想。社会各阶层各种力量，无不使出浑身解数，呼喊论争，以期自己的主张为众人接受，从而掌握舆论、政治、社会发展的主导权。在此背景下，关于各种思想、思潮的论争，以各种方式出现在了传媒舞台上。

甲午之后，以康、梁为首的维新派，力主通过改良，实现国家的富强，摆脱羸弱的局面。他们利用媒体，宣传改良。汪康年在《时务报》上发表文章，主张"今日振兴之策，首在育人才。育人才，则必新学术，新学术，则必改科举、设学堂、立学会、建藏书楼，然改科举，必将官制政法，尽行改革"[1]。在湖南主持《湘报》的谭嗣同则遥相呼应，提出"假民自新之权以新吾民者，厥有三要"，分别是"创学堂，改书院，以造英年之髦士，以智成材之宿儒"；"学会成，则向之不得入学堂、书院而肄业焉者，乃赖以萃而讲焉"；"报纸出，则不得观者观，不得听者听"。[2] 这些培养人才的措施，之所以被如此重视，就在于彼时的改革主要依靠一大批新式人才。而维新派正是通过自己掌握的媒体，不遗余力地宣传这些措施，号召民众，影响政府的决策。

维新运动失败后，逃亡海外的梁启超等人在日本创办《新民丛报》，继续宣扬自己的改良思想。依靠着梁启超的巨大影响力和《新民丛报》的发行网络，君主立宪等主张颇受海内外人士的欢迎，一时舆论哗然。与之态度相反的孙中山等人则主张革命。为了争取和扩大自己的支持力量，革命派主动与梁启超等人展开论战。

《民报》的创刊号上，陈天华的《论中国宜改创民主政体》和汪精卫的《民族的国民》，拉开了辩论的序幕。陈文指出"以民族之公而行其私，君主专制，政弊而不能久存也……然则言中国变革，而盛诵夫君主立宪之美者，为彼少数异种方握政权者计，而非为我汉族光复于将来者计也"[3]。汪文指出"国家者团

---

[1] 汪康年：《论中国求富强宜筹易行之法》，《时务报》第13册，1896年12月5日，第1页。

[2] 谭嗣同：《〈湘报〉后叙下》，《湘报》第11号，1898年3月18日，第42页。

[3] 陈天华：《陈天华集》，民智书局，1928，第20-21页。

体也,而国民为其团体之单位,故曰国家之构成分子。自法理论言,则国民者有国法上之人格者也……而有权利义务,此国民之真谛也。此惟立宪国之国民惟然,专制国则其国民奴隶而已,以其无国法上之人格也"[1]。两篇文章都指向君主立宪制的不合理性和弊端,揭露君主立宪制对人民权利和民族的侵犯。

梁启超随后以《开明专制论》《申论民族革命与政治革命之得失》等文进行反击。此后,胡汉民又罗列了双方辩论的问题所在,以《〈民报〉与〈新民丛报〉辩驳之纲领》为名发表在《民报》第三期号外上。双方各自围绕着是否要进行政治革命、种族革命,如何进行政治革命,是否提倡社会主义等问题延续着这场辩论。在这场清末中国思想史上具有重要地位的辩论中,双方依靠着各自的出版机关,采用公开辩论的形式就某些问题进行激烈的探讨。这场辩论不仅再次体现了中国历史上普遍存在的思想攻伐,更重要的是验证了传媒的巨大能量,但凡有愿意发声的人或群体再也没有"至于匹士大夫之意见,欲借笔札以流布于上下远近,匪惟前无此例,抑亦形势不便也"[2]的顾虑了。此后发生的各种思想争论,也无一不重视和推崇媒体的作用。

辛亥革命之后,传媒上的思想争论更多。传媒不但继续冲击和瓦解着残余的各种旧思想,更凭借其开放性和巨大的辐射性,引进和介绍各种新的思想,形成各种思潮,某种程度上形塑着民国以来的文化、政治和社会形态。

始于1911年10月的辛亥革命,在摧毁旧制度的基础上,迎来了民主共和时期,但是晚清以来凸显和遗留的一系列问题并没有得到解决,还依然困扰着中国。北洋政府自执政始,对于如何治国理政,就没有提出一整套系统的理论。袁世凯在当政初期,发布尊孔令,以求消除民主共和思想的影响,重新树立中央权威,没有成功。此后,北洋政府再也没有提出过所谓的主导思想与治国纲领,以至于北洋时期,政治首脑如走马灯般变换,政府更迭频繁。

民国初立前后,新式知识分子的群体和力量逐渐壮大,返国的留学生们成为这批新式知识分子的中坚力量。他们在留学生活中,接触到的外国政治、文化、经济等理念远比国内人士更为先进,对于国家的走向也有更为独立的见解和主张。彼时的国内矛盾更加激化,中央与地方、地方与地方、各种政治势力之间相互有纠葛,急需一种能够理顺各种关系,指引社会走向的思想体系出现。他们需要运用媒体的力量,宣传自己的主张和方案。此外,书报数量的增多,也需要更多的内容。这一切都促成了此时期传媒对各种思想议题的关注。传媒

---

[1] 汪精卫:《民族的国民》,《民报》第1号,1905年11月26日。
[2] 汪康年:《汪康年文集》(上册),汪林茂编校,浙江古籍出版社,2011,第86页。

亦成为各种思想辩论交锋的舞台。

民国时期社会科学界的知名人物，几乎都具有留学背景。他们分布于教育界、文学界、哲学界和科学界。[1] 在留学期间，大多与国内保持着密切联系，为国内的报刊投稿，翻译图书等，以这种方式从事着引介西方思想的工作。不仅如此，回国之后，他们还进行了相对系统的著述，运用自己的学识，结合中国的语境，对国外的思想和知识进行解读，撰文刊发。

不仅如此，民国时期讲学社还邀请国外著名学者到中国讲学，先后邀请了杜威[2]、罗素、杜里舒、泰戈尔等人来华。他们每次来华讲学期间，受益的不仅是现场的各位听众，还有书报的阅读者。围绕着杜威的来华讲演，《申报》提前发布消息，盛赞杜威的影响。讲演周期内，《晨报》《时事新报》《民国日报》等报刊都予以报道。杜威行前，陶行知撰文《介绍杜威先生的教育学说》，刊发在《时报·教育周刊·世界教育新思潮》第6号上，介绍了杜威的相关信息和学术思想。后来，知新书店又把杜威的演讲结集成《杜威五大演讲》出版。后续来华的杜里舒，其讲演则被编成《杜里舒讲演录》出版。这些刊登在报刊上的各种思想，无疑为当时中国的走向和出路提供了某种意义上的参考。

在上述条件的综合作用下，各种思想主张纷纷借助媒体走上前台。现在为我们所熟知的新青年派、现代评论派、学衡派、新月派、新路派和自治派等群体纷纷形成。如果说这些以同人刊物为联系纽带的思想群体，关注点还在治国理政的具体实施措施上，那么更宏观的思想流派的影响更广泛，关注的问题更具有整体性，如赞成西方的西化派，维护和反思传统的文化保守派，主张学习苏联的俄化派，以及法西斯主义派等。

由于彼时思想派别众多，且拥护者均希望自己一派成为主流，这就导致此时期的思想文化论争在媒体上层出不穷。东西方文化之争，白话文与文言文、科学派与玄学派、问题与主义的论战，马克思主义与无政府主义、基尔特社会主义的论战纷纷出现。这一时期媒体登载的思想争论，可谓精彩纷呈，既有对不同的思想进行争论的声音，也有不同背景的人对同一种思想的拥护。

随着各种思想影响的传播和普及，人们开始思考如何对待中国传统思想文化的问题，而这一命题最终引发了关于东西文化的论战，论战双方均开始在书

---

[1] 详见王奇生《中国留学生的历史轨迹：1872—1949》和周棉等著《中国留学生论》等资料。

[2] 讲学社成立前，杜威已经在北京大学任教，所以采用续聘的方式进行。

刊上集中精力，据理力争。陈独秀率先在《青年杂志》发表《东西民族根本思想之差异》，他认为西方民族以个人、法治、实利为本位，而东方民族以家族、感情、虚文为本位，[1] 直接揭示东西民族的根本不同。随后，李大钊撰写《东西文明根本之异点》刊载在《言治季刊》上，认为东洋文明主静，西洋文明主动，而东洋文明已经不适于现代社会，必须要学习西洋文明中的民主、科学思想。对此，梁启超在《欧游心影录》里进行了驳斥，认为西方社会已经陷入了权威丧失的时代，每个人都对社会产生怀疑，对前途失去信心，社会主流思想的破灭，导致了乐利主义、强权主义的盛行，许多人开始放任自己的欲望，导致"善恶既没有责任，何妨尽我的手段来充满我个人欲望"的混乱局面，感慨科学思想的破产，嘲讽"欧洲人做了一场科学万能的大梦，到如今却叫起科学破产来"。[2] 梁启超的观点得到了梁漱溟的支持，后者认为应该继续坚持中国文化，认为"第一，要排斥印度的态度，丝毫不能容留；第二，对于西方文化是全盘承受，而根本改过，就是对其态度改一改；第三，批评的把中国原来态度重新拿出来"[3]。胡适与吴稚晖又发文反驳二梁的观点。一时间有关东西文化的讨论，成为传媒上的重要议题。

东西文化论争进行的同时，互助论与进化论之间的焦点之战也频频见诸媒体。20世纪初，进化论在中国思想界具有举足轻重的影响，其"物竞天择，优胜劣汰，弱肉强食"的理念借助商务印书馆的《天演论》已经广为传播。第一次世界大战的惨象，使许多人开始反思进化论。不少人认为西欧国家对进化论思想的追捧才导致了第一次世界大战，而互助论的主张和实行，才使协约国战胜了同盟国，结束了一场人间浩劫。此外，中国在巴黎和会上外交的失利，列强对中国权利的践踏与蔑视，也警醒着国人对以弱肉强食为核心的进化论的担忧。

在这种情形下，以蔡元培、张东荪等为代表的知名人士开始探究互助论之于中国的意义。蔡元培在《东方杂志》上撰文，分析比较了强权哲学、泛劳动主义和互助论，肯定了互助论的积极作用。[4] 张东荪甚至认为以"提倡互助、

---

[1] 原载《青年杂志》一卷四号，1915年12月15日。转引自蔡尚思主编《中国现代思想史资料简编》，浙江人民出版社，1982，第9-10页。

[2] 梁启超：《梁启超游记·欧游心影录　新大陆游记》，东方出版社，2012，第15页。

[3] 梁漱溟：《东西文化及其哲学》，商务印书馆，1999，第204页。

[4] 蔡元培：《欧战与哲学》，《东方杂志》第16卷1号，1919年1月15日。

培植协同"为理念的互助论将会成为人类的第三种文明。[1] 此后，互助论在中国思想界风行一时，传媒为之兴奋。

《东方杂志》自1919年5月开始连载李石曾翻译的《互助论》，成为社会上的热门话题。商务印书馆又在1921年出版了周佛海翻译的全本《互助论》，该译本上市后很快售罄，并在此后的两年里连续出版。郑大华先生统计了五四运动前后的28份刊物，梳理了其中介绍互助论的文章。[2]

在具有强烈的无政府主义色彩的刊物上，共有68篇介绍互助论的文章，而在非无政府主义的刊物上，介绍互助论的文章更多，达到了98篇。这显示了彼时的传媒对于互助论这一社会议题的重视程度。文章作者很多都是当时媒体的主编或负责人（见表1-1）。他们运用自己所掌握的媒体力量，为这些思想摇旗呐喊。

表1-1 部分无政府主义文章作者信息统计 [3]

作者	职务	文章数	作者	职务	文章数
蔡元培	《旅欧杂志》编辑	11	黄凌霜	《实社自由录》《进化》主编主笔，《解放与创造》创办者之一	10
李大钊	《新青年》编委、《每周评论》主编	7	华林	《实社自由录》《进化》主编主笔	6
沈玄庐	《民国日报》主笔、《星期评论》主编	4	李石曾	《旅欧杂志》编辑	3
恽代英		3	褚民谊	《旅欧杂志》编辑	3
杜亚泉	《东方杂志》主编	3	高一涵	《新青年》编委	3
邵力子	《民国日报》主笔	2	王光祈	《少年中国》负责人	2
周建人		2	戴季陶	《星期评论》主编	2

彼时的孙中山也深受互助论的影响，他用互助论来阐释自己的三民主义。在《建国方略》里，孙中山认为社会进化是由于经济利益调和，而非经济利益有冲突，并且认为可以使外国之资本主义以造成中国之社会主义，而调和此人类进化之两种经济能力，使之互助为用，以促进将来世界之文明。[4] 中国思想

---

[1] 张东荪：《第三种文明》，《解放与改造》第1卷第1号。
[2] 郑大华：《民国思想史论》，社会科学文献出版社，2006，第55页。
[3] 整理自《民国思想史论》《中国新闻事业史》《民国出版史》《上海出版志》等资料。
[4] 孙中山：《建国方略》，《孙中山全集》第6卷，中华书局，1985，第398页。

史上有名的朱执信此时也对互助论偏爱，认为用互助的手段可以使人与人之间、民族之间、国家之间消除纷争。[1]

无政府主义者们对互助论更是大声赞扬与拥护。黄凌霜在自己的著作《自由录》里，大力鼓吹互助论，认为只有互助论是"博考动物生存与人群进化之证据，发明人群进化乃相爱相助以生存"[2]的不二法则。另一位无政府主义者华林，坚决反对当时社会上的"竞争与互助"共同促进人类进化的观点。他认为，动物界里两者共同存在，但是人类则不是。人与动物的区别，是人类能够用智力取胜，依靠群体的合力，在自然界生存下来，在受自然规律的影响下，能动地创造自然。

然而，这些互助论的热情介绍者，没过多长时间，又开始各自转向，去追寻新的思想和理论了。虽然此时的同志后来甚至兵刃相向，但此时，他们却因传媒技术而聚集在一起，相互支持，朝着同一个目标，为自己的思想主张摇旗呐喊。

晚清以来的印刷技术逐渐受到社会的重视，在它的影响下，社会文化和社会面貌也出现了新的显著的变化。雕版印刷盛行的时候，它的运用及产品，很少涉及大范围的社会文化改造，即便有，也只是出现在上层社会或精英知识分子范围内。而以金属活字技术为代表的新式印刷的出现，则推动传媒组织的出现，进而把救国、改良、革命等内容联系起来，摧毁了以往的固有社会秩序，使不同阶层的人士都有机会接触重要的社会话题。

印刷形式的变化及其蕴含的巨大能量，在19世纪中叶就已吸引了以读书人为代表的国人的注意，并促使他们接近并主动运用此项技术。王韬等人就对此有比较深刻的认识，主动投身于此项工作中。

清末民初，维新人士、革命派等对传媒力量的认识更加成熟，所以他们才提出开报馆、办报刊、译新书，从大的社会文化层面入手，启迪民智，教化民众，以救国图存。在这样的社会大背景下，印刷、出版、报刊的力量受到了整个社会的关注，并被视作社会改造的重要利器。社会上对印刷的共识，直接影响了报馆的创设、出版机构的成立。此后，数量繁多的报刊和图书的出版发行，就是具体的实践成果。

商务印书馆等机构的成立，出版从业人员的蜕变，出版主体、管理方式等出版新形态的出现，也渐次形成了独特的文化形态。广智书局的"广智"取向，

---

[1] 朱执信：《睡的人醒了》，《觉悟》1919年6月30日。
[2] 凌霜：《竞争与互助》，《实社自由录》（第一辑），1917年7月。

张元济等人的投身商务印书馆，均是此种文化形态的表现。而这种文化形态的出现，又反过来影响着出版机构或出版人员对新思想、新知识等文化现象的态度和选择，影响着他们以什么样的态度和手段来传播和呈现后者。可以说，缘起于传教士的西方印刷技术在清末民初已经开始深刻影响中国的社会文化了，而这种影响一旦发动，便持续深入。

第二章　出版变迁下马克思主义思想的早期传播

清末民初，建立在印刷技术革新基础上的出版行业，在瓦解封建纲常、支持新思想讨论的过程中，异常活跃。它们不仅为东西文化之争论提供了平台，为互助论进化论之辩论提供了条件，也影响和推动着马克思主义在中国的早期传播。

20世纪初，国家民族面临的各种问题，促使中国人寻求破解之道。西方的各种思想、理论成为他们重要的关注对象。西方社会中的各种主义、思潮，但凡被认为能够提供指导作用的内容都被当时的中国人关注过，翻译介绍过。这些内容在中国的书报上几乎都可以找到踪迹。这既得益于印刷技术的改进，使得大规模印刷出版成为可能，又是彼时中国人急需此类内容使然。

彼时，马克思主义在中国出现和传布的方式极其多样：时人在介绍西方社会思想时，会提及马克思主义，但多有不确；引介社会主义思想时，会简略介绍马克思主义，有时将后者与其他主义混为一谈；20世纪第一个十年的中期，已经有人开始专文介绍马克思和马克思主义的重要观点，偶尔伴有思辨评论；1910年之后，逐渐有人尝试翻译马恩著作，尤其是《共产党宣言》中的段落，注重它们的革命指导性；随着研究和传播的深入，《雇佣与劳动资本》和《资本论》等经典著作的重要章节，也日益出现在中国的报刊上，并附有详略不一的评价；20世纪20年代初期，马克思、恩格斯经典著作——《共产党宣言》首个中文全译本出版。

马克思主义由马克思主义哲学、政治经济学和科学社会主义三部分组成，涉及社会主义、民主、革命、劳动、经济和哲学等多方面的内容。而就晚清民初时期的中国而言，无论是著译者还是读者，他们既没有也不可能完全明确马克思主义的各种思想观点。马克思主义对当时的中国社会意味着什么，在时人心里并没有确定的判断。但是有一点可以肯定的是，在他们看来，马克思主义对中国社会是有用的。以康、梁为代表的维新派翻译传播马克思主义的相关内容，主要在于普及新知识，"今日欲举百废，就庶政，以尽译西国章程之书为第一义"[1]；以朱执信、孙中山为代表的资产阶级革命派介绍传播马克思主义的相关思想，看中的是马克思主义"庶几于社会革命犹有所资也"[2]；无政府主义者介绍马克思主义，则着重于"由社会主义扩张之，必达无政府主义这一境"[3]。出发点和目的不同，致使他们对马克思主义的理论、思想和观点的翻译传播带有明显的选择性，甚至是一定程度上的曲解。

无论是选择性的传播，还是有意为之的曲解，甚至误读，他们以偶尔提及的讨论、专门论述的文章、精心摘译的章节片段、完整翻译出版的著作等形式，借助方便快捷的印刷技术，将马克思主义呈现在了中国人面前。这些共同构成了马克思主义在华的早期传播形态。

第一节 传播者的聚合

任何一种思想的流传，都与传播者的作用有直接的关系。马克思主义自传入中国以来，先后经历了特征比较明显的几个阶段。每个阶段的传播者，他们的家庭出身、文化程度和人生阅历都有所不同。虽如此，这些传播者有一个共同特征，就是他们与出版社和传媒机构有着密切的关联。19世纪末20世纪初，随着印刷技术的改进和报刊的日渐普及，人们逐渐认识到出版和传媒行业的作用，对它的接触与使用日益频繁，对它也持有越来越重视和信赖的态度。这种状态，直接影响和形塑了马克思主义的早期传播者。

一、留学生刊物汇聚早期宣介者

清末以来，第一批介绍传播过马克思主义理论的几个刊物，按其成立时间的先后而论，应该是：《译书汇编》（1900年12月至1903年11月）、《新民丛报》（1902年2月至1907年7月）、《浙江潮》（1903年2月至1903年12月）、《民报》（1905年11月至1910年）、《天义报》（1907年6月至1908年）。这几份在中国近代史上具有重要地位的报刊，均创刊于日本，并大部分在日本完成编辑和印刷。

《译书汇编》的主编是戢元丞、杨翼云和杨荫杭等江苏籍留日学生。它的创刊宗旨在于：编辑、刊行以政治为主的图书，并注重法律、经济、行政等图

---

[1] 梁启超：《大同书局译书例》，《时务报》第42册，1898年9月21日。
[2] 朱执信：《朱执信集》（上集），中华书局，1979，第10页。
[3] 申叔：《欧洲社会主义与无政府主义异同考》，《天义》第6期，1907年9月9日。

书，向国人介绍强国的本原道理。由于"是编由同人捐资创办，尚祈同志之士慨与资助"，为了表示感谢，"该刊当酌量赠书以酬高谊"。[1] 这本刊物影响的不仅是江苏籍的留日学生，还有其他对于欧美法政感兴趣的留学生。《译书汇编》本身是学生团体励志会的会刊，而励志会创立的宗旨则是"联络感情，策励志节"，以"研究实学、养成公德、重视责任"为整个社团的行动纲领。就是在这种氛围的引导下，《译书汇编》对同人研究政治、经济等社会问题的活动大力鼓励和支持，不断刊登个人撰写的研究性论文。该刊不断登载马君武对社会主义、马克思主义等思想内容的研究文章，就是对这一宗旨的贯彻。在《社会主义与进化论比较》中，马君武介绍了马克思和马克思的学说，称"马克司者，以唯物论解历史学之人也。马氏尝谓阶级斗争为历史之钥"[2]。

《浙江潮》的创办者和编辑们分别是孙翼中、蒋智由、许寿裳和马君武等人，他们大多是浙江籍留日学生。刊物宗旨在于"着眼国民全体之利益"[3]，主张了解风土人情以为"自治"。围绕在《浙江潮》周围的蒋方震、王嘉榘等人，在"输入文明""汹涌革命潮"的号召下，撰写了大量论说、专件、调查会稿等文章，积极传播西方的政治学说，以期用革命手段完成中国的改造。

《天义报》创刊于1907年6月10日。在它的创刊号上，主创者们宣传了"以破坏固有之社会，实现人类之平等为宗旨，于提倡女界革命外，兼提倡种族、政治、经济诸革命"的主导思想。[4] 在它的旗下聚集了以刘师培、何震夫妇为代表的无政府主义信仰者。

无论是《译书汇编》还是《天义报》，他们的创办者、主持人和核心编辑人员，大部分都属于志同道合的中国留日学生。这些成员，要么长期在海外居留，要么正好留学于东洋和欧美。他们最大的优势就在于能够直接接触国外思想。在留学地，主要是日本，他们能够轻易接触到马克思主义。受当地已经成熟的大众传媒的长期影响，他们对传媒的社会作用有了深刻的体会，而传媒也成为他们聚集在一起的重要推手。

彼时，中国政权的主导者，依然是余威犹在的清政府。基于清政府的意识形态和权力运行体系，他们对传媒的创办和内容的刊布等方面依然有着严格的规定。即便是如《申报》这样的大型传媒，虽然处于上海租界，受国外政治势

---

[1]《简要章程》，《译书汇编》第1期，1900年12月15日，第2页。
[2] 君武：《社会主义与进化论比较》，《译书汇编》第2期11号。
[3]《发刊词》，《浙江潮》第1期，1903年2月17日。
[4]《简章、宗旨和革命》，《天义》第1期，1907年6月10日。

力庇护，但是它的议题大多时候也只能集中于商业信息等方面，对政治性内容依然涉足有限，且发行区域范围难称广泛，其影响力也只是在江浙一带和某些东部大城市最为突出。

当时颇为激进的《苏报》和《神州日报》等报刊，也只能存在于租界之内，稍有出轨言论，就会招致清政府的各种压制。它们面对的要么是清政府协请租界当局处理，要么是租界外的禁邮。当然，更多时候是清政府的"组合拳"。相对于中国广阔的空间，这些报刊畅行的区域显然是太小了。这就为团体刊物的出现提供了契机。

这些团体刊物的出现，在坚持创刊宗旨，登载相关信息内容的同时，也成了拥有相同志向旨趣的人士的聚集枢纽。经由报刊的联系和黏合，他们发现了其他与自己背景相似、志愿相同的人士。

《译书汇编》创刊后，在一年时间内，它的派售点数目即由创刊时的5个飙升到辐射上海、苏州、杭州、无锡、芜湖、江西、香港、新加坡、东京、大阪、神户、台湾等地的18个，辐射范围更加广泛，影响力也自然增强不少。

每期180页的《浙江潮》，国内的代派业务由杭州万安桥白话报馆和上海永记书报负责，它的销售地点除了杭州、上海、天津、武昌，还有其他一些通商口岸。据统计，在中国它的销售地点至少也有28处，印数达5000份。[1] 这在当时算得上一份有号召力的刊物。

按彼德·安德森的观点，印刷媒介在民族共同体的形成中扮演了重要的角色。无论是报刊的编辑人员还是数量众多的读者，通过报刊，接触到了相同的内容，知晓了彼此的存在。由此，他们之间变得能够相互理解。报刊这个媒介，使他们逐渐感觉到数以十万计、百万计的具有相似或相同身份的人的存在。虽然彼时这些报刊的发行量还称不上庞大，但是它们展现出了巨大的形塑能量：印刷技术上发展起来的出版和传媒行业构建了传播者和受传者的身份共同体，使他们的思想凝聚在了相同的方向。当然，出版和传媒行业的身份建构作用将在接下来的中国社会里产生更大的效果。

二、同人刊物催生传播共同体

1912年3月10日，袁世凯正式就任"中华民国"临时大总统。这一系列事件给中国带来的不仅是政治制度的革新，还有文化、经济等社会各方面的变化。

---

[1] 万启盈编著《中国近代印刷工业史》，上海人民出版社，2012，第181页。

1912年3月11日颁布的《中华民国临时约法》，明确规定"人民有言论、著作、刊行及集会、结社之自由"[1]。此举把人民的言论、出版自由写进了宪法，为新闻出版等活动提供了根本法律依据。在孙中山的活动下，交通部还专门降低了新闻界的费用，规定电报费"减轻四分之一"，邮递费"减轻二分之一"[2]。此外，以孙中山为代表的政党要人更是公开表示"革命时代，报界鼓吹不可少，当建设时代，报界鼓吹更不可少"[3]，对报刊的监督宣传作用予以高度的重视和鼓励。虽然1912年"中华民国"临时政府内务部也制定颁布了《暂行报律》办法，以图对报刊进行管制，但是这个规定很快就因报界人士的大力反对而被撤销。

大为改进的传媒技术与宽松的社会环境相结合，给整个社会带来的最直接变化就是出版和传媒活动的活跃。言论自由、新闻自由、出版自由的观念与思想，在传媒的带动下迅速传遍了大江南北。各种团体和组织纷纷支持或自创各种刊物，组织出版机构，作为自己的舆论机关，以图向社会传达自己的各种观点主张。同人报刊和出版机构的氛围，深深影响了马克思主义在中国的传播进程。国内的马克思主义传播群体在同人刊物的带动和影响下日益形成壮大。

北洋政府时期，北京作为政治中心，汇聚了各种各样的组织和团体。政党组织、青年学生、地方势力代表和外交使团等各种力量都想在这里获得一席之地。为此，他们直接创办或间接控制的报刊大量出现。这一时期，北京的报刊迎来了一个发展高峰。

据戈公振统计，在辛亥革命之后的半年时间里，全国的报纸总量由100多种快速上升到500种，发行量也增加到了4200万份。仅北京地区就新创办了50种报刊。[4]"中华民国内政部"的统计数据显示，在溥仪宣布退位的8个月时间里，北京登记注册的报纸就有89种。[5]这些新成立的报刊，大部分都是政党团体的报刊，主要作用是为某一政党提供舆论影响，政治性新闻是这类报刊的主要内容。它们之间相互批评倾轧。报刊之间的相互批评在北洋政府时期一直存在。

1913年宋教仁被刺杀后，袁世凯对于新闻界实行严格的查禁政策，使得北

---

[1]《临时政府公报》第35号，1912年3月11日，第3-4页。
[2]《临时政府公报》第49号，1912年3月27日，第5-6页。
[3] 孙中山：《孙中山全集》（第二卷），团结出版社，2016，第437页。
[4] 戈公振：《中国报学史》，中国新闻出版社，1985，第159-160页。
[5] 方汉奇：《中国新闻传播史》，中国人民大学出版社，2002，第151-152页。

京地区的报刊数量从100种骤减为20种。受此影响的不仅是北京地区的报纸，到1913年底，全国范围的报纸数量下降到139种。此事也被称为"癸丑报灾"。黎元洪在1916年6月7日继任大总统之后，对新闻出版事业解禁，报刊业再次发展，至1916年底，全国报纸增长到289种，政党报刊再次复苏。[1] 到1918年底，全国报刊的数量又再次降低到221种。总体而言，这一时期的报刊数量与政治环境的好坏直接相关。

民国初年，报界在短时间内先后经历的繁华、凋零、复苏、受打压、再发展的坎坷，对社会上产生了极其强烈的影响。这就是：报刊在传播思想、影响舆论方面的巨大作用在普通民众中留下了深刻的印象，而民众对报刊的态度越来越重视，越来越多的人士开始加入到报刊的创办活动中。这在知识群体尤其是青年学生群体中尤为突出。以后的社会发展，更推动了传媒与这些群体的融合。

第一次世界大战的发展进程和结束，尤其是法国巴黎和会，成了国内舆论界的重要话题。国内各方人士都在发表着对和会的意见，思索着中国以后的走向，都在探求着以什么样的方式来解决中国面临的内忧外患。此外，北洋政府在执政期间，并没有提出一套相对完整的治国方略和政治理念。马克思主义对中国现实的意义，逐渐被早期人士注意。而后，中国的早期马克思主义者们运用传媒表达了自己的观点。各种同人刊物将这些传播者聚合在了一起，并为他们提供表达的平台。

统计早期中国共产党人士在20世纪20年代的活动，可以发现，这些马克思主义的传播者与传媒之间的互动，可以使我们更为深刻地感知同人刊物在聚合传播上所发挥的作用。（见表2-1）

表2-1 马克思主义早期传播者中的共产党员信息[2]

姓名	出生年	家庭出身	笔名	文化程度	主要职业	备注
陈独秀	1879年	地主	独秀、仲甫、只眼、顽石等	大学	教授、编辑	留学日本
邵力子	1882年	没落地主	力子	大学	编辑、教授	留学日本

---

[1] 方汉奇：《中国新闻传播史》，中国人民大学出版社，2002，第151-152页。

[2] 此表主要选择1919年至1922年，在《新青年》《星期评论》《民国日报》《觉悟》《劳动界》《共产党》6种刊物上发表文章的中共人士作为研究对象。参见田子渝：《马克思主义在中国初期传播史（1918—1922）》，学习出版社，2012，第29-30页。

续　表

姓名	出生年	家庭出身	笔名	文化程度	主要职业	备注
杨明斋	1882年	农民			翻译、编辑、教师	自学俄文，留学苏联
沈玄庐	1883年	地主	玄庐、沈定一	大学	编辑	留学日本
李大钊	1889年	没落地主	李守常、守常等	大学	教授、编辑	留学日本
陈公博	1890年	官宦家庭		大学	编辑	留学美国
李达	1890年	贫农	鹤、江春、胡炎	大学	编辑	留学日本
李汉俊	1890年	知识分子家庭	先进、汉俊等	大学	编辑	留学日本
陈望道	1891年	中农家庭	望道	大学	教师、编辑	留学日本
黄负生	1891年	官宦家庭	负生	中专	教师、编辑	
张申府	1893年	知识分子家庭	张崧年、赤	大学	助教、编辑	留学法国
李季	1894年	富农		大学	翻译、编辑	留学德国
于树德	1894年		树德	大学	教师	留学日本
袁振英	1894年	没落地主家庭	震寰、震瀛	大学	中学校长、编辑	留学法国
董锄平	1894年	地主小商人	锄平	专科	编辑	
杨贤江	1895年	小商人	李膺扬等	专科	编辑	
恽代英	1895年	官僚	代英	大学	中学校长、编辑	精通英文
陈潭秋	1895年	知识分子家庭	潭秋	大学	编辑、教师	精通英文
蔡和森	1895年	官员家庭		大学	学生、编辑	留学法国
包惠僧	1895年	小土地经营者	包一宇、包晦生等	师范	记者	北京大学肄业
高君宇	1896年	小工商业	君宇	大学	学生、编辑	曾访问苏俄
瞿秋白	1896年	没落官宦家庭		中专	记者、编辑	驻苏记者
沈雁冰	1896年	工商业者	雁冰、P生、冰	大学预科	编辑	
董亦湘	1896年	农民家庭	亦湘		编辑、翻译	精通英、俄文

续 表

姓名	出生年	家庭出身	笔名	文化程度	主要职业	备注
彭璜	1896 年	农民家庭		专科	编辑	
张国焘	1897 年	官绅家庭	特立	大学	学生、编辑	曾访问苏俄
周佛海	1897 年	没落地主	佛海、无懈	大学	撰稿人	留学日本
范鸿钧	1897 年	不详		大学	学生	精通英文
张太雷	1898 年	贫农	张椿年	大学	翻译	曾访问苏俄
何孟雄	1898 年	农村私塾家庭	孟雄	大学	学生、编辑	
施存统	1899 年	农民	光亮、存统	大学	编辑	留学日本
马哲民	1899 年	不详	念一	大学	编辑	留学德国
郑太朴	1901 年	不详	太朴	大学	翻译	留学德国
沈泽民	1902 年	工商业者	泽民、成则人等	大学	编辑	留学日本
刘仁静	1902 年	知识分子	仁静、任、剑、意人	大学	学生	有过访问苏联经历
柯庆施	1902 年	士绅家庭	怪君	专科	学生	有过访问苏联经历
金家凤	1903 年	破落地主		中学	学生	
秦抱朴		商人家庭	涤青	专科	学生	曾访问苏俄

上表统计的传播者共 38 位，在这些传播者中，1920 年时，年龄最长的当数陈独秀，这位出生于 1879 年的晚清秀才，在当时已经步入不惑之年；年龄最小的金家凤才 17 岁[1]，按现在的标准，还属于未成年范围；其余各位传播者均属于青年人。分析他们的年龄段可以发现：20 岁（含）以下的传播者有 5 位，20 岁到 30 岁（含）之间的传播者有 27 位，30 岁到 40 岁（含）的传播者有 4 位，40 岁以上的有 1 位。这从侧面反映了青年人是思想界中最活跃的群体。

中国早期马克思主义传播者，除了身上闪耀着高学历和知识广博的光环，还有一个重要的共同点：他们大部分与出版和传媒行业有过或正在发生着密切的联系。这些人在读书的时候，大多数就已经接触到了新式书报。这些现代传媒的产物，对他们产生了巨大的促动作用。此时，这些人中，有的正在负责某家刊物，有的是某个刊物的主要撰稿人，编辑、记者是这些人的重要身份标识。

---

[1] 秦抱朴的确切出生年份不能确定，暂不统计在内。

出版和传媒行业已经对他们的人生产生了深刻的影响。

至晚在1904年时，陈独秀已经充分认识到报纸的作用了。他在《开办〈安徽俗话报〉的缘故》中用很通俗的语言讲述了创办报纸的缘由："别说是做生意的，做手艺的，就是顶刮刮（呱呱）读书的秀才，也是一年三百六十天，坐在家里，没有报看，好像睡在鼓里一般，他乡外府出了倒下天来的事体，也是不能够知道的……我因为这个缘故，就约有几位顶相好的朋友，大家拿出钱来，在我们安徽省，来开办这种俗话报。"[1] 陈独秀等人办报的目的在于"把各处的事体说给我们安徽人听听……把各项浅近的学问，用通行的俗话讲演出来，好教我们安徽人，无钱多读书的，看了这'俗话报'，也可以长点见识"[2]。这份由上海大陆印刷局承印，芜湖科学图书社出版发行的报纸，在安徽当地引起了巨大的反响，"同人皆颇欢迎，而局外则多訾议"[3]。虽然，这份期发行量4000份的半月刊报纸在出版了23期之后被迫关闭，但它对同人、对社会的影响已经非常明显了，至少在一些安徽籍的开明人士与陈独秀之间，搭建起联系的桥梁。

巧合的是，比陈独秀小3岁的邵力子，在陈独秀创办《安徽俗话报》3年之后，也与报刊有了第一次深刻的接触。1907年春，邵力子与陕西三原人于右任在上海创办《神州日报》，宣传革命改良思想，并揭露官员的贪污腐败行为。其间报道了陕甘地方政府在赈灾方面的渎职与腐败，在全国范围内形成了一股强大的舆论，举国批评主政陕甘的官员。借着这种革命精神，《神州日报》为当时激进的革命分子指引了方向，成为一些激进青年认同革命身份的催化剂，也影响了邵力子、戴季陶等人对传媒的运用。

陈独秀1896年考中秀才，邵力子则于1902年得中举人，二人都具有深厚的传统文化素养。如果说他们对报刊的主动关注和应用，是传统知识分子的家国情怀使然，他们的经历代表和体现了晚清时期具有家国危机意识的进步知识分子，试图改革社会，寻求济民救国道路的艰辛曲折，那么，比他们年轻的传播者，对新式书报的接触和利用，则既受传统家国思想的影响，也与传媒的发达有着密切的关系。这部分年轻的传播者，在经历了从接触到服膺传媒的过程后，便主动加入乃至自创传媒机构，完成了从受传者向传播者的身份转变。

追溯人数最多的是20—30岁的传播者，研究这些人的生活和学习经历，我们可以发现，这些人在读书期间，就已经与传媒发生了深刻的联系。阅读新式

---

[1] 汪原放：《亚东图书馆与陈独秀》，学林出版社，2006，第16页。

[2] 汪原放：《亚东图书馆与陈独秀》，学林出版社，2006，第16-17页。

[3] 汪原放：《亚东图书馆与陈独秀》，学林出版社，2006，第17页。

书报，编辑各种刊物，几乎是这些人求学生涯中的共有经历。他们对传媒力量和影响的认知与把握大概和施存统与陈望道一样。

1919年，农民家庭出身的施存统就读浙江第一师范学校期间，写了一篇文章——《非孝》。此文讲述了一个"该不该拿父亲手中准备留与母亲办后事的钱来治疗母亲的病"的故事。这篇文章经过陈望道的指导之后，登载在《浙江新潮》杂志上。文章一经刊出，有读者对此文大加赞赏，也有人强烈反对此文。一时间，此文在社会上产生了巨大的反响。

彼时的政府要禁止的不仅是"非孝"这种离经叛道的内容，更是《浙江新潮》这一报刊在社会上的巨大辐射作用。学生与政府之间的冲突，准确地说是《浙江新潮》所展现的影响社会的能量与政府管理之间的冲突。这场冲突在社会上引起了轩然大波，即著名的"一师风潮"。最后在各方的斡旋下，事件虽然得以平息，但是风潮的当事人施存统和陈望道则不得不离开一师，《浙江新潮》杂志从第三期起也不能在杭州印刷。这件事情，不仅使年轻的施存统见识了传媒的巨大能量，也使陈望道切身领教了传媒的力量。这直接影响了二人以后对传媒的态度。

传媒的作用不仅在于传递最新信息，更在于塑造群体。早期创办的《安徽俗话报》《神州日报》《浙江新潮》，形成了一批拥趸。而此后的《新青年》《觉悟》等同人报刊，在联系和影响传播者方面的纽带作用更加明显。它们不仅承担着传播信息的义务，还把大批的马克思主义传播者组织在一起。上表统计的38位早期马克思主义者，他们中的一些人原本就是这些刊物的编辑，另外一些人则是这些刊物的重要撰稿人和热心投稿者。此时期，以上述刊物为代表的同人报刊完成了对早期马克思主义传播者的塑造与凝聚。

1917年陈独秀就任北京大学教职时，把自己创办的《新青年》也带往北京，并改变原来的编辑形式，实行同人轮流主编。它所刊发的内容，充满了对中国社会现实的深切关怀，无论是对民主自由与专制、科学与迷信的讨论，还是对新文化的宣传，均对青年读者产生了深远的影响。这些事例在许多当事人彼时的写作和后来的回忆中屡见不鲜。

在对国家前途和民族命运的关注下，李大钊在十月革命爆发后，把中国与俄国的情况进行比较，分析马克思主义之于俄国和中国的影响，并将之汇聚成他的两篇关于马克思主义的重要文章。《新青年》第6卷第5号被定为"马克思主义专号"，这期刊物发表了大量关于马克思主义理论的内容。除李大钊的两篇文章外，《马克思的唯物史观与贞操问题》《马克思传略》《马克思的唯物史观》《马克思奋斗的生涯》等文章均对马克思主义理论的部分核心内容作了探讨。

《新潮》杂志是傅斯年、罗家伦、俞平伯等人在1918年底创办的新潮社的社刊。新潮社成立时，发起人邀请蔡元培、陈独秀和李大钊等人作为指导老师。创办人是北京大学的学生，指导老师是北京大学的教授，可见刊物与北京大学的渊源颇深。《北京大学日刊》发表的启事，简洁干练地宣布了《新潮》杂志的宗旨："专以介绍西洋近代思潮，批评中国现代学术上、社会上各问题为职司，不取庸言，不为无主义之文辞。"[1] 正是在"介绍西洋近代思潮"的旨归下，《共产党宣言》内容才在其上得以介绍。《新潮》出版后，很受欢迎，仅创刊号就在一个月内先后再版3次。后来，这份同人刊物由于稿源、经济等问题，在出版了12期之后停刊。

　　在《新青年》之外，陈独秀和李大钊创办了《每周评论》，并拟定刊物的宗旨在于"主张公理、反对强权"。这份刊物的创办得到了张申府、高一涵和胡适等人的支持，每人集资5元，作为开办资金。在设立的"名著"栏目内，介绍了《共产党宣言》的部分内容，并强调"欧洲各国社会主义的学说，已经大大流行了……这种风气，恐怕马上就要来到东方"[2]。

　　1916年8月15日，《晨钟报》创刊。这是一份带有同人性质的政党报刊，汤化龙、梁启超为主要创办人。[3] 1918年12月1日，《晨钟报》改名为《晨报》后继续出版。在复刊后的发刊词中，该报提出办报的目的在于，提醒国人在第一次世界大战结束之际，不应该沉迷于胜利与和平的幻象中，而应该保持对帝国主义的警惕，要"知其危而垂涕以道，虽不幸至于批鳞犯忌，犹冀其一寤以共全。此处同国、同生、同死之谊则然，不忍以已而亦不得以已者也"[4]。由此可知，《晨报》的宗旨在于唤起人们对当时情况的重视，并号召大家起来表达对时局的看法与观点，从而为中国寻找合适的指导思想，进而找到一条适合中国国情的发展道路。

　　1919年2月7日起，《晨报》开始设立副刊，副刊主要刊登三个方面的内容：一是社会投稿，尤其是涉及"新修养、新知识、新思想"的著作；二是译著，

---

[1]《北京大学日刊》1918年12月13日。

[2] 舍：《共产党的宣言》，《每周评论》第16号，1919年4月6日第2版。

[3] 汤化龙在创办《晨钟报》时，明确表示"暂欲在野十年，专司评政"；邀请李大钊担任主笔时，曾保证"言论绝对自由，不加干涉"。后来由于汤、李二人之间的政见分歧，李大钊在两个月后就提出了辞职。1918年9月，该报由于刊登段祺瑞政府向日本借款的消息而被查封。

[4]《发刊词》，《晨报》1918年12月1日第2版。

选择"东西学者名人之新著";三是格调比较高的文艺作品。在这种情势下,有关马克思主义内容的文章和著作节译相继出现在《晨报》和它的副刊上。而《劳动节纪念号》《俄国革命纪念号》《马克思研究专栏》等内容与栏目的设计,均出自早期马克思主义传播者之手。

《少年中国》《新社会》《解放与改造》等刊物也在北京相继创刊,这些机关团体或同人创办的报刊无不带有明显的政治倾向。它们对马克思主义理论相关内容的传播也带有比较强的选择性色彩。当然,马克思主义在北京地区传播的主要载体以报纸为主,不仅与北京地区政党、同人报刊的繁多有关,还与北京地区独特的读者群有着密切的联系。

20世纪第一个十年后期,北京院校云集,大量的学者聚集在一起,形成了能够影响社会舆论的教授群体。这些学者中的大部分人都经历过清末民初的历史巨变,本身又具传统文化与西方科学的双重知识素养,传统文人的家国情怀在他们身上体现得尤为清晰而强烈。北京大学、清华大学、中法大学、北京师范大学等大中专院校中的数千青年学生,在经历了政论性报刊的影响后,对于现代报刊形成了最直接的感观和认识。这两个群体的存在,在某种程度上,为报纸提供了大量稳定的传播者与读者。

与政治中心北京遥相呼应的是中国彼时的经济中心上海。在上海,更为激进的同人刊物不断出现,并促进了马克思主义传播重心的南移。这些刊物中最具有代表性的要数《星期评论》、《民国日报》的副刊《觉悟》以及改名后的《改造》。

《星期评论》由戴季陶、沈玄庐和孙棣三等人在1919年6月8日创刊,1920年6月6日停刊,戴季陶和沈玄庐担任主编,主要编辑人员还有李汉俊、俞秀松、施存统和陈望道等人。该刊办公地址初期设在上海爱多亚路,后来搬迁到李汉俊位于白尔路的住处。在一年时间里,该报刊发了大量有关政治、经济、社会时事、工人等问题,其主要宗旨和内容可以归纳为:讨论建设一个什么样的国家,以及如何建设。在双十节纪念号的第一张,该报刊发了署名"云陔"的文章《唯物史观的解释》。在新年号第一张刊发了《马克斯传》和《马克斯逸话一节》两篇文章。此外它还发表了50多篇有关马克思主义内容的文章,广受青年欢迎。该报发行量不断增加,最初时1000多份,最高时达到了3万份。[1]

《觉悟》是中国国民党机关报《民国日报》的副刊,由邵力子任主编。李

---

[1] 衣慎思:《星期评论社集聚青年才俊》,东方网,2014年6月26日,http://history.eastday.com/h/smm/u1a8178255.html。

汉俊、陈望道先后参与编辑工作。该报发行量为每天数万份。在邵力子主编期间，它发表的关于马克思主义政论文章多达950篇，为该时期登载宣传马克思主义文章最多的报刊。[1]

《改造》原名《解放与改造》，1920年9月改名并把编辑部迁移到上海，主编也由张东荪改为梁启超、蒋百里等担任。在《改造》发刊词中，它再次表明自己的目的，即"期与国人以学识相切磋，心力相摩荡"，并重申其宗旨在于使"文化运动向实际的方面进行"。为了使刊物"与社会之进步相应"，编辑改革了刊物的体例：一是论著，主要是同人对于一些问题的看法；二是译述，主要介绍世界思潮，或者概述，或者详加介绍；三是记载，刊登国内外最重要的问题，分析和记录其原因。此外，还有文艺和随笔性质的"余载"内容。

虽然现在有研究者认为，《改造》杂志的文章，对马克思主义的解释多有谬误和错讹，但在新生事物的早期传播阶段，这些都是正常现象。我们不能以现在比较科学成熟的标准，去否定这些初期传播活动的贡献。而正是这些解释，才推动了中国的学术界与社会舆论对马克思主义的重视。

早期马克思主义传播者们在上述刊物上发表了大量宣传介绍马克思主义的文章。这些著译者不仅探讨了马克思主义内容，部分人士还开始选择性地运用马克思主义理论，表达对中国政治、经济、社会等问题的主张和见解。

除北京、上海外，大量同人刊物也在国内的其他大城市纷纷创立。《天津学生联合会报》、《南京学生联合会会刊》、《湘江评论》、《新湖南》、《双十》周刊和《星期日》等刊物先后在天津、南京、湖南、浙江、四川等地出现。这些刊物均是各地青年组织的刊物，用以表达和宣传他们的主张。《湘江评论》是湖南学生联合会的机关报，4开4版小报，其宗旨在于"宣传最新思潮"。第一期印刷2000份，后来加印2000份，销售范围一度到达上海、北京、浙江等地。[2]《天津学生联合会报》属于天津学生联合会机关报，初期为对开日报，后来改为三日刊，其发行旨趣在于利用报纸的力量来唤起民众的觉醒。销量一般在4000份左右。[3]

全国范围内的刊物大量出现，在促进马克思主义传播的同时，也在影响和塑造着此阶段中国的马克思主义传播者群体。相比之前，马克思主义的传播者在此时期也出现了新的变化。

---

[1] 祥钧：《参与筹备中共"一大"的邵力子》，《炎黄春秋》，2001年第7期，第46-51页。

[2] 综合自《红藏》《五四时期重要期刊汇编》等资料。

[3] 综合自《五四时期重要期刊汇编》等资料。

首先是此时传播者的文化经历更为丰富，知识结构更为完善。他们不仅受到了中国传统文化的熏陶，更接受了西方教育的影响，多数具有海外留学经历和运用外语的能力。在中西文化知识的综合作用下，他们对马克思主义理论有着更为准确甚至激进的解读。

其次则是最重要的变化，此时的传播者的职业背景更为现代，他们与传媒的关系更为密切。很多年轻的传播者早在求学读书阶段就已经与现代传媒有了亲密接触，他们服膺现代传媒，很快成为传媒忠实的受传者。在感受到了传媒的强大作用之后，又自然而然地使用传媒，成了传播者。这批传播者中很多人在离开校园，结束学习生涯选择职业之际，即便没有直接从事，至少也把大量时间花在了传媒工作上。这使得他们能够更为熟练地运用传媒来传播马克思主义。经过这一番转变，传媒轻松地就把怀有相似理念的同志聚合在了一起。

在早期马克思主义传播者中，共产党员大多具有丰富的传媒从业经历。与此相对的是，国民党群体中的早期马克思主义传播者也与传媒行业有着密切关系（见表2-2）。

表2-2　马克思主义传播者中的国民党党员传媒经历统计[1]

姓名	出生年	文化程度	主要媒体经历	备注
胡汉民	1879年	大学	《民报》《建设》编辑、《民国》主编	留学日本
冯自由	1882年	大学	多家报刊的创办参与人、编辑	留学日本
朱执信	1885年	大学	先后担任过《民报》主要撰稿人，《建设》刊物编辑	留学日本
戴季陶	1891年	大学	1910年至1920年，先后参与编辑或主编过《中外日报》《天铎报》《光华日报》《民权报》《民国》《星期评论》《建设》等刊物	留学日本

上述4人是当今学术界公认的与马克思主义在华传播有密切关系的国民党人士。在他们的生命历程中，有过多种履历，留学生、革命者、国民党元老、教师等。在这些履历中，传媒从业经历大概是他们每一个人都特别重视的。正是在这些传媒的帮助下，他们逐渐介入了中国的社会政治等历程。其中尤其需要说明的是后来成为国民党理论权威的戴季陶。

戴季陶一生的履历非常丰富，拥有政党元老、政府高官、学者、理论家等多个身份和多种经历，而他最看重的大概是纵横报坛的活动了。戴季陶参编过

---

[1] 整理自刘国铭《中国国民党百年人物全书》，团结出版社，2005年。

多种刊物,每一种刊物都在当时的社会上产生了重大影响。1910年3月28日,《民权报》在上海创办,戴季陶任总编辑,经常用笔名天仇发表文章。与其他报刊不同,《民权报》每天刊登论说文章,矛头直指袁世凯,也开创了民国报界政论文章的先河。在1912年5月20日的报纸上,戴季陶以反对北洋政府向四国银行团借款为由,写下了一篇短评《杀》。全文24个字,却连用四个"杀"字。因为此事,戴季陶被上海公共租界当局逮捕。出狱后,戴季陶留下了"报馆不封门,不是好报馆。主笔不入狱,不是好主笔"的壮语。此后,戴季陶又参与《星期评论》的创办工作,宣传各种新的社会思潮,讨论各种社会主义,关注社会运动。

上述刊物,无论是《新青年》《每周评论》《新潮》,还是《星期评论》《觉悟》《改造》,究其本质,均属于同人刊物。在这些同人性质刊物的影响下,早期的马克思主义传播者们聚集在一起,并表现出了某种身份特征上的一致性,而这在后来继续影响马克思主义在中国的传播活动。

第二节 书报为媒:马克思主义观点的早期传播

一、"只言片语"的引介

前文所述,自19世纪以来,中国为应对新局面,不断向西方学习,西学东渐的现象渐次凸显,各种思想主张均通过现代书报这种新式的传播利器源源而来。法国等地出现的社会主义思潮同样被中国人注意到。王韬自1867年冬,前往欧洲各国游历。此后,应张宗良之约,王韬根据自身见闻记录了普法战争的有关情况,连载于香港的报纸上,并于1873年以《普法战纪》之名出版,其中就提到社会主义、马克思主义的情况。此时王韬并没有把它当作一种重要的思想,而只是作为记录欧洲战事时的题外之笔。而此后,很长一段时间里,马克思主义都被置于社会主义思想的范畴中,频繁出现于国内和外埠尤其是日本留学生创办的中文报刊上。

《万国公报》作为维新派的重要舆论机关,在引进西方思想中发挥了巨大的作用。它较早就开始了对社会主义等问题的关注,1878年5月,《万国公报》的前身《教会新报》,刊载了一条来自伦敦的电讯,报道了德国人诺比林企图行刺本国皇帝的消息,介绍当时在法国有一个以消除贫富为宗旨的政党,刺客便是该党的成员之一。此后,《教会新报》使用赛会和赛党等词语指代社会主义,并开始引用欧美报纸消息，介绍社会主义运动的相关消息。[1]1889年复刊后，《万国公报》的文章中时常提到欧洲的社会主义现象，但也只是单纯地将其作为时事新闻报道，未曾涉及政治理论领域。这种情况在1897年之后有了改变。

1897年，李提摩太休假离开中国。在欧美期间，他写信给西方各国的思想家们，请他们为清政府的维新运动提出建议。许多思想家给他写了回信，其中公理会牧师J.B.华莱士的意见最为详细，他就中国的维新提出了几点建议，包括开办大工业、银行国有、保障低收入者生活和普及教育等方面。这与费边社的思想观点极为相似。这些回信中的建议最终被收录编成小册子《醒华博议》出版，并在1898年冬连载于《万国公报》。

1899年，《万国公报》在第121—124册中连载了传教士李提摩太和蔡尔康共同翻译完成的《大同学》，文中提到了马克思，认为他是"百工领袖"，介绍他的思想主张"纠股办事之人，其权笼罩五洲，突过于君相之范围一国"。这是中国媒体上第一次出现马克思的名字和主张。不过在文中，马克思先是被当作英国人，后被称为德国人。这大概可以说明，翻译者自身对马克思主义内容也不甚了解。这篇文章原为基德《进化论》的前四章。后来，广学会把《大同学》汇总出版，销售量达到了2000册之多。

在接下来的三四年时间里，《万国公报》还先后连载了加拿大人马林的有关译著，如《地工本三说》和《论地租归公之益处》等文章。此人的思想代表着欧美另一种流行的社会主义流派。

20世纪初期，随着传播渠道的增多，更多关于社会主义、马克思主义理论等内容的文章和著作在中文报刊上不断出现。在这一时期，日本是一个重要的中转站。

1902年《新民丛报》发表《进化论革命者颉德之学说》。梁启超在文中指出当时的德国有两大思想，一是社会主义，一是个人主义。梁启超认为马克思是"社会主义之泰斗"，马克思主义的观点在于"今日社会之弊，在多数之弱者为少数之强者多压服"。对这一外国思想，梁启超做出了自己的评价，他认为这种思想并不适合中国的国情。当然，不赞同这种思想，并不妨碍梁启超把它介绍给自己的同胞。事实上，早在1901年，广智书局就在梁启超的主导下，出版了三本关于社会主义的译著，即《近世社会主义》《社会党》《社会主义》。

《近世社会主义》是福井准造1899年所著，后由赵必振翻译成中文。全书分为四编，历数社会主义的发展历程，并简要介绍了社会党的状况。该书第二

---

[1]《万国公报》第10册，第650-673页；第11册，第15-16页。

编《德意志之社会主义》,详细介绍了马克思和他的社会主义思想。著者认为,马克思的社会主义理论非常精密,容易在社会上实行,就是不同意社会主义的人,也无法从理论上反驳马克思的主张。

1903年,《新世界》学报刊载了《近世社会主义评论》一文。此文梳理了《近世社会主义》的内容,详细介绍了包括英、法、德等在内的欧美诸国的社会主义流派。文章先后提到了《共产党宣言》《英国工人阶级状况》《政治经济学批判》《资本论》等著作。该文先后四次提到《共产党宣言》这本书,介绍了马克思写作此书的原因。文章中还首次使用了"共产主义"一词。

周百高翻译了日本人西川光次郎在1901年写成的《社会党》一书。这本著作的内容也是介绍欧洲近代的社会主义。它指出社会主义在欧洲有三个流派,即马克思主义、虚无主义和基督教社会主义。此书把新西兰和瑞士当作社会主义国家,这一论断引起了很多人的不满和反对。在此时期,另一本以社会主义为主要论述和研究对象的著作是村井知至的《社会主义》。此书写于1899年,后来由留日学生罗大维翻译成中文,并于1903年在文明书局出版。

中国留日学生创办的《译书汇编》,自创立起,就客观上充当着社会主义思想的传播者。在第1期的《近世政治史》一文的注释中,翻译者简要介绍了社会主义思想在西方的兴起缘由,并认为西方的情况和中国的井田制大致相同。杂志还附录刊载了其他与社会主义相关的资料。但是某些资料混淆了无政府主义和沙俄的民粹主义,对社会主义的论述也并不准确。

在第1期《译书汇编》上,马君武发表了《社会主义与进化论比较》一文。[1] 原文开篇即有"社会主义者……发源于法兰西人圣西门……中兴于……极盛于德意志人拉沙勒马克司 Karl Marx"的表述。这篇5000字的文章对社会主义与进化论做了相对详细的比较与评论。文后列出了26种有关社会主义的参考书,《共产党宣言》《哲学的贫困》《英国工人阶级的现状》《资本论》《政治经济学批判》等马恩著作名列其中。

1903年"苏报案"爆发,中国的某些激进知识分子,开始对激进主义表现出强烈的兴趣,在各种社会主义书籍出版的同时,关于激进主义的文章大量出现。在这些文章中,作者们对社会主义的描述与介绍存在着诸多谬误,把马克思主义和其他社会思潮混淆在了一起。

《浙江潮》在第8期刊发了一组文章,主题为"新社会之理论",文章对新社会的理论进行了区分,分为共产主义和极端民主主义,认同共产主义者的主

---

[1] 署名君武,原文名称为《社会主义与进化论比较——附社会党巨子所著书记》。

张"劳动之结果,即天然之报酬,今日生产力益益盛,当使劳动者之报酬益益加,人益益幸福",批判不劳而获是强盗行为,痛斥清政府比这些强盗更加可恨。除由留学生直接寄给国内的亲朋同志外,得益于《浙江潮》的销售网络,上海、天津、武昌和一些通商口岸的读书人,也看到了这本杂志。

《新民丛报》在1903年的时候,开始刊发了一些关于社会主义的文章。马君武等人撰写了《国家社会主义实行于奥大利》《弥勒约翰之学说》《圣西门之生活极其学说》等文章[1],讲述了在澳大利亚实行的国家社会主义,谈到了妇女解放和社会主义的关系,介绍了法国的社会主义与无政府主义的奠基人圣西门和傅里叶的生平与学术成就。

与《新民丛报》进行过论战的《民报》,在1905年11月至1906年6月之间,发表了数十篇关于社会主义的文章。虽然这些文章都是对社会主义的思想介绍,但是在评价社会主义以及能否适用于中国社会的问题上,各位作者之间的意见并不统一。

1906年4月,《民报》刊登了《社会主义与中国》的文章,该文系转载冯自由1905年12月发表在《中国日报》上的文章——《民生主义与中国政治革命之前途》。冯自由在文章中记录了社会主义的巨大力量,描述了彼时欧美的惨状,指出中国当时的情况。他认为民生主义是中国固有的思想产物,如果能够将之与革命思想同时施行的话,定能把中国建设成为世界上的模范国家。他还认为国家民生主义是最好的社会主义形式。[2]

胡汉民、廖仲恺、汪精卫、宋教仁等同盟会成员也均发表过关于社会主义的文章和译著。即便是属于同一阵营,这些人对社会主义也有不同的态度。此时主持《民报》编辑工作的是胡汉民,在他的支持下,同盟会成员对社会主义的不同意见和态度均得以出版传播,他并没有对不同意见者厚此薄彼。

此时期,对社会主义思想用功甚巨的非朱执信莫属。他撰写了多篇关于社会主义的文章,《民报》前五号上均有他的论著。《德意志社会革命家小传》连载于第2号和第3号。他介绍写此文的目的,"欲绍介社会主义于我同胞",并希望这些人的思想理论能够在中国大量传播,如果每个中国人都能够认识和学习它们,那么很快就将"于社会革命犹有所资也"。[3] 他盛赞社会主义近段时间

---

[1] 见《新民丛报》1903年1月13日,第25期,第83页;1903年4月26日,第39期,第9-14页;1903年5月10日,第31期,第9-21页。

[2] 冯自由:《社会主义与中国》,《民报》第4号,第4页。

[3] 县解:《德意志社会革命家小传》,《民报》,第2号第4页。

的发展，认为社会的发展和历史潮流是向着有利于社会革命家的方向发展的，社会主义终将会取得胜利。

朱执信在文中，介绍了马克思的生平和《共产党宣言》，提到了《共产党宣言》中的十条措施，并对《共产党宣言》最后一段话进行了引用翻译。此外，朱执信的文章还介绍了劳动价值理论和剩余价值学说，并盛赞"马尔克此论为社会学者所共尊，至今不衰"[1]。

不仅如此，朱执信还对马克思主义理论做了自己的评论。对马克思的"一切资本来自掠夺"观点，朱执信持不同的态度。他表示，虽然他赞同马克思所言的"一切资本由掠夺工人实现"，但是也认为人们有时候会积攒劳动所得而累积成资本，"马尔克之言资本起源，不无过当。而以言今日资本，则无所不完也"。[2] 他还在文章中表示，虽然尊重马克思关于和平与暴力革命的观点，但他更倾向于和平。从这一点我们大致可以推测，此时的朱执信已经开始对马克思的理论进行自主判断与运用了。

此外，民报上刊载的《万国社会党大会略史》和《社会主义史大纲》等文章的出现，对包括马克思主义在内的社会主义理论体系作了多方面的介绍。

正如伯纳尔所言，冯自由的国家民生主义和朱执信的社会民主主义之间有不同之处，同时与孙中山的政策也不尽相同。冯自由、朱执信和孙中山等人的文章同时出现在《民报》上，表明此时他们之间的观点分歧尚居次要位置。而《民报》的目的在于为提供和展示各种理论，发挥媒介的平台作用。这些文章的发布，扩大了马克思主义和社会主义在读者中间的影响力，增加了"读者关于国际社会主义运动的知识"[3]。

同时期，刘师培夫妇主编的《天义报》，也先后刊文介绍马克思主义。署名为民鸣的译者先后翻译了《共产党宣言序言》和《共产党宣言》。前者刊登在1908年1月15日的第15卷上，《共产党宣言》（实为《共产党宣言》第1章的内容）从1908年2月连载至5月。3月15日《天义报》发表了申叔（刘师培）的《〈共产党宣言〉序》。这是中国人首次为《共产党宣言》这部著作写作序言。在这篇文章中，作者直言不赞同马克思的观点，但是他也认为阅读《共产党宣言》是了解西方社会主义的好途径。

---

[1] 县解：《德意志社会革命家小传》，《民报》，第2号第13页。

[2] 县解：《德意志社会革命家小传》，《民报》，第2号第15页。

[3] 伯纳尔：《一九〇七年以前中国的社会主义思潮》，丘权政、符致兴译，福建人民出版社，1976，第113页。

1911年11月，江亢虎组织的中国社会党宣告成立。虽然该党是彼时中国首个明确宣布以社会主义为纲领的政党，但是它坚持的社会主义并非马克思的科学社会主义思想。[1] 1912年5月，中国社会党绍兴支部机关刊物《新世界》半月刊在上海创刊。该刊从第1期开始，分期刊登了施仁荣翻译的《理想社会主义与实行社会主义》的长文。[2] 文章对马克思的社会主义的发展过程进行了详细介绍，这也是《社会主义从空想到科学的发展》在当时中国最完整的译本。[3]

1912年6月2日，《新世界》第2期刊登了朱执信的《社会主义大家马尔克之学说》。文章介绍了《共产党宣言》[4]和马克思的生平事迹，并翻译了《共产党宣言》中的十项纲领内容，称赞《共产党宣言》是20世纪社会革命的"引导线"。

商务印书馆出版的《东方杂志》，从第8卷11号起，连载高劳翻译的幸德秋水的著作《社会主义神髓》，文章分为自序部分和7章正文。幸德秋水在《共产党宣言》和《社会主义从空想到科学的发展》的基础上，论述了社会上贫困产生的原因、资本主义制度的演进和社会主义的各项主张等内容，认为马克思是科学社会主义的鼻祖，而社会主义是世界上最完善的制度。

这一时期，书报对马克思主义的宣介和传播，有以下两个方面的特点。一是传播者众。"众"不仅体现在人数多，还体现在传播者的背景身份各不相同上。这些传播者中既有主张革命的同盟会成员等人士，也有主张改良的立宪派者等人士，同时还有宣传无政府主义的团体，早期更有来华传教士等群体。他们可谓背景各异，初衷不一。二是传播的内容不完整。这一时期的著作文章，大多只是在文章中提及马克思主义，即便专门介绍，也只是提到或翻译了某些主要观点和重要词语，就是偶尔对马克思主义著作中某些章节的介绍，也有明显的片面性和误导性，甚至存在多处错误。

总体而言，这一时期，中国人对马克思主义理论的认识还是非常片段化的，对马克思主义的态度也只停留在最初的接触层面。国人此时还没有真正把它当作指导思想，更不要说把它用于指导社会建设与运动了。

即便如此，我们也应该对此时期报刊宣介马克思主义的活动，给予客观的评价。辛亥革命之前，报刊对马克思主义的介绍、传播，虽然只是处于起步阶

---

[1] 中国社会党的核心观点是"专征地税"。此观点并不属于马克思主义体系，而是美国另一位思想家乔治·亨利的单税社会主义思想。

[2] 即恩格斯《社会主义从空想到科学的发展》一书，分别刊载于该刊的第1、2、5、6、8期上。

[3] 全书只有第三节部分文字未译出。

[4] 文中称为《共产主义宣言》。

段，但是它在一定程度上，确实对传统思想形成了冲击，一方面刺激了旧思想旧秩序的瓦解，另一方面在潜移默化地影响着社会思想的转变，激发了中国人民对"自由和思想解放"的追求。[1] 辛亥革命之后，报刊媒体对马克思主义著作的翻译和传播，虽然还依然停留在视马克思主义为普通思想学派的阶段，甚至被中国社会党等组织视为一种奇货可居的政治资本，但是，这些宣介、传播活动在客观上共同促进了马克思主义在中国的传播，为当时的中国人提供了新的理论和思想资源，为他们思考中国的前途提供了某种程度上的借鉴。

撇开政治功用和学术讨论的结果，从过程来看，这一阶段的马克思主义在华播散，与出版和传媒行业的互动非常突出。马克思主义的传播主要依赖同人性质的传媒展开，图书、报纸、杂志都是它的传播平台，各群体借助于这些平台，把他们对马克思主义的观点、意见和认识，公开呈现出来，供大家评论。

媒体的这种开放性，无形中促进了读者受众对媒体的关注，同时也给予了这批读者一种期许，即他们可以通过各种带有同人性质的传媒机构进行思想的交流和选择，不再像以往一样，只能单向度地接受，而不能参与其中。这不仅是彼时的传媒发展形势使然，更与民众对传媒的接触有关。不过，总体而言，这一阶段，出版和传媒行业对于马克思主义的传播，并未表现出明显的自为性和主动性。传媒对马克思主义的传播，很大程度上是由这些传媒机构背后的同人团体推动的。

需要注意的是，在此时的传播活动中，参与传播马克思主义观点或思想的个人或群体，虽然开始呈现出某种团体性，但是与以后马克思主义传播的组织相比，此时的各种团体和群体的组织性很弱。大家并不是出于对马克思主义的信服或信仰进行传播的，而只是出于对马克思主义的关注，将它视为一种社会思潮或学术理论，尝试着将之运用于考察中国社会问题和前途的活动中。

这其实也说明了，在初期传播阶段，马克思主义虽然已经逐渐被中国人知悉，但它还没有成为一种具有重要影响力的理论思想。它的被人注目，还需要另外的时机和契机。而这些时机和契机一旦降临，就会对马克思主义在中国的传播，产生巨大的推动。

---

[1] 邱少明：《文本与主义——民国马克思主义经典著作翻译史（1912—1949）》，南京大学出版社，2014，第27页。

二、日益涌现的章节式传播

护法战争的失败,再次宣告了资产阶级不能完成中国的革命事业,无法领导中国人解决国家面临的三座大山。中国该往何处去,又成了一个摆在中国人面前的重要问题。俄国十月革命的胜利,在人类历史上,首次把科学社会主义从理论变成现实,为中国人民带来了巨大的启发,为当时思索国家前途和命运的中国先进分子指明了道路。中国作为战胜国参加巴黎和会所遭遇的不公正待遇,在国内激起了剧烈的反响。

这些事件共同刺激了国人对马克思主义的再度关注。而与以往相比,这时期的进步知识分子群体更加庞大,也更加成熟,更注重对能够解决中国社会现实问题的理论方法的筛选甄别。这些因素交织在一起,共同酝酿了传播马克思主义的社会环境。报刊开始大量节译马克思、恩格斯经典著作中的重要内容,掀起了马克思主义与中国社会现实问题关系的讨论风潮。在这一阶段的中国社会里,马克思主义已经从前一阶段的某一两个名词或某一段论述,变成了围绕着政治、经济等各方面的具体理论和方法。

1918年下半年,李大钊先后撰写了《法俄革命之比较观》、《庶民的胜利》和《Bolshevism 的胜利》《布尔什维克主义的胜利》等文章。他赞扬俄国十月革命,声称"试看将来的环球,必是赤旗的世界",并主张"而以人道、自由为基础,将统制一切之权力,全收于民众之手"[1]。

1919年开始,李大钊开始了向马克思主义者的转变。在《我的马克思主义观》一文中,他对"也招了很多误解"的马克思主义理论进行了系统的梳理,从三个方面向读者介绍了马克思主义的理论,"一为关于过去的理论,就是他的历史论,也称社会组织进化论;二为关于现在的理论,就是他的经济论,也称资本主义的经济论;三为关于将来的理论,就是他的政策论,也称社会主义运动,就是社会民主主义"[2]。此时,李大钊本人还试图将互助与阶级斗争革命相统一。

1919年3月25日,《新潮》发表了谭平山的《德谟克拉西之面面观》。谭平山从政治、经济、精神和社会四个维度,论述了民主的发展历程,同时对《共产党宣言》的主要内容做了介绍。

---

[1] 李大钊:《法俄革命之比较观》,《新青年》1918年7月1日。
[2] 李大钊:《我的马克思主义观》,《新青年》第6卷第5号。

1919年4月6日,《每周评论》第16期,发表了舍(成舍我)译的《共产党的宣言》。该文的实际内容是《无产者和共产党人》一章。译文前的按语介绍道:"这个宣言是马克思和恩格斯的最先最重大的意见……要旨在主张阶级战争,要求各劳工的联合,是表示新时代的文书。"[1]《晨报》从1919年5月9日开始,用一个月时间,连载了食力翻译的《劳动与资本》,即《雇佣与劳动资本》。这篇长文受到了读者的极大关注。

1919年8月,张闻天撰写的《社会问题》刊登在《南京学生联合会会刊》上。他开始试图用唯物史观来解释中国当时的社会形势,并主张采用《共产党宣言》中关于革命的10条措施来进行社会革命。1918年11月,《国民杂志》第1卷第1号,刊发了《马克斯和昂格斯共产党宣言》,即《共产党宣言》的第一章。

需要注意的是,以上文章并没有对马克思主义理论体系作完整论述,而是翻译者根据个人意愿节译的部分内容。显然,此时的传播者们虽然没有系统地学习马克思主义理论,但已经带有明显的主动性和能动性,开始根据中国现实国情,有选择性地从马克思主义中寻求理论指导。

1920年8月,在戴季陶等人的帮助下,陈望道完成了《共产党宣言》的首个中译本。虽然原定的出版机构不存在了,但是该书最终得以出版,并被列入上海社会主义研究社的第一批次书目,成了名副其实的"红色中华第一书"。同月,郑次川翻译、王岫庐(王云五)校对的《科学的社会主义》在上海出版。这本小书是对恩格斯名著《社会主义从空想到科学的发展》中第三章内容的翻译,交由上海群益书社和上海伊文思图书公司出版。

为了向国人介绍马克思主义理论体系中的另一巨著——《资本论》,李汉俊在1920年9月,翻译了《马格斯资本论入门》一书。和《共产党宣言》一样,此书也以社会主义研究社之名出版。这本小册子是对《资本论》的概括介绍,通俗地解释了《资本论》中的各个术语和关键内容,起到了普及《资本论》的作用。董必武多年后还深情回顾李汉俊和他的著作:"当时社会上有无政府主义、社会主义、合作运动等,各种主义在头脑里打仗,李汉俊来了……说要搞俄国的马克思主义,介绍《马格斯资本论入门》,看政治经济学入门。"[2]

《国民》杂志1920年10月第2卷第3号,发表了费觉天翻译的《马克思底资

---

[1] 舍:《共产党的宣言》,《每周评论》第16号,1919年4月6日第2版。
[2]《董必武谈中国共产党第一次全国代表大会和湖北共产主义小组》,中国社会科学院现代史研究室、中国革命博物馆党史研究室选编"一大"前后(二),人民出版社,1980,第369-370页。

本论自述》，系《〈资本论〉第一版序言》的中文译本。《东方杂志》也在1920年10月的19和20号上连载了恽代英翻译的《英哲尔士论家庭的起源》，即恩格斯著作《家庭、私有制和国家的起源》第二章。1920年12月1日出版的《建设》杂志，登载了徐苏中翻译的《科学的社会主义与唯物史观》，内容系恩格斯著作《社会主义从空想到科学的发展》的第三章。

在陈独秀的主导下，从1920年9月起，《新青年》的编辑方针和方向都发生根本性的转变。《新青年》第8卷第4号，专门设立了《关于社会主义的讨论》专栏，发表关于社会主义的讨论文章。后来他们又将25篇文章汇集成《社会主义讨论集》出版。此时的社会主义在青年人中间引起了巨大的反响，"似乎有不谈社会主义，则不足以称新文化运动的出版物的气概"[1]之势。

1921年1月，《东方杂志》在第18卷1号上刊载了范寿康翻译的《马克思的唯物史观》，系摘译《〈政治经济学批判〉序言》的部分内容。同年5月，中华书局出版了《唯物史观解说》。此书是马克思主义在中国传播历程上具有重要地位的一书。图书原著者为荷兰人郭泰，李达根据德文本并参照堺利彦日译本将之翻译成中文，中华书局把它列为"新文化丛书"之一进行出版。全书共有14章，通俗地介绍了马克思主义的唯物史观，书前有柯祖基序，书末有《马克思唯物史观要旨》。1930年4月，此书的第11版问世，到了1936年此书更是迎来了它的第14版。几乎每年重印一版的记录颇能说明此书的市场，它对读者的影响力如何也就可想而知了。

根据对现有资料的统计梳理，可以发现，这一阶段马克思主义在中国的传播形式和载体主要以报纸杂志为主，但也已经开始出现了图书形式的传播。

1921年12月，袁让翻译的《工钱劳动与资本》以广州人民出版社的名义出版，署名地址是广州昌兴马路，而实际社址和出版地在上海。

北京《今日》杂志在1922年3月到8月先后连载了马克思的多部译著。邝摩汉翻译的《绝对的剩余价值研究》《相对的剩余价值研究》《绝对的相对的剩余价值研究》先后刊载在第1卷的第2号、第3号和第4号（《马克斯特号》）上，其内容分别是对《资本论》第1卷第3篇至第5篇的内容摘译。5月份的《马克斯特号》上，还有《马克斯的诗》和熊得山翻译的《哥达纲领批评》。其中，《马克斯的诗》包括马克斯的《作战的韵律》和《狂叫》两篇文章，而《哥达纲领批评》则包括了《哥达纲领批判》和《马克思致白拉克》两文。8月26日，熊得

---

[1] 周佛海：《实行社会主义与发展实业》，转引自彭明主编《从空想到科学：中国社会主义思想发展的历史考察》，中国人民大学出版社，1991，第283页。

山翻译的《历史以前的文化阶段》《国家的起源》《未开与文明》三篇文章刊登在第3卷第2号上,其实际内容分别是恩格斯所著的《家庭、私有制和国家的起源》中第1章,第5、6章和第9章的内容。

1922年10月,上海的商务印书馆出版了李季翻译、陶孟和校对的《价值价格与利润》,即马克思的《工资、价格和利润》。

1923年4月,湖南自修大学创办的《新时代》杂志,在创刊号上刊登了李达翻译的《德国劳动党纲领栏外批评》,即马克思的《哥达纲领批判》。

远在法国巴黎的《少年》杂志,在1923年7月1日第10号上,刊载了石人(瞿秋白)翻译的《历史要走到无产阶级专政》,此文是对《马克思致魏德迈》的摘译。同期还有抱朴翻译的《离开政治的性质》,即《政治冷淡主义》。同年12月又发表了抱朴翻译的《权力的原理》,即恩格斯的《论权威》一文。

到了1924年,北京的《政治生活》杂志在第14期上发表了署名"葵"的文章——《民主革命与工人》,是对马恩合著的《中央委员会告共产主义者同盟书》的摘译。

从1918年下半年到20世纪20年代初期,这段时间马克思主义的传播,呈现出了与前一时期不同的景象:一是对马克思主义基本理论的传播更加系统深入,从节译本发展到全译本,并有中国人以马克思主义为主要内容的著述出现;二是内容更加全面,从唯物论扩大到了社会主义革命理论和政治经济学原理;三是传播者对马克思主义的认识更加深入,而且传播参与人员的来源也更加广泛,参与传播的载体形式也呈现出多样化,翻译者也更集中。

即便如此,我们还是要特别注意,此时马克思主义在中国的传播还依然不成熟。不同背景的传播者不同程度地参与了马克思主义在此时期的传播活动,并对某些观点和思想进行了着重介绍,表达了他们对这些内容的认同。而这些认同,很多时候并不完全地适用于中国社会,还停留在书本阶段,很多人虽然学习和传播了马克思主义,但并没有能够做到应用马克思主义的立场、观点和方法"具体地分析中国革命问题和解决中国革命问题"[1]。

无论是李大钊主张的"将统制一切之权力,全收于民众之手",成舍我对《共产党宣言》"要旨在主张阶级战争,要求各劳工的联合",张闻天借用《共产党宣言》中的10条措施进行社会革命的主张,还是"社会主义讨论"的组织实施,都反映了此时部分中国人已经真正意识到马克思主义对中国社会的指导意义,并认同马克思主义的某些观点。他们把这种认同寓于自己的文章中,并

---

[1] 毛泽东:《毛泽东选集》(第三卷),人民出版社,1991,第797页。

借助于报刊的传播,将自己的观点传达出去,希图引起更多的认同。它确实收到了积极的回应,尤其是来自青年读者和其他传媒机构的回应。

从以上马克思主义的传播历程,我们可以发现,20世纪20年代初期以前,马克思主义在中国的传播与认同,还没有真正形成一种强有力的潮流。如果此时要求传播者们把马克思主义的论著或者对马克思主义研究的成果以较为系统的形式予以大规模出版传播,显然不太现实。当然,对于那些已经翻译和传播得比较成熟的马克思主义著作进行完整的翻译出版,已经成了许多人的共识,并尝试着付诸实施。

第三节　商业出版涉足马克思主义著作

随着《新青年》《新潮》《每周评论》《觉悟》《星期评论》等报刊的创办和发行,它们介绍的马克思主义内容越来越丰富,越来越准确。

这些报刊凭借着它们伸向全国各地的发行触角,把《共产党宣言》带向了更加广阔的天地。除东部沿海地区外,地处中国内陆的湖南、山西、河南、四川等地的读者也读到了有关马克思主义的内容。在这些内容的感召下,他们组成各种各样的团体、小组,学习和讨论马克思主义的相关内容,并对其做出了不同的反馈。可以说,经由现代报刊的先期准备,马克思主义在全国范围内已经具备了一定的群众基础。

至20世纪20年代初期,马克思主义在中国的传播已逾10年。在这十几年的时间里,马克思主义已经在中国有了初步的群众基础。而出版业的发达与完善,从技术和设施而言也已经具备了出版马克思主义著作的相关条件。马克思主义著作的大规模出版似乎水到渠成了。然而,马克思主义著作的出版并非那么顺其自然。

民国成立以后,中国的出版和传媒产业进入了一个高度发展时期。商务印书馆、中华书局,这两大出版巨擘自不待言,就是其他出版机构也顺势而生,获得了不俗的发展业绩。从整体态势上看,出版产业已经成为社会上令人瞩目的火热行业。然而,出版业的整体蓬勃发展,并不一定代表着出版市场的开放和对新内容的接纳,出版行业所带有的商业性质开始逐渐影响马克思主义著作的出版。

一、"无处可印"的陈译本《共产党宣言》

到1920年,《共产党宣言》已经多次被中国人翻译介绍,很多人都尝试过摘译和节译,报刊上也经常出现它的译文和关于它的文章。从最初《万国公报》简单提及马克思及《共产党宣言》的内容,到1919年5月刘秉麟在《马克思传略》中,高度评价它是"传播最广,欧洲各国,均有译本","书中之一语,正如枪弹之一射。就其全书言之,几无一语不经千次之呼吁"的著作,《共产党宣言》在中国逐渐受到了世人的重视。

以"天仇"笔名闻名舆论界的戴季陶,当时正在上海。他的思想在当时还是很活跃、进步的。留学日本期间,戴季陶曾接触过日文版的《共产党宣言》,对此书非常欣赏,曾多次考虑将它翻译成中文。陈独秀、邵力子、沈玄庐等这批中国早期的马克思主义者,也从不同的途径先后阅读到了《共产党宣言》。众人对其内容深感信服,产生了要全文翻译《共产党宣言》的想法。1920年,戴季陶正主持《星期评论》的编辑工作,编辑部成员邵力子向他推荐了陈望道作译者。此时的陈望道受《非孝》引发的"一师风潮"的影响,赋闲在家。于是,接受翻译重任的陈望道以《共产党宣言》日文本为蓝本[1],参考英译本,完成了中文版的翻译工作。

按照戴季陶等人的计划,《共产党宣言》译出后将在《星期评论》上连载,希望借助《星期评论》可观的销量,扩大《共产党宣言》的影响。遗憾的是,《星期评论》因宣传进步思想被当局查封了。这导致了陈望道的编辑职位没有了希望,连带着影响他翻译的《共产党宣言》也没有合适的宣传平台了。几番活动下来,竟然没有出版社愿意出版这本书,《共产党宣言》竟然找不到书局印了。[2]

结合上海出版界的业界情况,也就不难理解这个尴尬局面出现的原因了。在上海此时的出版产业背景下,《共产党宣言》面临的出版问题,其实本质上是经济问题和出版行业的经营问题。

商务印书馆以印刷起家,在张元济等人加盟后,开始力主发展图书出版业

---

[1] 有学者提出,在1920年的时候,日本还没有正式公开出版过《共产党宣言》,陈望道只能参考英文版。但是,也有学者认为日本学者已经完成了部分章节或全部章节的翻译,并在一些场合散发过或在其他刊物上刊登过,如堺利彦之前的翻译资料等。

[2] 宁树藩、丁淦林:《关于上海马克思主义研究会活动的回忆——陈望道同志生前谈话纪录》,《复旦学报(社会科学版)》1980年第3期,第1-4页。

务。经过近20年的发展，已经成为中国最大的出版社了。在发展过程中，商务印书馆试图在文化与商业之间寻找到平衡点，既能实现张元济等人利用实业、教育救国的文化理想，又能满足股东的商业期望。此时的商务印书馆已经根深叶茂，建立了以教科书为重点，兼营图书杂志的经营发展模式，发展主旨是一个"稳"字。而正是这种求稳的经营策略使商务印书馆遇到了两次发展挫折。

第一次是"中华民国"成立前夕，陆费逵等人建议商务印书馆编辑适合新政治体制和模式的教科书，商务印书馆的管理层人员未能采纳此建议。结果，中华书局凭借着陆费逵等人编辑的一套新式教科书，不仅成功进军出版界，而且站稳了脚跟，打破了商务印书馆在教科书领域的垄断地位。

商务印书馆的第二次挫折则与新文化运动有关。当新文化运动席卷全国的时候，报纸、杂志、图书等都在谈论这场涉及社会、政治、文化等领域的大规模运动，商务印书馆则保持着置身事外的态度。它的这种超脱招致了时人的激烈批评，声誉大受影响。此后，张元济北上，走访陈独秀、胡适等新文化运动人士，并邀请他们共同参与商务印书馆的改革，回到上海后，马上着手进行《文学月刊》等方面的改革。一系列举动，商务印书馆又重新获得了读者的认可。

相比商务印书馆，中华书局此时还没有完全走出"民六危机"[1]的经济阴影。1917年由于投资的失误和经营管理方面的漏洞，中华书局出现了巨额亏空。直到1921年，它的经营收入和利润还没有恢复到1914年的水平。在这种形势下，中华书局的发展方向格外注重具有稳定收益的教科书等主营业务。

商务印书馆、中华书局此时各自面临经营方面的问题，而它们与世界书局之间的竞争，又足以搅动整个上海出版业。脱离中华书局的沈知方，在1917年成立了世界书局。缘于对教科书的熟稔，及对其利润的认识，此时的沈知方将出版重点放在了教科书上。在教科书市场占有垄断地位的商务印书馆、中华书局面对新出现的竞争者，最先采用的手段是谈判，以图购买世界书局，未果。商务印书馆与中华书局又联合创立国民书局，试图用低价竞争的方式，击垮世界书局，结果又失败了。上海出版界由此进入了教科书市场的三足鼎立阶段。

这说明了民国时期传媒和出版产业壮大的同时，也在形成产业壁垒。商务印书馆与中华书局联合打击世界书局是其中的典型案例。与世界书局顽强抗争，从而在竞争中处于不败之地不同的是，许多其他试图涉足出版行业的尝试

---

[1] 1917年，中华书局因副经理沈知方挪用巨额公款，险致中华书局破产，此事件被称为"民六危机"。

几乎都碰壁了。陈译本《共产党宣言》的"无处可印"的局面，恰好是这种情况的直接体现。

好在这些问题很快得以解决。在维经斯基的帮助下，陈独秀等人在上海的辣斐德路成裕里（今上海市复兴中路221弄12号）建立了又新印刷所。这个被寓意为"日日新又日新"的印刷所，在上海的石库门里，不仅出版了陈望道翻译的《共产党宣言》，还陆续出版了其他几种图书。

陈译本《共产党宣言》，这本"红色中华第一书"，终于在1920年8月以上海社会主义研究社的名义出版了，"第一版印千把本"[1]。该书初版共56页，版式为32开本，内容使用竖排形式，用3号字体印刷，定价大洋1角。初版时封面设计为水红色，再版时改为蓝色。有意思的是，由于排版的错误，书名误印成《共党产宣言》。1920年9月份再版时，书名纠正为《共产党宣言》。至1926年5月，陈译本《共产党宣言》已相继印行了17版。

陈译本《共产党宣言》出版后，翻译发起者们还为它做了一份广告，登载在销量极大的民国四大副刊之一的《觉悟》上。在1920年9月30日的《觉悟》上，沈玄庐以"答人问《共产党宣言》底发行所"为题目，写了一段告白性的文字："慧心、明泉、秋心、丹初、P.A：你们的来信问陈译马克思《共产党宣言》的买处，因为问的人多，没工夫一一回信，所以借本栏答复你们的话：一、'社会主义研究社'，我不知道在哪里。我看的一本是陈独秀先生给我的；独秀先生是到'新青年社'拿来的；新青年社在法大马路自鸣钟对面。二、这本书底内容，《新青年》、《国民》——北京大学出版、《晨报》都零零碎碎地译出过几章或几节。凡研究《资本论》这个学说系统的人，不能不看《共产党宣言》；所以望道先生费了平时译书的五倍功夫，把彼底全文译了出来，经陈独秀、李汉俊两先生校对……"[2]

根据"因为问的人多，没工夫一一回信"寥寥数字，我们大致可以得出两个信息：一是确实有很多人想购买这本书，但是找不到地方；二是出版方希望向读者传达此书很受欢迎的信号。无论是哪一种情况，都表明，沈玄庐等人确实想让这本书在社会上广泛传播。而根据译者陈望道及其他人的回忆，这本书的销量应该还是非常可观的。首印1000本，很快销售一空；再版1000册，同样很快售罄。

---

[1] 宁树藩、丁淦林：《关于上海马克思主义研究会活动的回忆——陈望道同志生前谈话纪录》，《复旦学报（社会科学版）》1980年第3期，第1页。

[2] 《觉悟》1920年9月30日，第3-4版。

《共产党宣言》是被作为"社会主义研究小丛书第一种"出版的,与它同时出版的还有李汉俊翻译的《马格斯资本论入门》,后者作为"社会主义研究小丛书第二种"。几乎与"社会主义研究小丛书"同时出版的,还有上海群艺书社与上海伊文思图书公司联合发行的《科学的社会主义》,翻译者为郑次川,它是作为"岫庐丛书"之一出版的。而"岫庐丛书"则是王云五筹划的。王云五在进入商务印书馆之前,曾创办过一个岫庐公民书局,可惜经营不善,书局未能实现王云五的"翻译家、资本家"梦想。[1] 这一点大致可以说明,当时王云五认为出版马克思主义理论内容之类的图书是能够获得经济回报的。王云五的判断大概能体现当时出版界某些人士和机构对马克思主义著作的经济诉求了。

　　陈译本《共产党宣言》由上海社会主义研究社出版,而未由商务印书馆或中华书局出版,后人对此一直好奇与疑虑。陈望道翻译《共产党宣言》时,与李汉俊、陈独秀、陈望道、邵力子等人均过从甚密,而这些人均与中华书局、商务印书馆互动频繁。凭借他们的关系,《共产党宣言》应该不至于被两大出版机构拒绝。商务印书馆对严复、林纾的稿子甚至可以不问内容,不问质量,直接出钱购买版权,对于陈译本的《共产党宣言》或许也可以采用这种形式。然而事实并非如此。

　　1916年,孙中山等人参观商务印书馆。商务印书馆一行,给孙中山留下了深刻的印象。三年之后,孙中山表达了想委托商务印书馆出版《孙文学说》的意愿,并提出了两种印行办法,或者是由商务印书馆出版,或者是由孙中山出资请商务印书馆代为印刷。而商务印书馆方面则以"政府横暴,言论出版不太自由"为由婉拒了。[2]

　　此举招致了孙中山方面的强烈不满,负责此事的卢信恭转达孙中山方面的责问:"今安福部及大学校均印,何以商务不肯印?"而商务印书馆的解释则是:"本馆出书系有关教育,亦极愿闻过。至当时不肯承印,实因官吏专制太甚,商人不敢与抗。"[3] 从《孙文学说》的出版纠葛中,我们略微可以窥探出,此时商务印书馆对于因图书而可能引起的政治风险持相当谨慎的态度。当然了,拒绝政治也罢,保持中立也好,在"商人不敢与抗"的解释中,商务印书馆对"商

---

[1] 胡愈之:《回忆商务印书馆》,载高崧、陈应年、陈江等编《商务印书馆九十五年》,商务印书馆,1992,第112-128页。

[2] 张树年主编《张元济年谱》,商务印书馆,1991,第167页。

[3] 张树年主编《张元济年谱》,商务印书馆,1991,第176页。

人"身份的秉持和商业利益的重视与珍惜再明显不过了。

刚拒绝出版《孙文学说》，商务印书馆不会在短时间内出版政治色彩浓厚的《共产党宣言》，也就合情合理了。但令人不解的是，在《共产党宣言》出版后不久，商务印书馆在1920年9月，就推出了共学社的"马克思研究丛书"预告。共学社在《马克思经济学说》的版权页里，这样写道："马克思的学说，在近时思想界占很重要的位置。现在更是他发展的时代，凡是留心世界思潮的人都该研究的。但是此项材料，我国尚少输入。本社为此，特地选择研究马克思的重要著作，译成丛书，兹由商务印书馆陆续出版，特此预告。"[1]

这则公告显示，"马克思研究丛书"中包含了《资本论解说》《唯物史观解说》《马克思派的社会主义》《修正派社会主义》等书，它们将分别由渊泉（陈溥贤）、一湖、西谿、品今等人[2]编译。对商务印书馆的此种举动，可能的解释大概有几点：一是商务印书馆认为代印的这些书政治性不强，二是商务印书馆正在转变自己的态度，三是合作者是梁启超，梁启超的社会地位能为此丛书提供强大的保护。从商务印书馆以后的表现来看，这三个原因大概是都有的。

二、共产党出版机构的创设运营

中国共产党先驱很早就认识到了大众传媒的巨大能量，他们对传媒的作用给予了高度重视。李大钊在北京各界纪念十月革命会议做演讲时，就曾强调"剥夺压迫阶级的言论、出版权"，使之归于民众。李达则直接指出，宣传马克思主义要主动利用资产阶级的报纸。这些资产阶级创办的报刊，销量大，辐射范围广，不仅大城市里的市民阅读，许多偏僻地方的工农群众也阅读和信服这些报刊，"共产党若能利用这类报纸做宣传，效力必大"[3]。

《中国共产党的第一个决议》对宣传工作作了详细的解读和规定，要求"各地可根据需要出版一种工会杂志、日报、周报、小册子和临时通讯"[4]。此后，中国共产党先后颁发了《教育宣传问题决议案》《党内组织及宣传教育问题决议案》《各地方分配及推销中央机关报办法》等文件决议，强调报刊在宣传教育中的作用，用以指导党的新闻出版工作。

---

[1] 陈溥贤：《马克思经济学说》，商务印书馆，1920，版权页。

[2] 以上姓名均疑似化名，除渊泉外，笔者暂时没有考证出其他负责人的真实姓名。

[3] 李达：《评第四国际》，《新青年》第9卷第6号，1922年7月1日。

[4] 《中国共产党的第一个决议》，载中国社会科学院新闻研究所编《中国共产党新闻工作文件汇编》（上），新华出版社，1980，第1页。

1921年，中共一大召开后，中央局决定成立人民出版社。这家出版社虽然冠以人民的名字，名号听起来很大，但条件却异常简陋，规模很小。李达在上海南成都路辅德里625号租住的寓所就是人民出版社的办公地。[1] 社长由李达担任，刘仁静协助筹办。李达本人几乎包办所有业务，他亲自负责编辑、校对、印刷、发行等各个环节。经费紧张时，李达个人还要拿些投稿的报酬来补贴。[2] 为了保密，图书上的出版社名称使用"广州人民出版社"，社址标记为"广州昌兴马路26号"。[3]

　　人民出版社的条件简陋，出书计划却不小。人民出版社在《新青年》第9卷第5号发布了一则通告。在这则通告中，人民出版社称，"近年来新主义新学说盛行，研究的人多了"，为了给这些研究活动提供支持，"本社刊行各种重要书籍"，希望能够起到"信仰不坚者祛除根本上的疑惑"的作用，并与"海内外同志图谋精神上的团结"。通告中公布了49种图书的出版计划，包括"马克思丛书"15种、"列宁丛书"14种和"康明尼斯特丛书"11种以及其他图书9种。由于翻译出版力量有限，至1922年6月底，这一计划只完成了12种，每种印刷3000册。[4] 其中"马克思丛书"出版了2种，即陈望道1920年就已经翻译完成的《共产党宣言》和袁让翻译的《工钱劳动与资本》（《雇佣劳动与资本》）。[5]

　　为纪念马克思诞辰104周年，人民出版社还在1922年5月出版了20 000册的《马克思纪念册》，免费赠送。纪念册中的《马克思学说》一文还介绍了唯物论和剩余价值等内容。[6] 1922年9月，人民出版社又翻印了李汉俊翻译的《资本论入门》。[7] 在序言中，李汉俊介绍，要了解马克思主义，必须要读《共产党宣言》《空想的及科学的社会主义》《资本论》。而《资本论》对于大多数中国人来说，内容太复杂。阅读《资本论》之前，读者需要先阅读考茨基等人写的解释性著作，而这些解释著作也"非没有普通经济学知识者以及青年学生所能

---

[1] 社址现在今上海成都北路7弄30号。

[2] 李达：《中国共产党的发起和第一次、第二次代表大会经过的回忆》，载中国社会科学院现代史研究室、中国革命博物馆党史研究室选编《"一大"前后》（二），人民出版社，1980，第3页。

[3] 陈光辉主编《李达画传》，人民出版社，2011，第43页。

[4] 《中共中央文件选集》（第一册），中共中央党校出版社，1992，第28-29页。

[5] 在《关于李汉俊翻译马克思主义著作情况的探讨》一文中，李丹阳认为袁让极有可能是李汉俊的笔名。

[6] 陈有和：《如何看待人民出版社的历史》（上），《出版博物馆》，2011（1），第67页。

[7] 李丹阳认为，此《资本论入门》即《新青年》公布的"马克思全书"中的《资本论》。

容易了解",所以李汉俊就翻译了这本"资本论底解释书之解释书"——《资本论入门》。[1]

1923年,人民出版社从广州"迁回"上海,改称上海书店,专门经销马克思主义著作和中国共产党的宣传刊物。上海书店初期的主要工作是翻印陈译本《共产党宣言》。之所以如此,有两个方面的原因:一方面在于上海书店当时面临的经济压力。它接收了原属于新青年社的账务,而这些账务很多都是代售处欠下的。为了和这些代售处继续保持联系,这些账底[2]必须保留。另一方面则在于陈译本《共产党宣言》在当时非常受欢迎。上海书店先后使用陈晓风、陈佛突、仁子的名义出版了各种版本的《共产党宣言》。

1925年8月,上海书店将李春蕃(柯柏年)翻译的《哥达纲领批判》,列入"解放书丛"的第一种予以出版。首印2000册,很快售罄。1926年1月发行第二版。[3]

上海书店在出版马克思主义经典著作的同时,还注意推出马克思主义通俗著述。1923年4月,刘宜之编著的《唯物史观浅释》出版。此书介绍了唯物论、唯物史观、阶级斗争、资本论等马克思主义内容。该书刚一上市,即大受欢迎,当年12月就印刷了3版。1925年3月,国光书店又印行了第4版。上海书店还先后策划出版了"中国青年社丛书"和"向导丛书"。"中国青年社丛书"第3种的《马克思主义浅说》,其实是一本小册子,内容主要是讨论资本、阶级和帝国主义等问题。该书在9个月的时间里印行了8版,许多青年读者群里几乎人手一份。[4]

新青年社在计划推出"新青年丛书"时,就已经考虑到它的经济收益问题了。"新青年丛书"出版后,《新青年》上做了力度颇大的促销广告,不仅明确标出每本书的价格,还为它们撰写了极具推销性的广告词。在介绍罗素的《哲学问题》时,社方就特意强调"此书为罗素先生叙述其分析的哲学思想最简

---

[1] 马尔西:《马格斯资本论入门》,李汉俊译,新文化书社,1920,第2页。

[2] 所谓账底,就是出版社先委托书店代售,书卖出去以后才收账。但是很多时候,代售点卖出了书,也并不立即把钱还给出版社,这就是账底。

[3] 胡永钦、耿睿勤、袁延恒:《马克思恩格斯著作在中国的历史概述》,载中共中央马克思恩格斯列宁斯大林著作编译局《马克思恩格斯著作在中国的传播》,人民出版社,1983,第269页。

[4] 曹予庭:《上海书店——党的早期出版发行机构》,载吴汉民主编《20世纪上海文史资料文库》(第六辑),上海书店出版社,1999,第263-264页。

明有系统的著作,此时在北京所讲哲学演讲,即以此书为教本"[1]。亲自来中国讲学以及媒体上对罗素连篇累牍的报道,使罗素成为彼时在中国很有影响的学者。罗素的著作自然有很大的销售市场了,新青年社对此的反应与运用还是很有分寸的。而在介绍《阶级斗争》时,编者们强调它"在我们知识荒的中国更不消说,要算是重要的粮食了"。《工团主义》的亮点则是"研究工团主义极有价值之书"。不仅如此,在丛书的每部著作上,出版方都列出了其他著作的价格,并且标明"本社图书,概无折扣,外埠购买,寄费不加"。显然,它们对图书的成本与收益还是相当看重的。

上海书店在创立之初,接收了原属于新青年社的账务,而这些账务中很多都是代售处欠下的。而要宣传马克思主义,还必须要和这些代售处继续保持联系,所以这些账底必须保留,虽然属于"人欠",但很多也都只能变成了烂账。赵南公的泰东图书局最后之所以倒闭,很大程度上就在于它的账底很多,且很多都收不回来。

上海书店刚开始的经济状况制约着它的出版工作的开展。在第一年里,上海书店的主要业务就是翻印陈望道的《共产党宣言》,靠它的热销,来获得一定的经济收入。此后几部"中国青年社丛书"和"向导丛书"的多次再版重印,也为它们带来了一定的经济收益。远在江西的吉安共青团特别支部就支持了这些书在当地的销售:该支部提出"每个同学每年须各销售"《唯物史观》《马克思主义浅说》《将来之妇女》《反基督教运动》等五份。[2] 这种摊派式的销售也确实收到了实效。一个月后的报告中显示,在该支部销售小组的努力下,以上刊物的销售量"每种都在百份以上了"[3]。销售这些图书不仅使马克思主义的传播范围进一步扩大,还使得上海书店的出版业务因这些售书所得而得以维持和扩大。

从19世纪末到20世纪20年代,经过20多年的历程,马克思主义在中国的传播范围日益广泛,知识分子、政治人物和社会团体对它的研究和认同也逐渐增强。中国人开始认真思考马克思主义对中国的理论指导和现实意义,马克思主义对中国社会政治生态的影响逐渐加深。而若想把这种政治化的力量和影响在

---

[1]《新青年丛书出版广告》,载《新青年》1921年4月,第8卷第6号。

[2]《团吉安特支报告(第十二号)》,载中央档案馆、江西省档案馆编《江西革命历史文件汇集(1923—1926)》,1986,第291页。

[3]《团吉安特支报告(第二十八号)》,载中央档案馆、江西省档案馆编《江西革命历史文件汇集(1923—1926)》,1986,第332页。

全国范围内铺展开来，在当时的社会情境下，借助于市场化的机制无疑是一个重要的手段。

无论是借助于《新青年》等报刊大量刊载马克思主义内容的文章，还是戴季陶等人寻找出版机构印刷《共产党宣言》，背后都有通过出版和传媒产业的市场化手段将之广泛传播的动机。传播者此时想借助于传媒的市场化手段，以传播他们对马克思主义的思想认同，来实现对中国政治社会问题的表达。而从20世纪20年代中后期开始，随着马克思主义在中国的影响力的逐渐壮大，出版产业展现出了对这些话题的敏锐洞察力，开始自觉地运用市场化手段，准确把握了马克思主义对中国问题的指导作用和中国社会对马克思主义的需要之间的关系，主动加入到出版马克思主义著作的活动中。马克思主义具有的思想性和政治性等丰富内涵，既得到了上海出版业的认同，同时也经由它们向中国社会广泛传播开去，在更大范围内获得了认同。这种包含了政治、经济、文化等各种因素的认同在此后的时间里有着更耀眼的表现。

第三章　出版产业中的马克思主义著作（1927—1937）

截至20世纪20年代初期，马克思主义在中国的传播中带有强烈的同人色彩。在此之前，不同背景和初衷的组织纷纷利用手中的传媒加入了这场思想的传播之中，其行为大多处于信仰或研究层面，出版行业的商业属性对其影响比较小。此种原因，一方面在于同人刊物的资金来源压力比较小，另一方面则在于马克思主义作为出版选题的潜力并没有获得足够的重视。而这一切，其实都和马克思主义此时的影响力不大有关。到了20世纪20年代中期，随着国共合作的深入开展以及马克思主义传播范围的逐步扩大，马克思主义著作的出版迎来了巨大的变化。以上海为代表的大城市里的出版业开始更关注马克思主义，并以它自身的产业色彩影响和推动了马克思主义图书的出版。

自金属活字印刷引入上海至20世纪30年代，铅印技术已经在中国发展了50多年。在这50多年的历程中，中国各大城市，尤其是上海拥有了雄厚而便利的印刷等技术条件，产生了大量经营定位不同的出版机构，形成了相对成熟的阅读市场，出版业已经成为一种体系完备的产业门类。

1913年，商务印书馆成功研制出了中文铸字机。1920年，明精机器厂正式开售自主研制的全张报纸印刷机。据刘大钧统计，上海地区的印刷机制造修理企业，至1933年已经在全国形成了垄断地位：开设企业的数量占据全国总量的2/3，从业人数也占到了总数的58%，资本额则占全国总额的81%。[1] 完善的印刷机器设备为上海的出版业务提供了最坚实的物质保证。

这些印刷设备在为上海出版业提供了坚实技术保障的同时，还逐渐将触手伸向全国各地，为全国各地的出版机构提供了必要的技术准备，形塑着中国的出版业形态。（见表3-1）

---

[1] 中国第二历史档案馆编《中华民国史档案资料汇编》第五辑第一编"财政经济之六工矿业"，江苏古籍出版社，1994，第693页。

表 3-1　1933 年中国印刷产业的资本、产品价值和工人数概况[1]

地别	资本（元）	产品价值（元）	工人数（人）
上海	9 250 000	12 282 154	5854
北平	4 373 000	2 686 000	5338
成都	551 000	730 000	1480
天津	526 500	1 558 000	1699
重庆	490 000	436 000	1120
郑县	350 000	15 000	22
武汉	245 000	1 000 000	1700
杭州	192 000	710 000	810
长沙	172 500	1 105 000	749
南昌	103 000	445 130	540
……	……	……	……
总计	17 820 350	25 732 958	26 996

在1933年的统计数据中，全国印刷行业的总资本为17 820 350元，上海一地的资本是9 250 000元，上海资本占全国的比例数为52%，而排名第二位的北平地区，其资本为4 373 000元，不到上海资本的一半；全国印刷行业的总产值为25 732 958元，上海地区的产值为12 282 154元，上海产值占全国总产值的48%，而排名第二的北平，其产值仅为上海产值的1/5；而工人数量方面，上海的从业人员位居前列，占全国总人数的21%还多；按照人均贡献量而言，上海从业人数比北平多10%，但总产值却是北平地区的近5倍，上海地区的印刷实力之雄厚不言而喻。

上海市教育局统计的资料显示，1922年上海地区的图书出版销售机构已经超过160家，1930年上海的出版机构超过了145家，1935年上海共有260家书店与书局。[2] 民国时期，几家知名出版机构的资本总额均在10万元以上，其中商务印书馆的资本超过400万元，中华书局为200万元，世界书局为100万元，民智书局为50万元，资本总额在40万元以上的有大东书局、国光书店和神州国光

---

[1] 中国第二历史档案馆编《中华民国史档案资料汇编》第五辑第一编"财政经济之六工矿业"，江苏古籍出版社，1994，第294-296页。

[2] 上海通志编纂委员会编《上海通志》（第9册），上海人民出版社，2005，第5904页。

社，而开明书店和北新书局则分别为20万元和15万元。[1] 这些出版机构，以大致相同的方式运营，为上海和全国的图书市场提供着各种各样的阅读内容。

上海出版业的雄厚基础，不仅在于它完备的技术条件、多样化的出版机构和庞大的资金准备，更在于它形成了一个相对完备的"以普通人为阅读主体的书籍生产空间"[2]。所谓生产空间，既包含出版机构的图书内容选择，它们格外注重出版能够满足各种人群需要的图书，也指出版所形成的阅读趣味，读者可以自由选择他们青睐的图书。1920年代中后期，尤其是1930年之后，王云五对中国图书内容的分布统计大致反映了这一点。（见表3-2）

表3-2　1928—1936年中国图书内容分布统计[3]

年度 类别	1928	1929	1930	1931	1932	1933	1934	1935	1936
总类	67%	<11%	67%	>17%	<31%	<17%	<11%	>43%	>39%
哲学		<3%	<1%	<3%	<3%	>5%	<5%	<2%	<2%
宗教				0.5%	0.2%	<1%	<1%	<2%	0.5%
社会科学	<4%	14%	<7%	<25%	>25%	23%	>28%	>28%	>27%
语文	>16%	<6%		<7%	3%	3%	<8%	<2%	2%
自然科学	>1%	<1%	<2%	<8%	<7%	<8%	<9%	<3%	<2%
应用技术		>3%	<2%	<6%	<5%	<11%	>7%	<4%	<5%
艺术	<3%	<2%	<1%	<6%	<3%	3%	<6%	<3%	<4%
文学	<3%	>43%	<6%	>20%	<15%	>20%	>16%	<5%	<11%
史地	>6%	>17%	>14%	>8%	>8%	>8%	<9%	>6%	>6%

这份表格，是王云五应英国方面所请，对中国图书的出版内容所做的推算统计。该统计以上海出版业的统计数字为基础，然后按照上海出版物总量占全国2/3的比例反向计算而来。所以，与其说它反映的是全国的整体图书状况，

---

[1] 杨卫民：《摩登上海的红色革命传播——中共出版人在上海的社会生活实践（1920—1937）》，上海大学出版社，2016，第32-39页。

[2] 孟悦：《人·历史·家园：文化批评三调》，人民文学出版社，2006，第112页。

[3] 王云五：《十年来的中国出版事业》，载张静庐辑注《中国现代出版史料》（乙编），上海书店出版社，2011，第335-337页。

不如说它是对上海出版物的真实统计。

在所有的出版内容中，表现最显眼的就是社会科学类图书的变化了。上表显示，1928—1930年，中国的社会科学图书所占图书总量很小，而从1931年开始，社科类图书占图书总量的比例已经常年保持在1/4强。以此推断，我们可以大约感受上海出版机构在20世纪30年代推出的社会科学图书种类和数量是个什么样的情况了。而身为社会科学一分子的马克思主义著作此时在出版重镇上海亦成为一道耀眼的风景。[1]

马克思主义著作在上海出版市场上的表现，是多种因素共同作用使然：一方面是中国社会对马克思主义理论思想的需要，促使着更多相关著作的出版；另一方面是各种出版机构察觉到了这种社会需要，或主动推出相关著作，或者跟随社会潮流，出版马克思主义著作。经由前期的传播和国共首次合作证实的它对中国革命的指导意义，此时的马克思主义已经为更多的中国人熟知，它也不再只是一种学术思潮和社会理论了，而是能够帮助中国人民分析和解决社会问题的指导思想了。它被中国社会需要，以及由此而产生的市场价值引起了上海商业性出版机构的浓厚兴趣，并在后者得天独厚的环境里迅速展现出来。各种出版机构，或以政治理想为追求，或以商业利益为目的，或以学术研究为鹄的，纷纷加入了出版马克思主义著作的大潮中。

第一节　红色出版机构的马克思主义图书出版

清末以来，随着传媒机构的日渐增多和书报影响的扩大，大众传媒日益成为重要的信息传递工具。现代书报的发行量大、易传播、易保存等优势，吸引着社会各界的关注。而民国初年的政论书报的发行，更使得"一支笔胜于三千毛瑟枪"成为社会信条。

1927年八七会议之后，中共中央还特别下发通告，指导对外对内宣传刊物的运行方针，要求各地把党的出版物之分配和传播当成重要任务来抓，并要求对外的刊物尽量用铅印，对内的刊物都用油印。[2] 在这种思想的指导下，中国共产党利用上海的出版条件，先后成立了自己的出版机构。（见表3-3）

---

[1] 1927年，王云五编著的《中外图书统一分类法》正式出版。王云五将载有马克思主义内容的著作分别归入哲学、社会科学等类别。

[2] 吴世荣：《中共中央通告第四号——关于宣传鼓动工作》，转引自中国社会科学院新闻研究所编《中国共产党新闻工作文件汇编》（上），新华出版社，1980，第36页。

表 3-3　中国共产党出版机构统计[1]

出版机构名称	创办或负责人	存续时间	地址
新青年社	陈独秀创办	1920年9月成立。1921年4月被查封后，迁往广州	编辑部在环龙路老渔阳里；门店在法租界大马路
人民出版社	李达	1921年9月1日创办，次年6月被查封。1923年并入新青年社，11月划入上海书店	南成都路辅德里625号
上海书店	郭景仁筹办，徐白民、毛泽民先后任负责人	1923年11月1日创办，1926年2月4日被查封	小北门民国路振业里11号
长江书店	毛泽民	1926年成立，1927年结束	设址在宝山路宝昌路交叉口，门市在老西门中华路共和电影院隔壁
春野书店	蒋光慈	1927年底到1929年春天	北四川路清河路北首
无产阶级书店	毛泽民	1928年到1929年	不详
晓山书店	洪灵菲、杜国庠、戴平万等创办	1928年5月到1929年2月	北四川路西海宁路537号
秋阳书店	胡允恭、熊受暄集资，王逸常任经理	1929年到1930年夏天	南成都路西藏路口
华兴书局	毛泽民创办	1929年到1931年，曾用过春阳书店、启阳书店、浦江书店等名称	康脑脱路
湖风书局	周濂卿、宣侠父、阳翰生等创办	1931年至1935年	七浦路441号
读书生活出版社	艾思奇、郑易里创办，黄洛峰任经理	1936年到1948年	静安寺路斜桥弄
新知书店	钱俊瑞、石西民等人发起成立	1935年到1948年	元昌里、爱多亚路成都南路转角、环龙路福寿坊等地址

---

[1] 资料来源于《上海出版志》《近代上海出版业印象记》等文献资料。

中国共产党在上海的这些出版机构，承担着中共书刊的编辑、出版任务。在中国共产党的领导下，出版机构同人共同努力，先后出版了大量马克思主义著作。以上这些出版机构也具有较明显的时期分野。1927年之前的新青年社、人民出版社、上海书店、长江书店等出版机构，人员主要是中共党员，经济来源则以党的经费支持为主，重点任务是宣传主义，大量出版马恩列斯和社会主义的图书。1927年之后，中共的出版机构，人员组成更加多样，运作也更社会化，至少部分业务已经开始按照商业出版机构的模式展开。这一阶段出版机构的工作重心也发生了变化，出版发行了许多研究中国历史、社会、政治、经济等问题的图书。

梳理中国共产党组织出版的图书，可以发现：马克思主义经典著作的种类并不丰富，但是翻印次数比较多。人民出版社存续期间，李达本人几乎包办所有业务，编辑、校对、印刷、发行等所有环节都由他亲自负责，条件简陋，出书量却也不少。

人民出版社成立初期，制订了49种图书的出版计划，包括15种的"马克思丛书"、14种的"列宁丛书"和11种的"康明尼斯特丛书"和9种其他宣传马列主义的图书。最后，"马克思丛书"只出版了《工钱劳动与资本》《共产党宣言》《资本论入门》3种；"列宁丛书"也只出版了6种[1]；"康明尼斯特丛书"也未能全种出版，只出版了4种[2]。

上海书店成立后，陈望道翻译的《共产党宣言》再次出版，这次译者的名字改成了陈晓风。此后，陈译本《共产党宣言》又先后以"陈佛突""仁子"等译者名多次再版重印。1930年，华兴书局出版了华岗翻译的《共产党宣言》译本。

除马恩经典著作之外，中国共产党还出版了大量的列宁、斯大林著作和其他解释马克思主义的图书。这一工作从新青年社创办之日起就已经开始，并一直持续了下去。除《新青年》月刊之外，新青年社又相继出版了《劳动界》周刊、《伙友》周刊等通俗读物，同时组织出版了"新青年丛书"（见表3-4）。

---

[1] 即《国家与革命》《劳农会之建设》《劳农政府之成功与困难》《讨论进行计划书》《共产党礼拜六》《列宁传》。

[2] 即《俄国共产党党纲》《共产党底计划》《国际劳动运动中之重要时事文体》《第三国际议案及宣言》。

表 3-4 "新青年丛书"信息[1]

著作名称	原著	编译者	定价	备注
社会主义史	克卡朴	李季	布面一元 纸面八角	"新青年丛书"之一
社会主义讨论集		陈独秀、周佛海等	七角	"新青年丛书"之二
哲学问题	罗素	黄凌霜	四角	"新青年丛书"之三
俄罗斯研究				"新青年丛书"之四
到自由之路	罗素	李季、顾冰、凌霜	五角	"新青年丛书"之五
欧洲和议后之经济	坎斯（凯恩斯）	陶孟和、沈性人	五角	"新青年丛书"之六
工团主义	哈列	李季	三角	"新青年丛书"之七
阶级斗争	柯祖基	恽代英	五角	"新青年丛书"之八

在"新青年丛书"所列的8部著作中，除坎斯（凯恩斯）的《欧洲和议后之经济》之外，其他7部均是关于马克思主义或社会主义的通俗解说性内容，可以为理解和研究马克思主义提供必要的基础性知识和理论储备。而凯恩斯的著作之所以能够出版，也与当时中共对于战后经济问题的关注有很大的关系。一战后，随着西方发达国家重建的进行，它们对中国的政治、经济又将产生巨大的影响，甚至影响中国社会的走向，所以共产党人士对此也抱有警醒和关心的态度。这本书虽然与马克思主义无关，但是在某种程度上，这本书的出版恰好反映了彼时中共对于中国经济、社会问题的深刻关注。

表3-5统计了上海书店部分图书的信息。在这30部著作中，沈泽民翻译的《恋爱与道德》讲述的是反对当时的婚姻制度，主张更宽泛的婚姻约束和理想等内容。除此书外，其余各书均与马克思主义或社会主义有关，可以说是对马克思主义理论的通俗解释与演绎。"中国青年社丛书"和"向导丛书"中的部分图书，颇受读者欢迎。

---

[1] 整理自《社会主义讨论集》的封面封底和《新青年》杂志广告。

表 3-5　上海书店部分图书目录[1]

著作名称	著作者	译者	出版时间	备注
反对基督教运动	恽代英等		1924年初版	1925年1月再版，1926年9月第8版
资本制度浅说	山川均	施存统	1924年2月初版	
世界名人照相明信片			1924年3月初版	6种
社会科学讲义（4册）	瞿秋白、施存统、安体诚等编写		1924年1—4月初版	社会科学会编辑
社会科学概论	瞿秋白		1924年10月初版	
国外游记汇刊	瞿秋白		1924年10月初版	
新梦	蒋光赤		1925年1月初版	
帝国主义浅说	列宁	李春藩	1925年2月初版	
唯物史观	中国青年社编		1925年2月初版	"中国青年社丛书"第二种
马克思主义浅说	中国青年社编，一峰、辟世合编		1925年3月初版	"中国青年社丛书"第三种。1925年12月第8版
孙中山先生遗言			1925年3月初版	
将来之妇女	利连撒尔	张秋人	1925年4月初版	"中国青年社丛书"第一种。1926年8月第11版
新文学概论	本间久雄	汪馥泉	1925年5月初版	
青年平民读本	卓恺泽编		1925年2月初版	恽代英订正
唯物史观浅释	刘宜之		1925年初版，1925年5月第三版	
评中西文化观	杨明斋		1925年秋初版	
不平等条件	《向导》周报社编		1925年9月初版	"向导丛书"之一。印行10万册。

---

[1] 整理自曹予庭：《上海书店——党的早期出版发行机构》，载《20世纪上海文史资料文库》（第6辑），上海书店出版社，1999，第263-264页。

续表

著作名称	著作者	译者	出版时间	备注
中国关税问题	《向导》周报社编		1925年9月初版	"向导丛书"之二
反戴季陶的国民革命观（一）	《向导》周报社编		1925年9月初版	"向导丛书"之三
关税问题与特别会议	中国青年社编		1925年10月初版	"中国青年社丛书"第四种
青年工人问题	钟恭（中共）著，中国青年社编		1925年10月初版	"中国青年社丛书"第五种
显微镜下的醒狮派	肖楚女著，中国青年社编		1925年10月初版	"中国青年社丛书"第六种
恋爱与道德	爱伦凯	沈泽民	1925年10月	
各时代社会经济结构原素表		张伯简		
反帝国主义运动	恽代英编		1925年	
中国共产党五年来之政治主张	中国共产党印行		1926年5月	
论北伐	《向导》周报社编		1926年9月初版	"向导丛书"之四
革命歌声	中国青年社编			李秋实编写
新社会观	郭范伦科	王伊维译	1925年	瞿秋白校正
共产主义的ABC问题及附注	中国青年社编			

"中国青年社丛书"第一种的《将来之妇女》，主要探讨社会主义制度下的婚姻、家庭、教育等与妇女有密切关系的话题。该书在1925年4月初版，此后4个月的时间里印行了11版，可见其市场反应。"中国青年社丛书"第三种的《马克思主义浅说》，其实是一本小册子，主要讨论了资本、阶级和帝国主义等问题。该书在9个月的时间里印行了8版，许多青年读者几乎人手一份。而恽代英编写的《反对基督教运动》一书，批评帝国主义用基督教侵略中国，该书1924年初版，1925年1月就已经再版，到1925年9月的时候，已经印刷到第8版了。从这些数据中，我们大约可以想象到当时的马克思主义通俗读物的受欢迎程度。

1927年底成立的春野书店，先后出版了《太阳》月刊等书报。钱杏邨的《革命的故事》、杨邨人的《战线上》和蒋光慈的《哭诉》等被列入"太阳小丛书"。他们从文学诗歌等角度展现了马克思主义和社会主义的内容。晓山书店拟定了"我们社丛书"，1928年5月22日出版了"我们社丛书"的第一种——洪灵菲的《前线》，初版2000册。湖风书店自1931年创立起，以出版左联人士的著作为主，相继推出了含有15种图书的"文学创作丛书"和含有12种图书的"世界文学名著丛书"。

华兴书局的所有图书中，"上海社会科学研究学会丛书"占有重要地位。在国民党查封华兴书局的往来公文报告中，我们可以大致看到华兴书局出版和发行的图书。（见表3-6）

表3-6　华兴书局部分图书目录统计[1]

著作名称	编著者	备注1	备注2
二月革命到十月革命	列宁	"上海社会科学研究学会丛书"	
资本主义之解剖	布哈林	"上海社会科学研究学会丛书"	
民族革命原理	唐杰编	"上海社会科学研究学会丛书"	
俄国党史上册	包泼夫	"上海社会科学研究学会丛书"	
苏维埃宪法浅说	萨诺普夫	"上海社会科学研究学会丛书"	
三个国际	列宁	"上海社会科学研究学会丛书"	
社会科学研究初步	布浪得尔	"上海社会科学研究学会丛书"	发行
左派幼稚病	列宁	"上海社会科学研究学会丛书"	发行
战术与策略	斯拉夸夫	"上海社会科学研究学会丛书"	发行
新社会观	郭范伦科	"上海社会科学研究学会丛书"	发行
两个策略	列宁	"中外研究学会丛书"	发行
世界经济地理纲要	哈拉宾	"中外研究学会丛书"	发行
革命与考茨基	列宁	"中外研究学会丛书"	发行
国家与革命	列宁	"中外研究学会丛书"	
中国军队之研究	哥列夫	"尚武学会丛书"	发行

[1] 资料来源于张克明：《国民党政府查封上海华兴书局案》，《历史档案》1981年第1期，第63-65页。

续 表

著作名称	编著者	备注1	备注2
战术表解	郭新译	"尚武学会丛书"	发行
苏联红军史	李万里译	"尚武学会丛书"	发行
军事艺术学	左治译	"尚武学会丛书"	发行
军事侦探学	锡龙	"尚武学会丛书"	发行
苏联红军中政治工作	连青选译	"尚武学会丛书"	发行
军事交通学	吴常青	"尚武学会丛书"	发行
俄国革命画史（上下）	上海亚洲艺术学社		
马克思和昂格思的农民问题			
中共职工运动概况			
一九〇五至一九〇七年俄国革命史	潘鸿文译		发行
各时代社会经济结构原素表	晓旭译制		发行
世界大战与世界革命	约瑟夫		发行
苏联党史	亚洛斯拉夫斯基		发行
反布哈林	景秋译		发行
世界职工运动概况	罗佐夫斯基		发行
工人的国家	徐梦龙		发行
苏联游记	柏明		发行
殖民地的革命运动	库西宁		发行
满洲的农民经济			发行
江苏的经济状况			发行
无产者的哲学			发行
列宁			发行
论托洛茨基			发行
高丽革命运动史			发行

续　表

著作名称	编著者	备注1	备注2
苏联发展之新阶段			发行
苏联宗教问题与宗教政策			发行
新俄宪法			发行
苏联商业政策			发行
苏联国家的政治组织			发行
世界职工运动			发行
瀛寰半月刊		瀛寰半月刊社发行	代售

　　以上书目显示，华兴书局此时在宣传革命理论的同时，开始逐步重视运用马克思主义理论来分析中国社会经济问题的内容了。《满洲的农民经济》和《江苏的经济状况》就是这一趋势的典型代表。这种趋势在以后的出版工作中越来越明显。

　　读书生活出版社也相继出版了一些大众读物，既有哲学类的，如艾思奇的《哲学讲话》，也有关于苏联文艺理论的图书。而新知书店1935—1938年初出版的图书颇有代表性，其中既有马克思主义理论的通俗读物，也有运用马克思主义进行社会问题分析的著作，还有关于国际社会问题的研究著作。在这些图书中，最引人注意的就是运用马克思主义分析中国实际社会问题的著作。此类著作不仅数量多，而且对马克思主义的运用也比较全面，既有运用马克思主义学说来分析中国农村经济问题的，又有使用马克思主义理论来解释和分析帝国主义在全球的表现的。当然，对马克思主义理论和基本内容的介绍性图书也占据重要地位。

　　新知书店20世纪30年代中后期出版的社会科学图书涵盖的内容也特别广，涉及经济、政治、军事和妇女等问题，而其中数量较多的就是马克思主义的政治经济学图书。彼时中共的目光已经转向了广大农村地区，事关农村的各种议题自然也就成了他们的重点关注对象。在此情形下，运用马克思主义的观点和方法来分析和解释包括农村经济问题在内的社会经济问题的著作自然多了起来。新知书店出版工作的倾斜，也正契合彼时中国共产党的重要转变。（见表3-7、3-8）

表 3-7　新知书店 1935—1938 年部分图书信息之一[1]

著作名称	原著	译者	备注
中国货币制度往那（哪）里去	钱俊瑞、章乃器、朱楚辛等		评价国民党的法币政策，认为外汇本位制度将把中国的通货主权交给英美国家
意阿战争与第二次世界大战	钱亦石、姜君辰等		揭露意大利对阿比西尼亚（现称埃塞俄比亚）的侵略，声援和支持阿比西尼亚人民的抵抗行为
帝国主义铁蹄下的阿比西尼亚	克莱托涅尔	孙冶方	
中国农村社会性质论战	中国农村经济研究会		运用马克思主义原理，论证中国社会性质和革命任务，驳斥托派的错误言论主张。系《中国农村》月刊与托派论战的结集内容
通俗经济学	狄超白		"新知丛书"第一辑第三种。阐释政治经济学原理，结合中国情况，讲解商品、货币、价格等内容
大众政治经济学	莱沃铁爱夫	吴大琨、庄纪尘	中级读物
帝国主义论	列宁	吴清友	系列宁著作的中译本，本书还整理了1918—1935 年世界垄断资本发展的资料
农村经济底（的）基本知识	薛暮桥		"新知丛书"。展现了农村的基本经济状况和全国国民经济情况，探讨解决现实矛盾的道路
中国农村经济常识			
中国经济问题讲话	钱俊瑞、姜君辰、徐雪寒		
妇女问题讲话	杜君慧		"新知丛书"第一辑第五种，讲述研究妇女问题的意义，先史时代的妇女，古代奴隶制社会的妇女，中世封建社会的妇女，资本主义时代的妇女，帝国主义时代的妇女，苏联的妇女，妇女问题的内容及其发展，妇女解放思想的主潮等，共 12 部分内容。解释妇女压迫的根本原因，指出解放道路和方法。是作者把发表在《申报》妇女园地栏目的《妇女问题讲座》整理修改而成
辩证法唯物论入门	胡绳		"新知丛书"
历史哲学教程	翦伯赞		"新知丛书"

---

[1] 徐雪寒：《新知书店的战斗历程》，《历史研究》1982 年第 5 期，第 74—76 页。

表 3-8　新知书店 1935—1938 年部分图书信息之二[1]

著作名称	出版时间	定价	备注
中国货币制度往哪里去	1935 年 11		第一本书，1936 年 12 月再版
意阿战争与第二次世界大战	1935 年		第二本书
帝国主义铁蹄下的阿比西尼亚	1935 年 10 月 20 日	3 角 5 分	第三本书，生活书店总经售
中国农村社会性质论战	1935 年 9 月 30 日	5 角 5 分	第四本书，1936 年 1 月 31 日再版，1936 年 4 月 30 日第 3 版
通俗经济学	1936 年 4 月 15 日	3 角 5 分	1936 年 5 月 15 日再版，1936 年 9 月 30 日第 3 版，1936 年 11 月 25 日第 4 版，1939 年 4 月 15 日第 7 版
妇女问题讲话	1936 年 8 月 1 日	4 角	
大众政治经济学	1936 年 11 月 10 日	8 角	1938 年 9 月 20 日第 4 版
帝国主义论	1937 年 6 月 25 日	平 1.4 元，精 1.8 元	
农村经济底基本知识	1937 年 1 月 31 日	4 角	
中国农村经济常识	1937 年 1 月 31 日	4 角 5 分	1939 年 4 月 15 日发行第 3 版
中国经济问题讲话	1938 年 8 月 20 日	3 角 5 分	
辩证法唯物论入门	1938 年 8 月	4 角	1939 年 3 月 20 日再版
历史哲学教程	1938 年 8 月	1 元	1939 年 3 月再版

在《通俗经济学》的《四版前记》中，"新知丛书"编者们描述了当时读者的反应以及社会的阅读需求，"本书发行以后，接到许多读者来信，有的对本书提供了许多极可宝贵的意见，有的提出许多书中的问题来和我们讨论，有的替我们做了非常详细的勘误工作"[2]。从这段话中，我们大致可以感受到：彼时

---

[1] 梳理自曹鹤龙、李雪映编《生活·读书·新知三联书店图书总目：1932—1994》，生活·读书·新知三联书店，1995。

[2] "新知丛书"编者：《四版前记》，载狄超白：《通俗经济学讲话》，新知书店，1936年，"四版前记"第1页。

读者大众对于中国现实问题的深切关注。这种关注所产生的直接影响就是对于此类图书和信息的强烈需求。新知书店所出版的相关图书在此时均获得了读者大众和市场的认可。

我们从新青年社、上海书店和新知书店出版的图书内容可以发现：1927年之前，中共的出版机构大量出版马恩列斯和社会主义理论等图书，而在1927年之后，共产党的出版机构则转向出版政治经济学方面的著作，以及运用这些理论来解释和分析社会现实问题的图书，即对这些理论的通俗化解释和运用方面的著作。这种变化的背后蕴含着复杂的社会现实考量。

当时的现实和社会思潮促使着出版机构的出版工作发生改变。大革命后期，国共两党决裂，中国共产党面临着生死存亡的严峻现实。在此危急情况下，中共必须要转变以往的战略方针政策，并调整自己的工作方式，就宣传工作而言，此时的宣传必须要采用更加通俗化和适应普通民众的方式，才能获得宣传效果，得到民众的响应和支持，从而扭转危局。与此相映照的或者是这种转变的表现，就是社会上有关中国历史和社会性质的论战。这场论战对于马克思主义提出了直接的要求和反思，它要求必须重新审视和检验马克思主义对中国问题的适用性。在这一主旨下，各方必须对社会、政治、经济等问题进行更加细致的研究和探讨。在这些因素的综合作用下，中共的出版内容开始向社会具体问题转变，变得更通俗大众。

如果说社会形势的变化，从宏观层面影响着马克思主义传播内容和形式的转变，那么出版行业自身的行业性质也促使着中共对掌握及其影响下的出版机构做出调整。出版业的商业属性及其对经济效益的追求，在此时也推动着中共出版方向和工作重心的变化。这也颇为符合马克思主义有关经济基础与上层建筑之间关系的论断。

前文已经有所论述，此时的上海出版已经成为一个经济属性明显的产业，它的运作显然要受经济规律的支配。创立和维持一个出版社，不仅需要政治激情，也需要资本实力。而此时的中共在资金方面，显然是不能够持续稳定支持它的出版社的。所以，中共需要考虑出版活动的经济问题，并且对这个问题逐渐重视。

相比1927年以前出版社靠党的经费来创办经营，1927年之后的中共出版社的创办和经营带有更加明显的商业属性，对利润与收益等财务问题也更加重视。

新知书店创办时，钱俊瑞等人主张按法租界当局登记的合法方式创办。为了获得开办资金，他们采用了募股的方式。由于创办人的经济也不宽裕，只能

10元、20元地凑集。他们也向社会募股，10元一股，连5元钱算作半股的事情也出现过。通过这种方式筹集的资金只有500元。当时刚从国外结束第一次流亡的邹韬奋以生活书店的名义出资1000元，李如柏变卖家产出资500元。多方筹措后，出版社的开办资金终于超过了2000元。好在新知书店出版的图书市场还不坏，使得出版工作能够正常运营。而到了抗日战争爆发，出版社也遇到了资金困难。为了解决这些困难，新知书店只能摆地摊卖书。转移到武汉之后，中国出版社的书稿编辑费和稿费，都转到了新知书店，当作股金，这着实解决了新知书店的燃眉之急。而他们出版的图书的热销不仅缓解了经济窘境，还创造了不少收益。

表3-8所列的新知书店图书大多都多次重印再版。狄超白的《通俗经济学》，1936年4月15日初版后，7个月内即发行至第4版。当时的日常业态是每版1000—1500册的印刷规模，在7个月内，该图书就印刷了4000—6000册。以每册3角5分计算，《通俗经济学》的总码洋为1400—2100元。按照当时的图书生产成本计算[1]，初版时，每部费用在2角，则第一版毛利应该在105—157.5元，而随着再版的增多，每部书的成本会下降，则第2、3、4版的毛利更高。如此一来，仅《通俗经济学》一书，新知书店在1939年发行第7版时，基本上属于无本净收入了。按照这样计算，新知书店再版量较多的图书所带来的收益，就比较可观了：《中国农村社会性质论战》的毛利应该在495—742元，《大众政治经济学》的毛利更是高达960—1440元，《中国农村经济常识》的毛利应该在405—607.5元，《辩证法唯物论入门》的毛利在240—360元，定价较高的《历史哲学教程》毛利应该在600—900元。仅这几部书而言，新知书店的毛利就高达2700—4049元。

需要注意的是，图书出版的这种盈利情况，虽然看起来利润是比较多的，但是对图书作者而言，并非就一定有利。早在20世纪20年代时，郑振铎就曾抱怨图书内容生产者并没有从图书的畅销中获利。郑振铎彼时供职于商务印书馆，并且正在负责《文学月刊》的编辑工作。他讲道："我们替商务印书馆工作，一个月才拿百圆左右，可是一本书，印书馆里就可以赚几十万圆，何苦来！还不如自己集资办一个书店。"[2] 按照劳资关系来划分的话，郑振铎属于劳动者一

---

[1] 1930年《出版月刊》第7期所载文章《出版家的趁火打劫》显示，根据出版印刷机构公布的信息，图书利润在25.65%。《洪水》半月刊第1卷第3期、第5期登载的文章《出版界的混乱与澄清》显示，图书利润在35%。结合同时期生活书店等机构的资料载，彼时的图书利润当在30%左右。本章关于利润计算，均以30%为准。

[2] 陈明远：《文化人的经济生活》，陕西人民出版社，2010，第82页。

方，如果说他提到的情况因为带有情绪而含有夸大的成分，那么中华书局的创始人陆费逵作为曾经的资方，他的记录大概能为我们提供另一种视角。陆费逵在《六十年来中国之出版与印刷业》中回忆到，按照10%的版税规定，普通著作人的收入非常低，"每年收入不过数十百元，甚至每年只得几角几分的"[1]。当然，胡适、鲁迅、林语堂这些人除外，他们的版税收入是相当丰厚的。郑振铎、陆费逵二人的回忆大致可以联合反映彼时出版界的情况：出版行业挣钱，但是包括作者和编辑在内的内容生产者未必能够分得利润。出版界的这种情况，也确实引起了大众的批评。《洪水》半月刊在第一卷第三期、第五期连载了周全平的文章《出版界的混乱与澄清》，批评了彼时出版界种种赤裸裸的逐利行为。[2]

相对于商业出版机构的种种逐利倾向，共产党主导下的出版机构虽然也在追求商业平衡，但是更多的是出于信仰而开展的工作奉献。彼时，这些出版机构无论是作者还是编辑，或者身兼两职的人员，大部分都带着对党的信仰而努力工作，对个人所能得到的金钱等物质条件的回报则不那么看重了。这种情况在后来的诸多回忆资料中多有披露和表达。

诚然，20世纪20年代中后期的中共出版机构开始日益重视出版行业的经济规律，主动按照市场原则来运营出版社，但它们带有的政治色彩依然浓厚。中共人士就是在这种情形下，进行着马克思主义图书的出版工作。这些图书的大量出版，一方面使广大的读者阅读到了与社会问题密切相关的图书，为马克思主义的通俗化和大众化提供了高效的载体，推动了20世纪30年代马克思主义的传播进程；另一方面也为出版社带来了稳定丰厚的收益，这些收益除一部分用于各种必要开支外，更多的被投入到再生产中，为出版更多的图书提供了物质基础准备。

第二节　新生命书局的马克思主义图书出版

最先把马克思主义介绍进中国的人士，尽管他们的出身背景、文化背景和政治倾向等各不相同，但不可否认的是，他们在早期的马克思主义引介活动中

---

[1] 陆费逵：《六十年来中国之出版业与印刷业》，载张静庐《中国出版史料补编》，上海书店出版社，2011，第281页。

[2] 霆声：《出版界的混乱与澄清》，载张静庐辑注《中国现代出版史料》（甲编），上海书店出版社，2011，第240-246页。

扮演了开拓者的角色，并在此后一段时期内的马克思主义传播中继续发挥了重要作用。1927年之前，胡汉民、戴季陶、周佛海等国民党成员都是马克思主义研究和传播方面的权威。可以说，1927年之前，国共两党的合作不仅促进了中国革命进程，也共同促进了马克思主义的传播。

1927年之后，随着中国社会形势的变化，社会各界对涵盖中国政治、经济、革命等领域的问题更加关注，以这些问题为核心和焦点的讨论与研究，日益成为学界、政界共同关心的话题。戴季陶等人专门成立各种出版宣传机构，建立多种宣传组织，聚集大批理论研究者，力图掌握舆论引导的主动权。在这些出版机构中，新生命书局是其中的代表。它不仅出版了戴季陶、胡汉民、陶希圣等理论工作者的各种理论著作，还翻译出版了大量外国著作。这些著作中含有大量关于马克思主义的讨论内容。通过这种方式，新生命书局在某种程度上推动了马克思主义理论在中国的传播，介入了马克思主义在中国的通俗化进程。

新生命书局与《新生命》月刊有着密切联系，而《新生命》月刊的创办与当时风云变幻的社会局势息息相关。1928年1月，《新生命》月刊正式出版。新生命书局与《新生命》月刊同一时期成立。[1]1930年底《新生命》月刊宣告结束，而新生命书局正处在迅速发展时期。

新生命书局的主要编辑人员有周佛海、陶希圣、萨孟武等人，出面负责经营的是陈果夫的堂弟陈肖赐（陈宝骅）。由于在当时出版行业中，经常有书店创办同名刊物的情况，所以新生命书局与月刊发表声明，称两者是相互独立的不同机构，希望读者要分清两者之间的关系，以免产生误会。虽然有过如此宣称，《新生命》月刊与新生命书局依然保持着密切的互动：新生命书局通常会将《新生命》月刊上的许多重要长篇文章结集出版，而《新生命》月刊也时常刊登新生命书局的图书出版信息。初期，新生命书局的发行所设置在霞飞路霞飞坊19号。后来发行所增加到两个，一处位于霞飞里，另一处则位于棋盘街的宝善里，处于闻名全国的上海福州路文化街区域内。发行所也曾短暂设立于海宁路的咸宁里。在全国一些重要城市，新生命书局也设有分局，如南京太平街、北平琉璃厂、武昌横街头、杭州延龄路等地均有分局。[2]

新生命书局成立的宗旨在于普及社会科学，它先后组织出版了"社会科学常识丛刊""新生命丛书""社会科学名著译丛""新生命高等文库""经济名著

---

[1] 关于新生命书局成立的确切时间，目前学界还没有定论。本研究采用贺渊的"1928年1月"说法。

[2] 见1932年《新生命书局图书目录》。

丛书"等图书。这些图书大致可以分为三类：相关议题的论文集、个人著作和译著。它们的内容也大多集中于社会科学领域。新生命书局出版的图书中，马克思主义学说及对学说的解释等著作占据着重要位置。（见表3-9）

表3-9　新生命书局部分图书信息统计[1]

著作名称	编著者	翻译者	出版时间	定价	备注
政治之基础知识	萨孟武		1929年1月25日	大洋4角	"社会科学常识丛刊"之一。1929年2月1日再版，1929年2月6日第3版，1937年5月5日第9版
中国社会之史的分析	陶希圣		1929年1月30日	大洋7角	"新生命丛书"乙种，1930年3月30日第4版，1931年第5版，1933年第8版，1935年第9版，印行1000册（定价7角）
日本无产政党研究	施伏量		1929年1月30日	大洋5角	"新生命丛书"乙种，1929年4月15日再版
帝国主义之基础知识	马哲民		1929年2月25日	大洋4角	"社会科学常识丛刊"，"新生命丛刊"第二种
苏俄政治制度	施伏量		1929年3月31日	大洋9角	"新生命丛书"甲种，1932年再版
妇女解放史	樊仲云		1929年3月30日	大洋2角	"新生命丛书"乙种，1929年10月15日再版
各国革命史	文圣举、文圣律		1929年4月15日	大洋8角	"新生命丛书"甲种，1929年6月30日再版
最近之国际政治	樊仲云		1929年4月20日	大洋1元	"新生命丛书"甲种，1929年5月20日再版，1931年5月25日第6版
社会之基础知识	李鹤鸣		1929年4月25日	大洋4角	"社会科学常识丛刊"之四
东西学者之中国革命论		樊仲云编译	1929年4月25日	大洋5角	"新生命丛书"乙种
社会主义社会学	波达诺夫	萨孟武	1929年4月30日	大洋9角	"社会科学名著译丛"
国家论	奥本海米尔	陶希圣	1929年4月30日	大洋6角	"社会科学名著译丛"

[1] 整理自《新生命书局图书目录》《新生命研究》《民国时期总书目》等资料。

续 表

著作名称	编著者	翻译者	出版时间	定价	备注
家族私有财产及国家之起源	恩格斯	李膺扬	1929年6月10日	大洋8角	"社会科学名著译丛",后收入"新生命高等文库"
国际政治之基础知识	樊仲云		1929年6月25日	大洋5角	"社会科学常识丛刊"之六,1930年9月15日再版
各国经济史	石演知行等	樊仲云等	1929年8月15日	大洋3.6元	"经济名著丛书",1930年3月15日再版,1933年3月15日第3版
辩证法与资本制度	山川均	施伏量	1929年8月20日	大洋3角	
社会革命论	考茨基	萨孟武	1929年9月15日	大洋6角	"社会科学名著译丛"
帝国主义与国际经济	吴其祥		1929年9月30日	大洋8角	"新生命丛书",1930年5月31日再版
中国社会与中国革命	陶希圣		1929年10月5日	大洋9角	"新生命高等文库",1932年8月18日第5版
苏俄十年来之外交	塔之亚那特	胡庆育	1929年10月		"新生命丛书"
进化论与阶级问题	陈宝骅、邢默卿		1929年11月10日	大洋3角	
马克思经济学说的发展	河西太一郎等	陶希圣、萨孟武、樊仲云	1929年11月30日	大洋2元	"经济名著丛书"
国家论之基础知识	邓初民		1929年12月20日	大洋4角	"社会科学常识丛刊"之八
法西斯主义的理论与实际	藤井悌	邢默卿、陈宝骅	1929年12月20日	大洋4角	1935年7月25日第4版,第4版印刷1000册
财政学之基础知识——社会主义财政学	萨孟武		1929年12月20日	大洋4角	"社会科学常识丛刊"之七
农业的社会化	考茨基、马希阿尼	邓毅	1929年12月25日	大洋7角	

续表

著作名称	编著者	翻译者	出版时间	定价	备注
资本主义的发展及其没落	朱新繁编，陶希圣校对		1929年		"新生命丛书"乙种
社会问题之基础知识	施伏量		1930年1月20日	大洋5角	"社会科学常识丛刊"之十
革命论之基础知识	陶希圣		1930年1月20日	大洋4角	"社会科学常识丛刊"之九
中国社会之结构	周谷城		1930年4月20日	大洋1.3元	1935年3月3日第4版，印刷1000册，总第5000册
资本主义的浪费	蔡斯	黄澹哉女士、樊仲云校对	1930年5月15日	大洋9角	
中国问题之回顾与展望	陶希圣		1930年5月15日	大洋1.3元	
革命与反革命	恩格斯	刘镜圆	1930年5月30日	大洋6角	
马克思主义经济学方法论	科因	陈宝骅、邢墨卿	1930年6月30日	大洋5角	
社会主义共产主义及无政府主义（上下）	卡尔经尔	余祥森	1930年8月30日	大洋2.8元（两册）	
近代世界史	英国平民协会	杨允修	1930年8月30日	大洋8角	平民教科书
苏联经济政策与社会政策	施复亮		1930年9月20日	大洋1元	1932年5月10日第3版
精神科学概论——马克思主义的精神生活及精神生产过程之研究	马哲民		1930年9月	大洋1.2元	
马克思十二讲	高畠素之	萨孟武、陈宝骅、邢墨卿	1930年10月10日	大洋2.4元	"新生命高等文库"

续表

著作名称	编著者	翻译者	出版时间	定价	备注
最新财政思想与财政政策	萨孟武		1930年10月10日	大洋4角	
最近之国际政治续编	樊仲云		1930年10月10日	大洋1.2元	
中国农村经济关系及其特质	朱新繁		1930年11月	大洋1.2元	
社会组织论	埃尔德列基	王斐荪	1930年	大洋5角	
经济理论之基础知识	周佛海		1930年		"社会科学常识丛刊"之十一,"经济名著丛书"
由唯心论到唯物论		高晶斋	1930年	大洋2元	
奴隶制度史	殷格兰姆	唐道海	1930年		
社会与哲学的研究(哲学问题之唯物的研究)	拉法尔格	张达	1931年2月15日	大洋5角	
中国社会之变化	周谷城		1931年4月	大洋1.2元	
中国政治思想史(四册)	陶希圣		1931年5月25日—1933年	大洋1.2元	"新生命高等文库"
中国社会的经济结构	朱其华		1931年7月30日	大洋1.8元	
莫斯科印象记	胡愈之		1931年8月20日	大洋8角	1931年11月1日第3版
经济思想史	鲁宾	沈韵琴	1931年10月25日	大洋2角	"经济名著丛书"
历史唯物论入门	毕谪列夫斯基	严灵峰	1931年11月5日	大洋1元	
社会政策论	北新泽次郎	周宪文	1931年		
中国经济问题	严灵峰		1931年	大洋7角	
议会与革命	麦克唐纳	刘厚安	1931年		

续表

著作名称	编著者	翻译者	出版时间	定价	备注
帝国主义与世界政治	汤麦斯蒙	张永懋	1931年		
国际问题	张肇融		1932年2月25日	大洋1.6元	
中国历代耕地问题	张霄鸣		1932年10月10日	大洋1元	
中国社会发展史	沙发诺夫	李俚人、刘隐	1932年10月10日	大洋2元	
苏俄之政治经济社会	山内一雄	王锡纶	1932年		
中国经济危机及其前途	朱其华		1932年		
中国社会现象拾零	陶希圣		1932年	大洋1.2元	1932年5月25日再版
一九三二年之国际政治经济	樊仲云		1932年		
苏联目中的太平洋争霸战	蔡伦契夫	邢默卿	1933年1月25日	大洋5角	"社会与教育社丛书"之九
中国社会之现状	周谷城		1933年2月5日	大洋1.6元	
中国经济大纲	马扎尔亚	徐公达	1933年2月15日	大洋1.6元	
西洋政治思想史（上下）	萨孟武		1933年3月1日（上册）1933年5月10日（下册）	上册大洋1.2元 下册大洋1.2元	
中国土地制度研究	长野郎	陆璞	1933年4月19日	大洋1.2元	
两宋田赋制度	刘道元		1933年6月5日	大洋5角	"中国社会史丛书"
独裁政治论	今中次麿	陈天行	1933年6月20日	大洋6角	
中国古代政治哲学批判	李麦麦		1933年6月20日	大洋1.6元	

续表

著作名称	编著者	翻译者	出版时间	定价	备注
近代西方经济学家及其理论	鲁滨	严灵峰	1933年7月24日	大洋1.8元	"经济名著丛书"
我们的世界	房龙	傅东华	1933年8月15日	大洋2.2元	
俄国革命运动史纲	伯格洛夫斯基	吴季兰	1933年		
辛克莱社会论	辛克莱	张迪虚	1933年		
苏俄的教育	张迪虚		1933年		
帝国主义之诸家学说	拔夫罗维基	王斐荪	1933年		
苏俄党争文献	王季平 陈幻		1933年	大洋4角	
中国统制经济论	罗敦伟		1934年5月1	大洋1.6元	"新生命高等文库","中国社会问题研究会丛书"第一种,1935年9月30日再版。初版1500册,再版1000册
唯物辩证法读本	大森义太郎	杨允修	1934年5月5日	大洋8角	"新生命中学文库",首印2000册
中国中古时期的田赋制度	刘道元		1934年10月10日	大洋8角	"中国社会史丛书"第二种,首印1500册
中国田赋问题	孙佐斋		1935年		
中国古代社会(上)	曾謇	陶希圣校	1935年4月25日	大洋5角	"中国社会史丛书",初版1500册
社会科学小词典	施伏量		1935年8月15日	大洋5角	"新生命大众文库","小辞典"之三,首印2000册
精神建设与民族复兴	周佛海		1935年11月1日	大洋4角	1935年12月25日第3版。第3版印刷2000册

从上表可以发现,新生命书局出版的马克思主义图书,包含三种类型:一是对马恩原著的翻译,二是国外学者对马克思主义的解读,三是中国学者对马克思主义的解读。第三种图书以运用马克思主义理论分析和研究中国社会现实问题为主。

新生命书局出版的马恩原著不多,目前能够看到的只有恩格斯的两部著作,即《家族私有财产及国家之起源》和《革命与反革命》。其中影响最大的当数李膺扬(杨贤江)翻译的《家族私有财产及国家之起源》了。《家族私有财产及国家之起源》出版于1929年6月10日,是"社会科学名著译丛"中的一种,李膺扬翻译,周佛海校订,龙飞印刷公司承印。此书今译名为《家庭、私有制和国家的起源》。

新生命书局对于《家族私有财产及国家之起源》的出版非常重视,这在它的参与者上得到了充分体现。在序言中,陶希圣评价"这本书的重要,是在以历史的唯物论来叙述民族学家所发见(现)的材料。这本书的价值,是在民族学家所发见(现)的事实能作历史的唯物论的证明"[1],出版此书的目的和意义在于"第一在使读者得知历史唯物论的具体论据。第二在引起读者对民族学研究的端绪和兴趣"[2]。《新生命》月刊也在第2卷第7号介绍此书是"历史唯物论的宗匠所著作的",并且是"根据民族学最初最有系统的名著《古代社会》下笔的"。陶希圣的序言也被当作此书的推介语刊登在了新生命书局的《图书目录》宣传册中了。这本定价大洋8角的书,在发行后,市场反应还是比较好的。1931年,新生命书局再版了此书。1938年,此书已经印刷到了第8版。

恩格斯的这部著作对于新生命书局的主要编辑人员的示范影响是很大的。该书出版后,新生命书局相继出版了多部以中国古代社会、现代社会为研究对象的著作,《中国社会之结构》《中国社会之变化》《中国社会之现状》《中国农村经济关系及其特质》《中国社会的经济结构》《中国经济问题》《中国历代耕地问题》《中国经济危机及其前途》《中国土地制度研究》《两宋田赋制度》《中国中古时期的田赋制度》《中国田赋问题》《中国古代社会》13部著作相继出版面世。这些著作分别以中国社会的结构变迁、经济和土地问题为研究对象,运用唯物主义的分析方法,分析了中国的社会性质以及中国的走向趋势。

在马恩经典著作之外,新生命书局着力颇多的是对国外马克思主义学者著作的翻译出版。在这部分著作中,研究者们对马克思主义进行了学术、政治、经济等层面的解读与评论,当然,这些评论带有不同的态度倾向。而正是这些明显带有态度倾向的评论与解读,成为新生命书局选择出版这些图书的重要原因。可以说,新生命书局之所以出版这类图书,就是因为它们所传递的观点与新生命书局的主要人员的理论研究有密切关联。

1929年9月,新生命书局出版了萨孟武翻译的考茨基著作《社会革命论》。考茨基这部完成于1902年的著作被新生命书局列入了"社会科学名著译丛"。

---

[1] 李膺扬译,周佛海校《家族私有财产及国家之起源·序》,新生命书局,1929,"序"第2页。
[2] 李膺扬译,周佛海校《家族私有财产及国家之起源·序》,新生命书局,1929,"序"第3页。

在《社会革命论》中，考茨基分析了新的社会形势下革命的选择与可能性。考茨基认为实现社会主义的手段和途径是革命而非改良，而革命如何发生，则有具体的条件要求。他认为革命应该发生在生产力和社会高度发达的社会，"须以尖锐化的阶级对立为条件"[1]，随着西方发达国家的发展，资产阶级对无产阶级的压迫越来越严重，而无产阶级的反抗手段和方式也越来越多，反抗程度越来越激烈，革命终究会爆发。

但是，考茨基又认为此时的社会环境已经不是马克思所生活的时代的社会环境了，革命的手段也要发生适当的变化。以前的政府属于权力阶层，而现在的政府则从属于资产阶级；以前的革命对象是政府，而现在的革命对象则是资产阶级，所以无产阶级发动革命的对象已经发生了变化。此外，随着社会发展，小资产阶级逐渐觉醒，但是他们不会与无产阶级联盟，反而会加深与无产阶级的分裂。无产阶级壮大的同时，资产阶级壮大的速度更快。这种形势继续发展下去的结局就是：由无产阶级领导发起的社会革命成功的可能性就不确定了。面对如此形势，无产阶级何去何从呢？考茨基认为，应该充分利用资产阶级的民主政治体制，加入到和平选举等活动中去，发展壮大无产阶级的力量。而这显然是一个长期的过程。

考茨基的观点与新生命书局的主持人的立场非常吻合。考茨基的著作受到他们的重视也就合乎情理了。

与考茨基一样，受到新生命书局重视的域外理论家，还有日本人高畠素之。新生命书局在1930年10月10日推出了高畠素之的《马克思十二讲》。这部被列入了"新生命高等文库"的著作，由陈宝骅、萨孟武、邢墨卿共同翻译而成。《马克思十二讲》内容包括马克思的生涯及事业、唯物哲学说、唯物史观说、国家学说、资本主义崩坏说、劳动价值说、剩余价值说、分工及协从说、积习学说、资本蓄积说、利润说、地税说和再生产说，涵盖了整个马克思主义体系。在这部著作中，高畠素之剖析了马克思主义的哲学基础和哲学传承，论述了马克思主义唯物史观的形成过程，呈现了马克思将唯物论与辩证法结合起来的成果。也正是在这部讲稿集中，对马克思主义研究颇有心得的高畠素之表明了自己对马克思主义思想的肯定和对某些内容的保留态度。

高畠素之坚信马克思主义的唯物史观最主要的贡献在于它所使用的辩证法。这种方法论主要用于说明社会发展的过程，它从物质的变化角度考察和解读社会的发展变化。这使得研究和解释社会变化有了实实在在的标准和依据。

---

[1] 考茨基：《社会革命论》，萨孟武译，新生命书局，1929，第27页。

对于马克思主义中的阶级斗争理论,高畠素之则持批判态度。高畠素之认为马克思主义理论体系中的生产力学说,充分说明了历史发展中的客观方面,而否定了马克思借用阶级斗争这一主观方面的学说,来确保整个理论体系的完整。高畠素之认为"阶级斗争不过是历史上的一种现象",批评"马克思主义者竟然主张,一切的社会现象和社会变迁都是以阶级斗争为基础而展开"的观点。[1] 接着,高畠素之又驳斥了马克思的国家消亡论。针对马克思提出的"无产阶级夺取和建立政权,然后国家自然消亡"的理念,高畠素之予以否认。他认为无产阶级可以通过民主选举的过程夺取政权,当然前提是无产阶级必须要在政治上强于资产阶级。他并不迷惑于俄共之下国家的继续存在,而是指责马克思列宁思想不切实际,进而认为革命并非强于选举。对于高畠素之的使用民主选举手段完成政权更迭的主张,新生命书局深表赞同。

这些代表和传递着新生命书局同人观点的图书,不仅受到了新生命书局同人的青睐,也受到了市场的欢迎。新生命书局成立后,虽然负责经营业务的始终是陈宝骅,背后依靠陈果夫、陈立夫兄弟,资金无忧,但新生命书局自身的营业成绩也确实令人注目。上表中所列新生命书局重要图书中,价格最低的是樊仲云所著的《妇女解放史》,定价为大洋2角,最贵的当数《各国经济史》,定价高达3.6元,其他图书价格大多在5角至1元之间。这些图书出版后,一再翻印发行,为新生命书局带来了颇为丰厚的收入。

陶希圣的《中国社会之史的分析》,在一年时间先后发行了4版,到1935年迎来了第9版。以当时新书初版1000—1500册的印刷量计算,6年时间里,该书至少印刷了9000册,按照保守标准,至少有1890元的利润。事实上,新生命书局出版的各类图书,在当时均有着较高的收益。与中共同一时期的出版机构相比,新生命书局此时的收益绝对称得上是高回报了。(见表3-10)

表3-10 新生命书局部分图书利润估算[2]

著作名称	定价	1937年前版次或印数	利润估计(元)
政治之基础知识	4角	9	1080—1620
中国社会之史的分析	7角	9	1890—2835

[1] 高畠素之:《马克思十二讲》,陈宝骅、萨孟武、邢墨卿译,新生命书局,1930,第102页。

[2] 1930年《出版月刊》第7期所载文章《出版家的趁火打劫》显示,根据出版印刷机构公布的信息,图书利润在25.65%。《洪水》半月刊第1卷第3期、第5期登载的文章《出版界的混乱与澄清》显示,图书利润在35%。结合同时期生活书店等机构的资料载,彼时的图书利润当在30%左右。

续 表

著作名称	定价	1937年前版次或印数	利润估计（元）
日本无产政党研究	5角	2	300—450
帝国主义之基础知识	4角		120—180
苏俄政治制度	9角		270—405
妇女解放史	2角	2	120—180
各国革命史	8角	2	480—720
最近之国际政治	1元	6	1800—2700
社会之基础知识	4角		120—180
东西学者之中国革命论	5角		300—600
社会主义社会学	9角		150—225
国家论	6角		180—270
家族私有财产及国家之起源	8角		240—360
国际政治之基础知识	5角		300—600
各国经济史	3.6元		1080—1620
辩证法与资本制度	3角		90—135
社会革命论	6角		180—270
帝国主义与国际经济	8角		240—360
中国社会与中国革命	9角	5	1350—2025
进化论与阶级问题	3角		90—35
马克思经济学说的发展	2元		600—900
国家论之基础知识	4角		120—180
法西斯主义的理论与实际	4角	4	480—720
社会主义财政学	4角		120—180
农业的社会化	7角		210—315
社会问题之基础知识	5角		300—600
革命论之基础知识	4角		120—180
中国社会之结构	1.3元	5000册	1950
资本主义的浪费	9角		150—225
中国问题之回顾与展望	1.3元		390
革命与反革命	6角		180—270

续 表

著作名称	定价	1937年前版次或印数	利润估计（元）
马克思主义经济学方法论	5角		300—600
社会主义共产主义及无政府主义	2.8元		840—1260
近代世界史	8角		240—360
苏联经济政策与社会政策	1元	3	900—1350
马克思主义的精神生活及精神生产过程之研究	1.2元		360—540
马克思十二讲	2.4元		720—1080
最新财政思想与财政政策	4角		120—180
最近之国际政治续编	1.2元		360—540
中国农村经济关系及其特质	1.2元		360—540
社会组织论	5角		150—225
由唯心论到唯物论	2元		600—900
社会与哲学的研究	5角		150—225
中国社会之变化	1.2元		360—540
中国政治思想史	4.8元		1440—2160
中国社会的经济结构	1.8元		540—810
莫斯科印象记	8角	3	720—1080
经济思想史	2角		60—90
历史唯物论入门	1元		300—450
中国经济问题	7角		210—315
国际问题	1.6元		480—720
中国历代耕地问题	1元		300—450
中国社会发展史	2元		600—900
中国社会现象拾零	1.2元	2	720—1080
苏联目中的太平洋争霸战	5角		300—600
中国社会之现状	1.6元		480—720
中国经济大纲	1.6元		480—720
西洋政治思想史（上下）	2.4		1440—2160

续表

著作名称	定价	1937年前版次或印数	利润估计（元）
中国土地制度研究	1.2元		360—540
两宋田赋制度	5角		300—600
独裁政治论	6角		180—270
中国古代政治哲学批判	1.6元		480—720
近代西方经济学家及其理论	1.8元		540—810
我们的世界	2.2元		660—990
苏俄党争文献	4角		120—180
中国统制经济论	1.6元	2500册	1200
唯物辩证法读本	8角	首印2000册	480
中国中古时期的田赋制度	8角	首印1500册	360
中国古代社会（上）	5角	初版1500册	225
社会科学小词典	5角	首印2000册	150
精神建设与民族复兴	4角	6000册	720

新生命书局还特别善于为它出版的图书做广告，在介绍图书时，新生命书局尽量使用简单的话语描述图书的主要特征，强调卖点所在。对严灵峰翻译的《历史唯物论入门》，新生命书局这样为它写作宣传语："究研社会科学，第一要明白的社会是什么？社会的基础是什么？若欲对此有确当的把握，那么不可不知道历史的唯物论，这犹如一个入门的钥匙。本书不但对于唯物论的发展进化有所说明，并以此来观察社会进化过程，有举例详尽的解释，最后还对于将来的革命问题，就各派的意见，所有批指示，与研究社会科学者，宜先读此入门书。"言简意赅的广告，清楚明白地写出了此书的内容概要。对于读者而言，此书的作用是"一个入门的钥匙"，能够为读者提供基本的理论指点。此书适合不具备深厚社会知识的读者阅读。

彼时出版市场上的马克思主义著作，由于译著者的水平参差不齐，对马克思主义的理解把握有高有低，导致图书质量良莠不齐，部分图书要么艰深难懂，要么谬误百出。新生命书局为定价2.4元的《马克思十二讲》撰写的宣传语，特别强调"解释马克思学说的书籍，不啻汗牛充栋，然均为艰涩芜杂，读之不易。本书系用极通略的文字，对于马克思学说全部，述其极高深的知识，故其在日本发行，不及一年，重版十数次"。彼时的读者，对于社会上比较热门的马克思主义话题，有着相当的兴趣与求知欲，但是囿于自身的知识储备与图书的质量高低不均，他们也希望找到一本通俗明白的书来读。而新生命书局恰好掌握了读者的心理和图书市场的状况，选择"本书系用极通略的文字"来表明图书的易读性。当然，高畠素之的《马克思十二讲》，文本确实通俗，翻译也简练，图书质量和广告词的确相称。

需要注意的是，新生命书局出版马克思主义图书，主要为其政治主张服务，尤其是对考茨基等人著作的翻译出版。以考茨基的《社会革命论》而言，其主要意图就在于反对列宁主义，反对十月革命的道路模式。依照考茨基的推论，社会主义不会在落后的国家出现，而中国当时是一个落后的国家，不存在欧洲意义的革命条件，因此中国不可能发生无产阶级领导的社会主义革命。而这也正是新生命书局诸人的共识。这些潜台词也就是：既然社会主义太过遥远，革命手段并非可取，那么实行三民主义当是最好选择。新生命书局利用这些著作中马克思主义研究者的不同声音，来反对和驳斥当时中共和其他政治背景的马克思主义者关于"马克思主义和列宁主义对世界革命的普遍指导意义"[1]的推崇。新生命书局的这种意图在20世纪20年代中后期开始，至20世纪30年代中期达到高潮的关于中国历史和社会性质的论战中更加明显。而这种对马克思主义不同的理解，导致了他们在以马克思主义理论来分析和指导行动时，产生了完全不同于中国共产党的结论，进而走上了不同的道路。

纵然如此，新生命书局这些解读和讨论马克思主义的图书，以及运用马克思主义分析中国现实问题的著作的出版流通，在客观上依然扩大了马克思主义的传播范围，促进了马克思主义的通俗化。随着中国社会问题论战的深入和随之而来的商业出版机构的大规模加入，这种趋势更加明显了，而马克思主义大众化的传播也迎来了一个高潮。

第三节　其他商业出版机构的马克思主义图书出版

中国社会性质与问题的讨论，自20世纪20年代中后期开始，一直是重要的社会话题。随着讨论的持续发酵和深入，社会大众也逐渐生发出了阅读和了解马克思主义的需求。这种需求马上转化为对马克思主义图书的需要。彼时，占据了中国出版半壁江山的上海出版机构，自然不会轻易放过这样一个大好商

---

[1] 贺渊：《新生命研究》，社会科学文献出版社，2011，第96页。

机。上海的商业出版社迅速启动了马克思主义图书的出版。无论是资本雄厚的商务印书馆、中华书局等大出版社,还是以光华书局为代表的中小型出版社,均出版各有特色的马克思主义著作。

一、注重通俗著作:大型出版机构的马克思主义图书出版

民国时期,上海出版界中的"商中世大开"五大出版机构,均不同程度地出版了马克思主义图书。它们出版马克思主义图书的种类、目的与方式各有不同。基于此,马克思主义图书在它们各自的出版序列中,亦占据不同的地位。

作为民国出版业的领头羊,商务印书馆在出版马克思主义图书方面的活动很值得研究。它开始出版马克思主义图书的时间较早,但是出版的马恩经典著作却不多。大概是经受了两次挫折的缘故[1],商务印书馆自1920年开始,在继续主营教科书业务的同时,也开始对包括社会科学著作在内的其他类型的图书颇多着力。

1920年3月,梁启超造访张元济,提出了"译辑新书,铸造全国青年之思想"的计划,该计划获得了张元济的支持。1920年9月起,商务印书馆陆续推出了"共学社丛书",相继出版了《马克思派社会主义》《马克思经济学说》和刘建阳翻译的《社会主义之意义》等图书。

1924年1月,商务印书馆刊出了第111期《图书汇报》。从这份图书待售目录中,我们大致可以了解商务印书馆早期的马克思主义图书出版情况。(见表3-11)

表3-11　1924年1月商务印书馆的马克思主义相关书目

类目	书名	著、译者	价格(元)	备注
经济	经济史观	陈石孚	0.5	
经济	价值价格及利润	李季	0.35	
经济	马克斯经济学说	陈溥贤	0.9	"共学社丛书"
经济	马克斯经济学原理	周佛海	0.9	
经济	马克思学说概要	施存统	0.3	
社会问题	社会主义与社会改造	何飞雄	1	

---

[1] 这两次挫折,一是教科书未能紧跟民国成立的政治转变而遭遇中华书局的挑战,二是在新文化运动中的保守立场招致社会批评。

续　表

类目	书名	著、译者	价格（元）	备注
社会问题	社会主义之意义	刘建阳	0.55	"共学社丛书"
社会问题	布尔什维主义的心理	陈国榘	0.45	"共学社丛书"
社会问题	德国社会民主党	陈与漪	0.7	"共学社丛书"
社会问题	马克思派社会主义	李凤亭	0.4	"共学社丛书"
社会问题	基尔特的国家	沈泽民	0.4	"共学社丛书"
社会问题	基尔特主义与劳动	郭刚中	0.65	"共学社丛书"
社会问题	基尔特与农业的复兴	黄卓	0.35	
社会问题	马克思主义和达尔文主义	施存统	0.25	
社会问题	社会主义与进化论	夏丏尊	0.45	
社会问题	社会主义与近世科学	费觉天	0.35	"共学社丛书"
社会问题	近世社会主义论	黄尊三	0.55	
社会问题	基尔特社会主义	吴献书	0.65	"共学社丛书"
	社会主义思潮及运动		2	"世界丛书"
	基尔特社会主义与赁银制度		0.5	"共学社丛书"

　　如表3-11所示，商务印书馆此时出版的社会主义图书，被置于经济类图书和社会问题图书的类别中。这些图书的内容涵盖范围较广，既有专注于马克思社会主义的图书，也有关于基尔特社会主义的图书，还有探究马克思主义、社会主义与其他思想潮流异同的图书。从这些图书的内容和商务印书馆对它们的分类，我们大致可以得出这样的结论：彼时，商务印书馆还主要是从学术角度来对待马克思主义的。它把马克思主义和其他各种主义置于同等地位，并未区分它们中间的科学谬误，自然也就没有赋予它们过多的政治色彩。

　　商务印书馆出版此类图书，正如张元济与梁启超所商议的那样，目的在于为读者和青年提供更多的思想来源，供他们认识和理解中国社会。商务印书馆不涉政治纠葛，致力于改造和推进中国思想文化的定位，从这些图书的出版中再次得到贯彻。

　　如果说20世纪20年代中期以前，商务印书馆出版马克思主义类别的图书，是基于学术文化角度，为人们理解和分析中国现实问题提供思想理论来源，那么20世纪30年代之后，商务印书馆出版的此类图书，意图则有了某种程度的变化。（见表3-12）

表 3-12 商务印书馆 20 世纪 30 年代出版的部分马克思主义相关图书[1]

类别	类目	书名	著、译者	价格（元）	备注
社会主义		近世社会主义论	黄尊三译	0.55	"新知识丛书"
社会主义		资本主义与社会主义	岑德彰译	0.1	"百科小丛书"
社会主义		近代社会主义	钱智修等译著	0.1	"东方文库"
社会主义		综合研究各国社会思潮	邵振青编	0.4	
社会主义		泛击主义	刘秉麟著	0.1	"百科小丛书"
社会主义		马克思主义与唯物史观	范寿康等译著	0.1	"东方文库"
社会主义		马克思主义之批评	谢英士著		
社会主义		社会主义哲学史要	和田嗣郎著，潘大道译	0.25	"新知识丛书"
社会主义		社会主义史	孙倬章著	0.2	"百科小丛书"
社会主义	基尔特社会主义	基尔特社会主义	吴献书译	0.65	"共学社丛书"
社会主义	基尔特社会主义	基尔特的国家	沈泽民译	0.5	"共学社丛书"
社会主义	基尔特社会主义	基尔特社会主义与赁银制度	郭梦良译	0.5	"共学社丛书"
社会主义	基尔特社会主义	基尔特与农业的复兴	黄卓译	0.35	"共学社丛书"
社会主义	基尔特社会主义	费边社史	薛嘘成译	0.7	"共学社丛书"
社会主义	基尔特社会主义	社会主义与进化论	高畠素之著，夏丏尊译	0.45	"新时代丛书"
社会主义	基尔特社会主义	妇人和社会主义	山川菊荣著，祁森焕译	0.4	"新时代丛书"
社会主义	基尔特社会主义	基尔特社会主义与劳动	郭梦良译	0.65	"共学社丛书"
社会主义	基尔特社会主义	基尔特社会主义与劳动	郭梦良译	0.65	"共学社丛书"

---

[1] 整理自商务印书馆《图书汇报》第122号（1931年4月）和新7号（1937年5月）。

续 表

类别	类目	书名	著、译者	价格（元）	备注
社会主义		社会主义与近世科学	费觉天译	0.35	"共学社丛书"
社会主义		社会主义之意义	刘建阳译	0.48	"共学社丛书"，原价0.55元
社会主义		马克思之真谛	谌小岑译	1.2	"中山文库"
社会主义		社会主义与社会改良	何飞雄译	0.9	"世界丛书"，原价1.0元
社会主义		社会主义运动	严恩椿译	0.55	原价0.65元
社会主义		社会主义之思潮与运动（二册）	李季译	1.7	"世界丛书"，原价2.0元
社会主义		英国社会主义史第一卷	汤澄波译	1.6	"中山文库"
社会主义		各国社会主义运动史	华超著	0.45	"新时代史地丛书"，原价0.5元
社会主义		各国社会运动史（上册）	刘秉麟著	1.4	"现代社会科学丛书"，原价1.5元
社会主义		社会主义史	赵兰坪著	0.45	"新时代史地丛书"，原价0.5元
社会主义	唯物史观	经济史观	陈石孚译	0.45	"世界丛书"，原价0.5元
社会主义	唯物史观	唯物史观研究	何崧龄等编	0.5	"学艺汇刊"
社会主义	德国社会主义	德意志社会主义	杨树人译	2.5	原价2.8元

表3-12显示，20世纪30年代，商务印书馆出版的马克思主义相关图书数量大幅增加。1924年商务印书馆介绍马克思主义在内的社会主义等内容的图书，主要由共学社供稿，并命名为"共学社丛书"。除此之外，绝少有他。20世纪30年代，这种情况发生了很大变化。

1931年4月的《图书汇报》上，我们可以发现，在"共学社丛书""世界丛书"之外，商务印书馆还同时在出版销售着"新知识丛书""新时代丛书""百科小丛书""东方文库""现代社会科学丛书""新时代史地丛书"等至少6种丛书。仔细分辨上述各种丛书，我们还会有一个发现：许多图书虽然书名和作者各不相同，但是内容却大致相近。黄尊三翻译的《近世社会主义论》属于"新知识丛书"序列，钱智修等翻译的《近代社会主义》属于"东方文库"序列。

虽然两书书名和所属丛书均不同，但内容却大致相同，均集中讲述社会主义在近代以来的发展历程。同样的情况还出现于《社会主义史》这部著作上。赵兰坪和孙倬章各自编写了一部《社会主义史》，赵著列于"新时代史地丛书"，而孙著则属于"百科小丛书"。两书作者与所属丛书各不相同，但内容同样集中于论述社会主义的起源、流变等发展历程。

这种情况的出现，大致反映了彼时的出版行业的实际情形：一是商务印书馆彼时的图书内容来源渠道非常广泛。它不仅接纳了共学社、世界社的图书，自己也组织力量编辑了"东方文库""新知识丛书"等图书，这使得它能够同时推出多种丛书；二是此类图书有相当旺盛的市场需求。这些图书差不多都是同时推出的，在内容上又有相近性，稍微不慎，就可能造成本馆图书内部之间的竞争，进而影响销路，损害自身利益。但是商务印书馆彼时已经浸淫书业数十年，把握图书市场的能力已然是炉火纯青了。它敢这样推出此类图书，这充分说明了彼时的读者市场确实能够吸纳大量此类图书。

除图书种类变化之外，商务印书馆彼时对于社会主义也有了更加清晰的认知。至少它已经认识和接受了社会主义具有不同的流派这一观点。得益于王云五对图书分类方法的改进与推行，商务印书馆在图书分类中专列社会主义类别，并明确标出了基尔特社会主义的类目。后期又在社会主义类别中，增加和划定了唯物史观类目，对马克思主义的内容体系有了更进一步的区分。仅从图书管理上看，这一举动是为了提高管理效率，节省经营成本。但是如果以当时的社会背景而言，商务印书馆特别列出社会主义、基尔特社会主义、唯物史观等类目，具有更深层的含义。

从前文所列商务印书馆图书目录表格中，我们还可以读到另外一些信息。商务印书馆出版的马克思主义相关图书中，多数在于梳理和陈述社会主义、马克思主义的发展历程，区分社会主义与其他主义，当然更多的是讲述基尔特主义。通过阅读这些图书，读者能够基本明白社会主义的发展脉络及不同社会主义流派之间的区别。从内容上，我们可以认为，商务印书馆出版的这类图书属于基础理论读物。商务印书馆出版的这些图书从总体上看属于客观陈述主义，而不应用理论分析社会现实问题，它把应用理论的主动权交到读者手中。这种保持客观中立的态度，在彼时的出版界也是一种经营策略。其他中小型出版机构彼时正在出版一些态度和观点明显的图书，它们生怕自己落在了彼时的社会性质之争大潮之后。

商务印书馆的商业追求与文化理想，前文已有论述。而在20世纪30年代，商务印书馆对这一宗旨，不仅没有放松，反而更加坚持。它所做的就是出版一些客观论述社会主义、马克思主义的图书,既接纳外来稿件,提供代印服务,又向内部人员筹稿,出版一些介绍性的图书。虽然许多图书的作者本身就是态度鲜明的马克思主义者甚至中共党员,但商务印书馆作为一个整体,始终不表现出某种明显的倾向。吴半农翻译的《资本论》在商务印书馆出版第一卷第一分册后,再无下文,即是此种思路的有力证据。

1934年5月,吴半农翻译、千家驹校对的《资本论》第一卷第一分册由商务印书馆出版。根据千家驹的回忆,此书是中华教育文化基金董事会下的编译委员会支持的项目,由吴半农、千家驹和一位王姓同事共同翻译。因为编译委员会与商务印书馆有合同,"凡编译委员会的稿子,统交上海商务印书馆出版,商务并无权否决"[1]。而翻译者的工作也颇为有意思,"我们并不依靠翻译以维持生活,反之,我们把译稿交去之后,立刻就可以领到稿费","我们是利用业余时间翻译的;因此工作进步不可能进行得太快"。[2]

按常理,这样的情况下,《资本论》全本的翻译出版工作应该非常顺利地进行下去,但结局并非如此。商务印书馆认为出版此书多有不便,商务版《资本论》也就没有完全推出。此中的不便最大的可能就是出版此书所具有的政治风险。

商务印书馆出版这些通俗类图书,既能够获得大量的经济回报,又不使自己完全置身于彼时的社会思想讨论之外,始终保持着一定的存在感;既能够通过这些热销图书获得一定的利润,又不会招来政府的查禁。这种闷声发大财的中立策略颇为成功。商务印书馆做到这一点,的确是由功力深厚的管理层来运筹帷幄的。当然,采用这种策略的不止商务印书馆一家。

中华书局与商务印书馆的策略大体一致,它也注重出版解释社会主义、马克思主义的通俗著作,对于马恩原著则几乎不涉足。(见表3-13)

中华书局开始出版马克思主义图书的时间同样很早。1921年5月,中华书局就出版了《唯物史观解说》一书。中华书局出版的这些通俗类著作,出版后,市场反应都还不错,它们也一直都是中华书局的图书销售目录上的"常客"。

---

[1] 千家驹:《三十年代翻译〈资本论〉的经过》,载中共中央马克思恩格斯列宁斯大林著作编译局编《马克思恩格斯著作在中国的传播》,人民出版社,1983,第88-89页。

[2] 千家驹:《三十年代翻译〈资本论〉的经过》,载中共中央马克思恩格斯列宁斯大林著作编译局编《马克思恩格斯著作在中国的传播》,人民出版社,1983,第88-89页。

表 3-13　中华书局出版的部分马克思主义图书[1]

时间	类别	书名	著者、编译者	备注
1927年4月		社会主义初步	Thomas Kirkup 著，孙百刚译	0.3元，"新文化丛书"
1930年4月		唯物史观解说	Herman Garter 著，李达译	0.4元，"新文化丛书"
1930年4月		社会主义初步	Thomas Kirkup 著，孙百刚译	0.3元，"新文化丛书"
1936年7月	社会科学之社会思想与主义	唯物史观解说	Herman Garter 著，李达译	0.4元，"新文化丛书"
	社会主义	社会主义的理论与实际	Morris Hilquit 著，周佛海译	1.0元
		社会主义初步	Thomas Kirkup 著，孙百刚译	0.3元，"新文化丛书"
	社会主义史	社会主义史纲	刘炳藜编	0.6元，"中华百科丛书"
		社会主义初步	Thomas Kirkup 著，孙百刚译	0.3元，"新文化丛书"
		唯物史观解说	Herman Garter 著，李达译	0.4元，"新文化丛书"

《唯物史观解说》是荷兰人郭泰所著，总共包含了14章内容，通俗地解释了马克思主义的唯物史观理论。李达根据德文本并参考日译本译出中文本。此著被中华书局列入"新文化丛书"，自1921年出版后，它就不断再版。到1936年的时候，中华书局发行了该书的第14版。中华书局的这本畅销书，虽然再版14次，但是再版后，价格均不打折。仅此一点，就可以看出该书为中华书局带来的回报。

1923年11月出版的《社会主义初步》，同样是一部通俗性著作。它介绍了社会主义的起源，梳理了德国的社会主义状况以及一战前社会主义在各国的发展情况，专门介绍了卡尔·马克思，分析了无政府主义、工团主义、基尔特社会主义与波尔塞维克的区别和联系。此书出版后，同样在市场上深受欢迎，1928年9月该书发行了第5版。

1927年4月、1930年4月和1930年7月的《中华书局图书目录》上的马克思

---

[1] 整理自《中华书局图书目录》，1927年4月、1930年4月及1936年7月重编第4号。

主义图书显示,《社会主义初步》《唯物史观解说》两本通俗著作始终有售。图书市场上对此书的需求可见一斑。需要注意的是,20世纪30年代以后,中华书局也像商务印书馆一样,把此类图书列入社会主义类别中。

其他大型出版机构关于马克思主义图书的出版情况也与商务印书馆和中华书局的情况多有相似,如开明书店。(见表3-14)

表3-14 开明书店图书分类目录中的部分马克思主义图书[1]

时间	类别	类目	书名	著者、编译者	定价
1932年	历史 社会科学 哲学		近世社会思想史	波多野鼎著,徐文亮译	0.55元
		"妇女问题丛书"	社会主义与资本主义(上下)	萧伯纳著,周容译	精本3.5元,平本1.9元
1935年11月	社会科学类		近世社会思想史	渡多野鼎著,徐文亮译	元0.55
		"妇女问题丛书"	社会主义与资本主义(上下)	周容译	精本3.5元,平本1.9元
1936年7月	社会科学类	"妇女问题研究会丛书"	社会主义与资本主义(上下)	周容译	精本3.5元,平本1.9元
1937年3月	社会科学类		近世社会思想史	渡多野鼎著,徐文亮译	0.55元
		"妇女问题研究会丛书"	社会主义与资本主义(上下)	周容译	精本3.5元,平本1.9元

《近世社会思想史》系徐文亮翻译的日本著作,这本著作介绍了无政府主义、共产主义、农业社会主义、空想社会主义和科学社会主义的内容,重点介绍了科学社会主义、唯物史观、马克思生平以及政治革命等内容,列举了无政府主义的重要代表人物。波多野鼎写作此书的目的在于纠正日本社会上对于社会主义的偏见,向人们解释什么是无政府主义,什么是社会主义。[2]

开明书店出版《近世社会思想史》时中国已经开始了对中国社会问题的大讨论,争论社会主义、马克思主义之于中国的意义。开明书店为此书撰写的广告词也着力突出此书的普及性与准确客观的态度,"本书以客观态度,探求社会主义、共产主义、无政府主义等之内容,并附近世著名社会思想家事迹及学说,甚便读者研究"[3]。在开明书店看来,出版此书正好能帮助人们客观认识和理解

---

[1] 整理自《开明书店分类书目》,1932年、1935年11月、1936年7月和1937年3月。

[2] 波多野鼎:《近世社会思想史》,徐文亮译,开明书店,1932,第2-10页。

[3] 《开明书店分类书目》1937年3月。

社会主义、马克思主义、无政府主义等思想内涵。

与商务印书馆、中华书局和开明书店三家出版机构相比，大东书局出版的马克思主义相关图书，也以通俗类的介绍著作为主，但是它出版的部分图书却开始带有较为明显的政治倾向和批评意味了。

《近世社会思想史纲》一书，作者在总论中，总结了社会主义和马克思主义的主要内容，为读者整体上介绍了两者的体系，随后分别介绍了英国社会思想、法国社会思想、德国社会思想、俄国社会思想和国际社会主义运动等内容。该书用比较通俗的语言梳理了近世社会主义的发展历程，以及在各国的发展脉络，有助于刚接触相关理论的读者阅读理解。该书初版于1931年4月，初版时的标价为大洋1元7角，到了1932年再版时，此书的价格已经涨了5分钱，并且没有折扣。

稍早出版的《近世社会主义运动史》介绍了社会主义的起源、乌托邦社会主义、社会主义的发展、无政府主义、社会民主主义和无政府主义等内容。翻译者特别强调"社会运动已为现代历史上社会上重大事实之一，其源流派别变迁，既极复杂，而其长短得失，大足研究，此社会运动史之应为现代公民必有之常识也"，并声明该书具有"与人云亦云之著作，大不相同"的特点。[1] 通过阅读此书，读者大致可以了解社会主义的发展历程，社会主义在不同国家的实践情况，并可以明白社会主义和无政府主义等理论之间的区别。

大东书局出版的马克思主义相关著作中（见表3-15），《马克思主义评论之评论》值得关注。这本书是国民党人士罗敦伟所著。他在《自序》中写到，当时研究马克思主义的书籍非常多，但是存在不是绝对的信徒即是绝对的反对的问题，能够客观评价马克思主义的图书不多，尤其是当时坊间固然也有许多重要的译本，而且有许多是重要的著作；可是青年学子未必能尽量购买，甚至有些因为作者的立论太高，不容易十分领会，于是，他才有了述作此书的动机。[2] 从这些言辞中，可以推断出罗敦伟的目的在于写出一本通俗图书。他主张用"近世各学者批评他们（马克思主义）的评论重新研究"，从而研究和判断马克思主义的价值，因此在书中他逐一批评了马克思主义的唯物史观、阶级斗争等理论内容。

---

[1] 石川三四郎：《近世社会主义运动史》，胡石明译，大东书局，1931，第1页。
[2] 罗敦伟：《马克思主义评论之评论·自序》，大东书局，1930，"自序"第3页。

表 3-15　大东书局马克思主义相关图书目录[1]

时间	类别	类目	书名	著、译者	定价	备注
1931 年		史地类	社会主义思想史	H.W.Laidden 著，黄慎之译	印刷中	"现代文化丛书"
1931 年		史地类	近世社会思想史纲	小泉信三著，张资平译	印刷中	"现代文化丛书"
1931 年	社会科学	社会学	近世社会主义运动史	石川三四郎著，胡石明译	0.55 元	9 折
1932 年	社会科学	社会学	近世社会思想史纲	小泉信三著，张资平译	1.75 元	实价，"现代文化丛书"
	社会科学	社会学	近世社会主义运动史	石川三四郎著，胡石明译	0.55 元	9 折
	社会科学	社会学	马克思主义评论之评论	罗敦伟著	0.6 元	9 折
			唯物史观之批评的研究	波柏耳著，刘天予译	0.5 元	9 折

与罗敦伟的《马克思主义评论之评论》相对应的是刘天予翻译的《唯物史观之批评的研究》。该书包括唯物史观的要旨、唯物史观与历史事实、唯物史观的狭隘、唯物史观之逻辑的弱点以及唯物史观在社会科学中的地位等内容。此书也是主要致力于对马克思主义唯物史观理论的质疑。

大东书局出版的《马克思主义评论之评论》和《唯物史观之批评的研究》两部著作，以现代的眼光看，带有明显的反动色彩，但是在当时，它们却在客观上推动了马克思主义理论的传播和大众化。按照传播学的观点，这些带有反对和质疑意味的图书，算得上传播活动中的反向解码了。无论是对抗式解码、协商式解码还是顺从式解码，传播行动已经完成，虽然传播效果可能不尽如人意。在此意义上，对马克思主义评点或批评的解读已然成为传播马克思主义的一种形式了。

商务印书馆、中华书局、开明书店和大东书局等大型出版机构，从20世纪20年代中后期开始，逐渐大规模出版马克思主义相关图书。它们出版此类图书的目的各异，方式不同，但却大体上保持客观中立的态度，力图秉持学术研究、文化传播和思想争论的宗旨，尽可能避免卷入带有政治意味的纷争。它们出版的马克思主义通俗著作，投向市场后，均获得了不错的反应，大部分图书均有

---

[1] 整理自《大东书局图书目录》，1931年4月（重订）及1932年10月（重订）。

机会再版发行，有的图书甚至在几年时间里连续再版14次。这些不断再版重印的图书，在某种程度上，成了马克思主义在中国传播大潮中的一股激流，推动着马克思主义在中国的传播进程。当上海的大型出版机构用这种方式来汇入马克思主义传播活动时，中小型出版机构则正有着另外的表现。

二、经典与通俗著作并重：中小型出版机构的马克思主义图书出版

1927年之后，随着中国历史和社会性质之争的逐渐深入，马克思主义也越来越受到社会的关注与读者的需要。大型出版机构秉持自己的经营定位，对马克思主义相关图书保持着谨慎的态度。上海数量繁多的中小型出版机构，则乘机推出大量马克思主义相关图书，形成了出版市场上的马克思主义图书热。

1. 中小型出版机构对马恩经典图书的出版

与商务印书馆、中华书局、大东书局和开明书店等大型出版机构不同的是，上海的中小型出版机构自20世纪20年代中后期开始，就出版了大量马恩经典著作。随着社会形势的发展，越来越多的中小型出版机构不断加入到马恩经典著作的出版行列中。这些经典著作的出版为当时的人们提供了更为直接的理论阅读资料，有利于读者自行理解和把握马克思主义的内容体系。（见表3-16）

表3-16　1941年前上海中小型出版机构出版的部分马恩经典著作图书目录[1]

书名	原著	编译	出版机构	出版时间、价格	备注
哲学之贫困	马克思	杜竹君	水沫书店	1929年10月初版	有版权标志
宗教·哲学·社会主义	恩格斯	林超真	沪滨书局	1929年10月初版，实价大洋6角半	有版权标志
费尔巴哈论	恩格斯	彭嘉生	南强书局	1929年12月初版	有版权标志
资本论第一卷第一分册	马克思	陈启修	昆仑书店	1930年3月初版，精装道林纸银2元，平装瑞典纸银1.5元	
革命与反革命	恩格斯	刘镜圆	新生命书局	1930年5月初版，定价大洋6角	有恩格斯头像
社会主义底（的）基础	马克思	巴克	山城书店	1930年7月，实价大洋1.2元	有版权页
自由贸易问题	马克斯	邹钟隐	上海联合书店	1930年8月初版，实价4角	有版权标志

---

[1] 整理自《民国时期总书目》《民国时期出版书目汇编》等文献。

续 表

书名	原著	编译	出版机构	出版时间、价格	备注
社会进化的原理	恩格斯	刘济阊	春秋书店	1930年10月初版，实价每册8角	有版权标志
反杜林论	恩格斯	吴黎平	江南书店	1930年11月初版	有版权标志
政治经济学批判	马克思	郭沫若	神州国光社	1931年12月初版，实价大洋1元	有版权页
机械的唯物论批判	恩格斯	杨东蓴、宁敦伍	昆仑书店	1932年5月初版，实价1元	有版权标志
自然辩证法	恩格斯	杜畏之	神州国光社	1932年初版	
恩格斯等论文学		赵季芳编译	亚东图书馆	1937年3月初版，实价国币2角	有版权标志（"生活指南丛书"）
费尔巴哈论	恩格斯	张仲实	上海生活书店	1937年12月初版，实价国币2.5角	有版权标志（"世界名著译丛"之二）
家族私有财产及国之起源	恩格斯		明华出版社	1938年6月初版	有版权页
资本论	马克思	郭大力、王亚南	读书生活出版社	第一卷两册，1938年8月31日初版，精装一册3.3元，平装两册2.6元；第二卷平装1.6元，精装2.4元；第三卷两册，平装3.6元，精装4.3元	有版权标志
劳动价值解说	马克思	西流	亚东图书馆印行	1938年10月出版，实价国币2角	有版权标志
中国问题评论集	马克思、恩格斯		珠林书店（上海）	1938年11月初版，定价每册2角	有版权标志
家族私有财产及国家的起源	恩格斯	张仲实	上海生活书店	1939年初版。1949年4月三联第1版。1950年10月底5版	
恩格斯论资本论	恩格斯	章汉夫、许涤新	上海读书生活出版社	1939年1月初版，实价国币6.5角。3月再版，实价国币8角	有版权标志
论犹太人问题	马克思	郭和	亚东图书馆	1939年1月出版，实价国币4角	有版权标志
德国的革命与反革命	恩格斯	王右铭、柯柏年	生活书店	1939年3月出版，定价6.5角	有版权标志
法兰西内战	马克思	郭和	海潮社	1939年4月15日初版，实价6角	
雇佣劳动与资本	马克思	沈志远	生活书店	1939年8月出版；1947年8月第3版	有版权标志

续 表

书名	原著	编译	出版机构	出版时间、价格	备注
马恩科学的文学论		欧阳凡海	读书生活出版社	1939年11月初版，实价国币4角	有版权标志
卡尔·马克思：人、思想家、革命者	恩格斯	何封等	读书出版社	1940年8月初版	
科学的艺术论		楼适夷	读书生活出版社	1940年10月初版，实价国币1.2元	有版权标志
拿破仑第三政变记	马克思	柯柏年、吴黎平校	生活书店	1940年11月初版	有版权标志（"世界名著译丛"之十四）

1929年中期，泰东图书局出版发行了"马克斯研究丛书"[1]。丛书第四种和第五种分别是《马克斯工资价格及利润》和《马克斯工资劳动与资本》。在《马克斯工资价格及利润》中，译者特意说明"这本书的内容总可算是马克斯经济学的骨子，又可说是《资本论》的缩图"，这本书"页数虽少，而《资本论》上的重要问题，大概都已涉及"，读者"不可不先把这本小册子反复熟读"，方可理解和研究经济问题。[2]《马克斯工资劳动与资本》一书介绍了工资是什么以及由什么决定、商品的价格是如何决定的等内容。

1929年10月，杜竹君（汪泽楷）翻译的马克思名著《哲学之贫困》由水沫书店出版发行。在《译者附言》中，杜竹君特意说明他是根据法文本翻译而来的，并强调"《哲学之贫困》一书，是马克思为回答蒲鲁东的《贫困之哲学》而作的；其中多系阐发经济学与唯物辩证法两方面的根本理论，是为马克思的名著之一"[3]。

1929年底，林超真[4]翻译的《宗教·哲学·社会主义》正式出版。在前言中，林超真介绍道："中国人之翻译《空想社会主义与科学社会主义》，在马克思和恩格斯著作的中文翻译中，算得是最勤恳努力的。"[5]此前至少已经有五四时期译本、《科学社会主义》译本、《觉悟》副刊译本和创造社版本。而郑超麟还

---

[1] 该丛书名称中即为"马克斯"，本书照录。
[2]《译者小引》，载马克斯《马克斯工资价格及利润》，朱应祺、朱应会译，泰东图书局，1929，"译者小引"第4-5页。
[3]《译者附言》，载马克思《哲学之贫困》，杜竹君译，水沫书店，1929。
[4] 林超真即郑超麟的化名。
[5]《译者序》，载恩格斯《宗教·哲学·社会主义》，林超真译，亚东图书馆，1929，"译者序"第2页。

要继续翻译此书的目的有三：一是导论重要性不亚于正文，而以往译本并不曾翻译；二是再翻译此书，并不妨碍市场上其他版本的销行；三是此版本是根据法文原版本翻译的，内容更加接近作者的原意。

同年，由南强书局正式发布彭嘉生翻译的《费尔巴哈论》。在《译者后记》中，彭嘉生强调了费尔巴哈哲学与马克思唯物论之间的关系，"书里主要的并不是叙述费尔巴哈的哲学，而是借批判费尔巴哈的观照的唯物论来确立马克思主义的哲学——辩证法的唯物论"[1]。译者翻译此书的目的也在于"使中国的读者能理解辩证法的唯物论之根本原理"[2]，了解马克思主义唯物论是在各阶段的哲学思想上发展而来的。

马克思主义的经济思想及经济观点，在1930年前已经被国人逐步了解。此前的许多文章、著作已经多次提到或简要论述了马克思主义的经济理论等内容，但是集中体现马克思主义经济理论的著作——《资本论》还没有被国人翻译出版。1930年之后，国人开始逐渐展开《资本论》的中文翻译工作，这些翻译成果也大多交由中小型出版机构推出。

1930年，《资本论》中文首译本的第一卷第一分册由上海昆仑书店出版。此译本是陈启修参照考茨基版本翻译而成。在正式译文之前的《译者例言》和《资本论旁释》中，陈启修介绍了马克思经济学说在世界思想史上的地位，《资本论》之于马克思经济学说的意义，以及《资本论》第一篇的地位等。这部分内容为读者阅读和理解《资本论》提供了许多通俗的解释。

虽然后人认为陈译本多有瑕疵，但是这本437页的著作在当时却具有开创性的意义，它既部分满足了人们学习《资本论》的愿望，同时也影响和激励了其他译者对《资本论》的翻译。1932年潘冬舟在《资本论》第一卷第二分册的《译者言》中，就表示陈启修翻译的版本虽然不尽能令人满意，但是却满足了中国社会科学界的迫切需求。[3]

彼时，上海出版马恩经典著作的工作，呈现出了几个明显的特点：一是中小型出版机构是出版马恩经典著作的主力军，前面所提到的几部马恩经典著作均如此；二是同一内容的马恩经典著作会出现多个版本，多家出版机构出版同一著作的不同译本，甚至出现了同年同月出版同一著作的扎堆现象。

1929年上海南强书局出版《费尔巴哈论》。1930年4月江南书店接着出版了

---

[1]《译者后记》，载恩格斯《费尔巴哈论》，彭嘉生译，南强书局，1929，第219页。
[2]《译者后记》，载恩格斯《费尔巴哈论》，彭嘉生译，南强书局，1929，第221页。
[3]《译者言》，《资本论》，潘冬舟译，东亚书局，1932，"译者言"第3页。

《费尔巴哈与古典哲学底（的）终末》，1932年5月昆仑书店又出版了杨东莼和宁敦伍合译的《费尔巴哈论》（又名《机械论的唯物论批判》），同年上海社会主义研究社出版了英汉对照版的《费尔巴哈论》。抗战前期，上海生活书店也出版了张仲实翻译的《费尔巴哈论》，并将之纳入该社的"世界名著译丛"。

1928年春潮书局出版了陆一远翻译的恩格斯名著《马克思主义的人种由来说》，该书颇受读者欢迎。两年后的1930年，出版马克思主义著作较多的泰东图书局也出版了该著作，只不过书名定为《从猿到人》。

1930年3月，上海乐群书店出版了署名刘曼翻译的《经济学批判》一书。同年底，上海神州国光社推出了郭沫若翻译的《政治经济学批判》。1930年，上海春秋书店出版了《社会进化的原理》一书，而此前的1929年，上海启智书局已经出版了千香翻译的《社会进化的铁则》。两本图书均是马克思、恩格斯等人对于社会进化和社会发展的考察与总结。江南书店和昆仑书店更是在1930年11月和12月先后推出了恩格斯的名著《反杜林论》。

这种现象与彼时的出版环境有很大的关系。前文已经提及，上海作为中国出版界的重镇，图书出版种类全，出版量大，出版机构众多。这些是上海出版业强大的体现。但是这种状况也意味着上海出版业存在着激烈的竞争，行业生态极其严峻。如何在这竞争激烈的行业内存在下去，是每个中小型出版机构都要考虑的问题。具有一定资金来源和党费津贴的中共出版机构和国民党出版机构都需要慎重考虑这些问题，更不要说那些完全自负盈亏，需要时刻精打细算，寻找畅销图书的中小型出版机构了。

推出了《哲学之贫困》的水沫书店，由刘呐鸥、戴望舒、施蛰存和杜衡等人在1928年创办，1931年停办。创始人中，刘呐鸥是主要出资人。这家书店在出版马恩经典著作的同时还出版了一些马克思主义文艺图书。这些图书在出版后，很受欢迎，以至上海光华书局等纷纷联系图书的作者，抢稿子。[1] 虽然有众多的畅销书，但这家书店最后还是以停办告终。其中固然有政治方面的原因，但是还有重要的经营原因。主要出资人刘呐鸥因为自身的经济状况，无法继续向书店提供资金，导致资金链断裂。

像水沫书店之类的中小型出版机构在自身经济条件不宽裕的情况下，为了生存下去，就必须要出版一些畅销书，以期在短时间内获得经济回报，继续出版工作。该《哲学之贫困》定价8角，首印1500册。1930年10月该书再版，印行1000册。前两版2500册，按照每册大洋8角计算，两版共计码洋2000元，利

---

[1] 胡一峰：《水沫书店：见证一场文艺运动》，《科技日报·嫦娥副刊》2015年12月5日第4版。

润当在600元。马恩经典著作的获利能力还是非常大的。这些图书的利润正是中小型出版机构所看重的。这就使得中小型出版机构愿意出版和重印，甚至不惜翻印别家出版机构的此类图书。

以泰东图书局而言，《马克斯工资价格及利润》和《马克斯工资劳动与资本》两书的定价分别为大洋2角和大洋4角5分，按首印2000册计算[1]，仅这两本书，泰东图书局获得的毛利润就在300元左右。郑超麟的《宗教·哲学·社会主义》初版印刷2000册，定价大洋6角半。沪滨书局出版此书后，亚东图书馆在1929年12月出版了此书的修订本。1934年3月和1936年3月，亚东图书馆分别发行了第二版和第三版。此书"一女两嫁"，为沪滨书局和亚东图书馆分别带来了利润。

陈启修的《资本论》第一卷第一分册出版时，昆仑书店为其设计了两种版本，精装道林纸本版定价2元，平装瑞典纸版本定价1.5元。两个版本均按照1500册的印刷量，利润至少也在1575元以上。彭嘉生所译的《费尔巴哈论》一书，1929年初版2000册，1932年再版3000册，定价均为大洋7角，前两版的毛利润当在1050元。1935年发行第3版，印刷量不详，定价大洋6角，按1500册的印刷量计算，第三版的毛利润当在600元以上了。此书印刷3版，为南强书局带来了3000元以上的收益。虽然资金回笼的周期比较长，但收益颇高。

神州国光社1931年12月推出的《政治经济学》一书，初版时定价大洋1元，1932年7月再版，定价依然为大洋1元。如果两版图书均照1500册的印刷量计算，神州国光社的毛利润当在900元。

"商中世大开"等大型出版机构因为有教科书收益及其他产业的回报，无须太过担心经济问题。为了确保不会招致政治方面的麻烦，这些大型出版机构对马克思主义之类的图书保持谨慎的态度，有限接触。而它们的这种态度，也恰好为中小型出版机构留下了生存的空间，这些中小型出版机构正是依靠这些能够不断再版的"畅销书"获得利润并维持下去的。但是它们也必须面对政府的严查，须随时担未知的风险。

中小型出版机构对马克思主义图书的青睐，有经济方面的动力，也有其他因素的考量。翻译者是这些因素中的一个重要因素。表3-16所列的马克思主义经典著作中，我们考察它们的译者，也能发现彼时这些图书出版的重要动因。

---

[1] 泰东图书局彼时出版的图书，起印数大多是2000册。

杜竹君[1]、林超真、杜畏之、西流[2]、郭和[3]和欧阳凡海[4]等人，在大革命失败后，对于中国社会有着不同于其他人的理解，他们也想表达自己的观点。为了寻找更加可靠的理论支持和依据，他们转向对马克思主义经典文本的解读与研究。在此基础上，他们翻译了大量的马恩文本，试图从中寻找到解决中国社会和经济等问题的良方。这部分人的译著成果颇丰，并且大部分流向了那些需要稿件来源的中小型出版机构。这些译稿为许多中小型出版机构提供了大量的稿件，甚至某些人士看到了这其中的商机，主动出资成立了一些中小型出版机构专门出版这些托派人士的译著，珠林书店和文源书局即是如此。珠林书店是国民党军官杨克斋为了挣钱而专门创立的书店，出版了大量上述人士的作品。

除了表达的需要，现实生活问题也是郑超麟等人大量翻译马恩作品并出售给中小型出版机构的重要原因。他们的大多数以前是专职革命者，主要任务是从事革命工作，生活经济来源大多依靠党组织的津贴接济。1929年后，这部分人经济来源断绝[5]，不得不另谋生路，靠翻译挣稿费便是这部分人的重要经济来源。

郑超麟在回忆录中曾写道："我每日翻译几页《宗教·哲学·社会主义》，希望卖得稿费还债以及维持以后的生活。"[6] 后来在杨贤江（李膺扬）的帮助下，沪滨书局买下了郑超麟的译稿。与郑超麟面临同样问题的还有刘仁静、汪泽楷（杜竹君）等人。汪泽楷还因找郑超麟帮忙校对自己的译稿，而郑超麟并未大幅改动，汪泽楷对郑超麟产生了怨言。

托派人员选择中小型出版机构发表自己译著的情形大致如上。其他译者也选择中小型出版机构来出版他们的著作则与当时的出版行业氛围有关。大出版社彼时对有政治内涵的图书有所回避，对纯理论的图书也还包容。即便如此，普通人想要出书，也不是一件容易的事情：资历名望和关系直接决定着他们的译著能否出版。而在当时的马恩著作译者群体中，名望卓著的译者还真不多。

---

[1] 汪泽楷的化名。
[2] 濮清泉的化名。
[3] 王凡西的化名。
[4] 彭述之的化名。
[5] 1929年11月25日，中共中央政治局通过《中共中央关于开除陈独秀党籍并批准江苏省委开除彭述之、汪泽楷、马玉夫、蔡振德四人党籍的决议案》，开除托派人士。
[6] 郑超麟：《郑超麟回忆录》，东方出版社，2004，第311页。

这些译者有的是政党成员，有的是单纯从事学术研究的知识分子。无论身份如何，这些人之于出版市场都是陌生人。他们与大出版社发生联系的机会相当少，有些人根本找不到合适的推荐人，而对于马克思主义的研究又促使他们想把自己的翻译成果介绍给中国民众。这种尴尬的境地，使得他们只能把目光转向对译者声望要求不高，而又追求经济利益敢于出版各类图书的中小型出版机构。

严格说来，邹钟隐、刘济闿、郭大力、王亚南等人均属于此类型。邹钟隐一直致力于经济领域的问题研究。郭大力在翻译《资本论》时，还是一名刚毕业的大学生。名望、资历这些在出版市场具有重要价值的谈判砝码，与他们基本无缘。从1928年开始着手翻译《资本论》，到1938年上海生活书店出版《资本论》，郭大力用了10年时间。在如此大的心血耗费之后，将之出版公之于众，是一个译者的正常选择。而上海的出版氛围也决定了他的译著只能交由中小型出版机构来完成，即便不是生活书店，也会是另一家类似的出版机构。

与这部分默默无闻的翻译者形成鲜明对比的，是当时已经获得较大社会影响力的译者，如郭沫若等人。这些人在之前的出版市场上已经积累了比较大的声望，他们的译著自然受到出版机构的追捧。但是，当他们的译著涉及政治等内容时，大出版社也不得不顾虑来自政府方面的因素了。这种顾虑恰恰给众多的中小型出版机构留下了运作空间和机会。

神州国光社出版郭沫若翻译的《政治经济学批判》，定价为大洋1元。如此高的定价，恐怕在内容之外，更多的是因为郭沫若这个人的名气了。毕竟在大革命失败之后，敢于发表文章骂蒋介石的人物，在当时的读者尤其是激进青年中还是具有相当大的影响力的。

浸淫于当时的社会形势和出版氛围，上海的中小型出版机构主动参与到了马恩经典著作的出版活动中，虽然其动机中带有浓厚的商业成分，但是它们的出版工作为广大的读者提供了丰富的阅读材料。

2. 中小型出版机构对马克思主义通俗著作的出版（见表3-17）

大革命失败之后，"出版界渐渐要求马克思主义文献，这个要求后来更加迫切，以致小书店同雨后春笋般出现，竞争着出版马克思主义书籍"[1]。作为参与者与见证者，郑超麟的回忆确实反映了彼时出版界的状况。图书市场上对于马克思主义图书的需要，不仅在于对马恩经典著作的需要，更在于对解释和普及马克思主义理论的通俗图书的需要。中小型出版机构在出版马恩经典著作的同时，也特别注重对马克思主义通俗著作的出版，越来越多的出版机构加入到了后者的出版活动中。

---

[1] 郑超麟：《郑超麟回忆录》，东方出版社，2004，第311页。

表 3-17 20 世纪 30 年代上海中小型出版机构推出的马克思主义相关图书[1]

出版机构	时间	类别	类目	书名	著、编、译者	价格（元）	备注
大光书局	1937年	社会科学与哲学		唯物辩证法与自然科学	德波林著，林伯修译	0.35	优惠价 0.1 元
光华书局	1930年	政治经济社会科学类		无产阶级的哲学	张如心著	0.5	36 开，道林纸精印，实价
				社会主义的基础	巴克译	1.2	36 开，道林纸精印，实价
				近世社会主义运动史	胡行之译	1.0	32 开，道林纸精印，实价
华通书局	1930年			社会主义社会学	留伊斯著，刘家均译	0.8	实价，译自日本著 高畠素之译本
				社会主义经济学	乌里安诺夫著，四川经济学会译	2	实价
	1936年			社会主义社会学		0.8	实价
大成书局	1930年	政治经济社会		政治经济学大纲	王季子译	0.8	实价
锦文堂	1934年			通俗资本论	李季译	1.1	优惠价 0.66 元
				苏俄哲学论战	吴友清译	0.9	优惠价 0.27 元
				苏俄之前途	梁舜译	0.5	优惠价 0.4 元
九州书局	1934年			家族制度史	黄石译	1.9	
				家族进化史	许楚生译	1.2	可打九折
				家族制度 ABC		0.5	可打五折
申报馆	1934年			唯物辩证法读本	罗书和译	0.5	实价
辛垦书店	1934年			张东荪哲学批判：对观念论二元论折衷论之进攻（上下）	叶青著	3.1	
				在历史观中的唯心主义与唯物主义	拉法格著，青锐译	0.3	再版实价
				什么叫做物质	王特天著	1.1	实价
		科学自然社会		资本论大纲	山川均著，傅烈译	0.7	再版实价

[1] 整理自《民国时期出版书目汇编》和《民国时期总书目》，依据其内容介绍，主要统计了上海各中小型出版机构20世纪30年代的马克思主义图书出版销售情况。对于不同时期出现的相同图书不做剔除，以完整呈现彼时各出版机构对马克思主义相关图书的出版、发售情况。部分著译者姓名写法与今天有差异，本表采用实录方式完全按照当时的译法整理。

续 表

出版机构	时间	类别	类目	书名	著、编、译者	价格（元）	备注
辛垦书店	1934年			社会主义之路	布哈林著，邝广沫、许平译	0.4	再版实价
				财产之起源与进化	拉法格著，杨伯恺译	1.2	实价
				无政府主义批判	普勒哈罗夫著，青锐译	0.5	再版实价
会文堂书局	1935年			社会主义讲话	徐懋庸译	0.85	代售生活书店
				中国社会问题之社会学的研究	萨孟武著	0.8	代售华通书局
				社会主义社会学	刘家均译	0.8	代售华通书局
				民族的社会主义论	金奎光译	1	代售华通书局
	1938年			大众哲学	艾思奇著	0.6	代售读书生活出版社
				资本论的文学构造	涅奇金娜著，郑易里译	0.35	代售读书生活出版社
				通俗资本论	马克思著，李季译	0.9	代售亚东图书馆
				辩证法易解	郭列夫著，西流译	0.15	代售亚东图书馆
				劳动价值说易解	马克思著，西流译	0.2	代售亚东图书馆
				马克思主义的基础	彭汉文译	0.4	
				战斗的唯物论	布列哈诺夫著，杜畏之译	0.45	代售言行出版社
				唯物辩证法基本指数	李衡之著	0.2	代售言行出版社
				德意志意识形态	马克思、恩格斯著，郭沫若译	0.4	代售言行出版社
				政治经济学批判	马克思，郭沫若译	0.8	代售言行出版社
				马克思与恩格斯	文利亚扎诺夫著，苏迅译	0.65	代售言行出版社
				唯物史观日本经济	艾尔纪莽著，刘披云译	0.4	代售一般书店
				社会科学基础教程	徐懋庸等编著	0.9	
经纬书局	1936年9月			现代社会主义述评		0.13	
				马克思主义评论之研究		0.48	
				唯物史观之批评研究		0.42	

续表

出版机构	时间	类别	类目	书名	著、编、译者	价格（元）	备注
联合书店	1931年	政治经济社会科学513种	社会	社会主义的农业原理	宓尔郁汀著，蒯君启译	0.35	初版，32开，实价
			经济	自由贸易问题	马克思著，邹钟隐译	0.4	初版，32开，实价
			哲学	辩证法唯物论	狄慈根著，柯柏年译	0.55	二版，32开，实价
			寄售书目	欧美无产阶级政党研究	藤井惕著，施伏量译	0.6	实价
				社会主义社会学	杜达诺夫著，萨孟武译	0.9	实价
				社会主义之基础知识	熊得山编	0.4	实价
				辩证法与资本制度	山川均著，施伏量译	0.3	实价
				马克思十二讲	高畠素之著，萨孟武译	2.4	实价
				社会主义共产主义与无政府主义	蒂尔著，余祥泰译	2.8	实价
				经济学批判	马克思著，刘曼译	1	实价
				马克思主义经济学	刘曼译	0.8	实价
				社会主义与社会运动	松巴特著，刘侃元译	2	实价
				马克思主义的人种由来说	恩格斯著，陆一远译	0.4	实价
				社会主义经济学史	住谷悦治著，熊得山译	1	实价
				资本论解说	博洽德著，李云译	1	实价
				资本论	马克思著，陈启修译	1.5	实价
				马克思恩格斯唯物主义观	森户房男著，余思齐译，李达校	0.5	实价
				伦理与实践的社会科学之根本问题	李达译	1	实价
				马克思主义经济学的基础理论	河上肇著，李达等译	1.5	实价
				社会问题大纲	柯柏年编	1.3	实价
				资本论解说	考茨基著，戴季陶译	1	实价

续 表

出版机构	时间	类别	类目	书名	著、编、译者	价格（元）	备注
联合书店	1931年			马克思主义与社会史观	威廉著,刘芦隐、郎醒石译	1.2	实价
				英国社会主义史	乔治般生著,汤浩译	0.5	
				反马克思主义	徐天一译	0.5	
				反科学的马克思主义	郭任远著	0.6	
				苏俄共产主义之崩溃	张天化译	0.25	
				社会主义社会学	唐仁译	0.5	实价
				马克思学说体系	萨科夫斯基著	0.5	蔡元培题名
				科学的社会主义底基本原理	彭芮生译	0.6	实价
				马克思主义的根本问题	彭康译	0.4	实价
				马克思的世界观		0.2	实价
				马克思的经济学说	考茨基著,汪馥泉译	1.25	实价
				资本论概要	市川准十郎著,洪涛译	0.8	实价
				社会主义社会学	蓝维斯原著,汪馥泉译	0.55	实价
				社会主义社会学	留伊斯著,刘家均译	0.8	实价
				社会主义经济学	乌力安诺夫著,四川经济学会译	2	实价
				社会主义思想之史的解说	久保田名著,丘哲译	0.35	实价
				马克思主义经济学	河上肇著,温胜光译	0.45	实价
				社会主义经济学	河上肇著,邓毅译	0.45	实价
				社会主义的基础	巴克译	1.2	实价
				近代唯物论史	普列哈诺夫著,王若水译	1	
				马克思家族发展过程	柯诺著,朱应祺译	0.5	
				马克思国家发展过程	柯诺著,朱应祺译	0.45	
				马克思阶级斗争理论	柯诺著,朱应祺译	0.4	实价

续表

出版机构	时间	类别	类目	书名	著、编、译者	价格（元）	备注
联合书店	1931年	哲学（84）	寄售书目	马克思主义的基本问题	普列哈诺夫著，成嵩译	0.4	实价
				社会主义发展史纲	黄思越译	0.3	
				科学的社会主义之梗概	画室译	0.3	
				马克斯工资劳动与资本	朱应祺译	0.4	
				马克斯工资价格及利润	朱应祺译	0.5	
				马克思民族社会及国家概念	朱应会译	0.5	
				马克思经济概念	朱应会译	0.5	
				马克思伦理概念	朱应会译	0.5	
				马克思论文选译	李一氓译	0.9	实价
				马克思主义的基本问题	普列汉诺夫著，李麦麦译	0.45	实价
				战斗的唯物论	机列寒诺夫著，杜畏之译	0.55	实价
				史的唯物论概说	波哈特原著，汪馥泉译	0.4	实价
				马克思主义哲学问题	蒲列罕诺夫著，章子健译	0.4	实价
				哲学与马克思主义	德波林著，马斯伟译	1.4	实价
				辩证法的唯物观	狄慈根著，杨东蓴 张从原译	0.7	实价
				辩证法的唯物论入门	德波林著，林伯修译	1.6	实价
				辩证法的逻辑	狄慈根著，柯柏年译	0.7	实价
				辩证法与科学	德波林著，熊得山译	0.8	实价
				唯物史观大纲	布哈林著	1	实价
				史的唯物论（上、下）	萨科夫斯基著	0.9	实价
				辩证法	萨科夫斯基著	0.3	实价
				历史的唯物主义	屈章译	0.3	实价
				史的唯物主义	黄药眠译	0.55	实价
				唯物论纲要	河上肇著，周拱生译	0.4	实价
				唯物论的哲学	佐野学著，巴克译	0.4	实价
				哲学的贫乏	马克思著，晋森堡译	0.7	实价

续表

出版机构	时间	类别	类目	书名	著、编、译者	价格（元）	备注
联合书店	1931年			唯物辩证法入门	朱明著	0.25	实价
				唯物史观的基础	巴克译	0.35	实价
				唯物史观的哲学	郭列夫著，屈章译	0.75	实价
				唯物辩证法入门	凌应甫译	0.25	实价
				马克思恩格斯关于唯物论的断片	向省吾译	0.25	实价
				辩证法概论	张如心著	0.3	实价
				辩证法底唯物论	李铁声著	0.3	实价
				历史的唯物论	布哈林著，刘伯英译	1.6	实价
				唯物史观研究（上）	华汉著	0.5	实价
				唯物史观研究（下）	华汉著	0.5	实价
				唯物史观	布哈林著，陶伯译	3	
				唯物史观与伦理之研究	胡汉民著，黄昌谷编	0.5	实价
				历史唯物论	施亨利著，黎东方译	0.4	实价
				唯物的社会学	赖耶夫斯基著，陆一远译	0.5	实价
		妇女问题	寄售书目	社会主义的妇女观	山川菊荣著	0.12	实价
				社会主义与资本主义	萧伯纳著，周容译	0.8	实价
		读者书信校点（150）	寄售书目	唯物史观的文学论	伊科维兹著，樊仲云译	1	实价
				唯物史观的文学论	伊可维支著，戴望舒译	1	实价
		教育传记（31）		社会主义之教育政策	仲宗根源和著，金溟若译	1.1	实价
				马克思传（上）	李季著	1.6	实价，蔡元培序
				马克思传（中）	李季著	1.3	实价，蔡元培序
				马克思传（下）	李季著	1.3	实价，蔡元培序
				马克思恩格斯传	李一氓译	0.75	实价
				马克思与恩格斯	里亚诺夫著，刘侃元译	0.8	实价

续表

出版机构	时间	类别	类目	书名	著、编、译者	价格（元）	备注
民智书局	1926年	社会学		唯物史观与伦理之研究	胡汉民著，黄昌谷编	0.5	1930年时仍在售卖
	1930年	经济	经济问题	资本论解说	德国考茨基著，戴季陶译，胡汉民补译	精装1.3，平装1	
		社会、社会学问题	社会主义	产业革命时代社会主义	俺伯亚著，胡汉民译	0.6	
				马克思时代社会主义史	俺伯亚著，胡汉民译	0.6	
				马克思主义与社会史观	威廉著，刘芦隐、郎醒石译	精装1.8，平装1.2	
				英国社会主义史	乔治般生著，汤浩译	0.5	
				反科学的马克斯主义	郭任远著	0.6	
				反马克思主义	徐天一译	0.5	
				历史唯物论	施亨利著，黎东方译	0.4	
南强书局	1933年	社会科学		新社会之哲学底基础	K. Koroch著，彭嘉生译	0.35	实价
				社会主义史（二版）	吴黎平编	1.5	实价
				辩证法唯物论入门（二版）	德波林著，林伯修译	1.6	实价
上海图书杂志公司	1936年			社会主义与进化论	张定夫译	0.2	代售昆仑书社，三折类书
				马克思与列宁之农业政策	刘宝书编译	0.2	代售太平洋书店，四折类书
				基尔特社会主义	佘叔奎译	0.3	代售太平洋书店，四折类书
				史的唯物论概说	汪馥泉译	0.4	代售神州书店，六折类书
				战斗的唯物论	杜畏之译	0.55	代售神州书店，六折类书
				唯物论与经验批判论	傅子东译	1.5	代售神州书店，六折类书
				辩证法之理论的研究	李衡之著	0.4	代售神州书店，六折类书
				辩证法还是实验主义	李季著	0.5	代售神州书店，六折类书
				社会科学论之体系	张栗原编译	0.85	代售神州书店，六折类书

续表

出版机构	时间	类别	类目	书名	著、编、译者	价格（元）	备注
上海图书杂志公司	1936年			社会主义社会学	汪馥泉译	0.55	代售神州书店，六折类书
				社会主义概论	华汉光译	0.4	代售神州书店，六折类书
				社会主义之教育政策	叶启芳译	0.3	代售神州书店，六折类书
				唯物史观艺术论	胡秋原著	2.8	代售神州书店，六折类书
				社会主义之路	许平、邝光沫合译	0.4	代售辛垦书店，七折类书
				资本论大纲	傅烈译	0.7	代售辛垦书店，七折类书
				财产之起源进化	杨伯恺译	1.2	代售辛垦书店，七折类书
				资本论（第一卷第一分册）	陈启修译	精装2元，平装1.5元	代售昆仑书店，七折类书
				唯物史观经济史	熊得山等合译	3.2	代售昆仑书店，七折类书
				通俗剩余价值论	钟古熙译	0.1	代售神州书店，七折类书
				唯物辩证法与自然科学	林伯修译	原价0.25，减售0.1	代售大光书局图书
				社会主义的基础	巴克译	原价1.2，减售0.3	代售大光书局图书
				社会主义经济学	河上肇著	原价0.45，减售0.15	代售大光书局图书
				社会进化史纲	陆一远著	原价1.0减售0.5	代售光明书局图书
	1937年	哲学		哲学批判集	谭辅之著	0.4	
		文艺		唯物史观文学论	森山启著，廖乃光译	0.5	
	1938年			现代世界观	塔尔海玛著，李达译	0.8	
				辩证法唯物论与唯物史观	吴理屏编	1	
				费尔巴哈论	恩格斯著	0.7	
				反杜林论	恩格斯著 吴理屏译	1.2	
				辩证法易解	西流译	0.15	
				辩证法唯物论教程	李达等译	1.6	

续表

出版机构	时间	类别	类目	书名	著、编、译者	价格（元）	备注
上海图书杂志公司	1938年	哲学		通俗辩证法讲话	陈唯实著	0.6	经售
				通俗唯物论讲话	包刚著	0.5	
		文艺		唯物史观的文学论	森山启著，廖乃光译	0.5	
		社会科学		社会主义入门	马克思等著		经售
				马克思列宁主义的基础	阿多拉夫斯基	0.2	
				列宁主义概论	斯泰林著	0.4	
				列宁主义初步	雅洛曼绥夫著	0.6	
				列宁主义问题	斯太林著	0.35	
	1939年	哲学政治经济		战斗唯物论讲话	陈唯实著	0.7	实价
				唯物史观文学论	辽宓光译	0.7	实价，
				新社会科学大纲	斯特拉齐著，汉夫、征农合译	1.2	实价
				新社会学	马哲民著	1.2	实价
生活书店	1937年	哲学	一般类别	马克思的哲学	吴惠人著	0.8	
				辩证法唯物论与唯物史观	吴理屏编译	1	
				辩证法的唯物论	林超真译	0.65	
				辩证法的唯物论入门	德波林著，林伯修译	1.6	
				通俗辩证法讲话	陈唯实著	0.6	
				唯物辩证法读本	大森义太郎著，杨允修译	0.6	
				唯物辩证法的理论斗争	河上肇著，江半庵译	0.7	
				自然辩证法	恩格斯著，杜畏之译	1.2	
				反对林论	恩格斯著，吴黎平译	1.5	
				费尔巴哈论	彭嘉生译	0.6	
		社科类		社会学说体系（上、下）	胡恩格思等著，高希圣等译	2	特价
				史的唯物论概说	汪馥泉译	0.4	
				历史唯物论入门	严灵峰译	0.9	
				唯物史观（三册）	陶伯译	3	
				唯物史观大纲	布哈林著，伊凡等译	1	特价
				社会主义概论	华汉光译	0.3	
				社会主义大纲	社会经济学会编译	1	

续 表

出版机构	时间	类别	类目	书名	著、编、译者	价格（元）	备注
生活书店	1937年			社会主义之路	许平等译	0.4	
				社会主义共产主义与无政府主义	第尔著，金森祥译	2.2	
				宗教哲学社会主义	林超真译	0.65	
				马克斯主义经济学方法论	科思著，邢墨卿译	0.4	
				政治经济学方法论	吴清友译	0.2	
				科学的经济学方法论	刘及辰译	0.8	
				新经济学方法论	彭桂秋译	0.4	
				政治经济学ABC	质生译	0.25	
				资本论解说	李云译	1.6	
				马克思的经济学说	汪馥泉译	1.25	
				资本论大纲	傅烈译	0.7	
				资本论大纲	施复亮译	1.25	
				资本论概要	洪涛译	0.55	
				马克思主义经济学之基础理论	李达译	2.5	
				自由贸易问题	马克思著，邹钟隐译	0.4	
				科学论丛（已出四集）	恩格斯著，杨伯恺等译	0.6	经售书目
		一般图书	社会科学	社会主义讲话（再版）	山川均著，徐懋庸译	0.85	
			史地	马克思传（上、中、下）	李季著	每本1.3	经售图书
	1938年		"世界名著译丛"	社会学科学的基本问题（再版）	普列汉诺夫著，张仲实译	0.45	
				反杜林论（再版）	恩格斯著，吴理屏译	1.2	
				费尔巴哈论（再版）	恩格斯著，张仲实译	0.25	
				艺术与社会生活（再版）	普列汉诺夫著，冯雪峰译	0.3	
		社会科学	一般	社会主义讲话（三版）	山川均著，徐懋庸译	0.85	
				社会形式发展史教程	叶文雄译		印刷中
				社会主义史	吴理屏译		印刷中

续 表

出版机构	时间	类别	类目	书名	著、编、译者	价格（元）	备注
现代书局	1930年			经济学大纲	河上肇著，陈豹隐译	甲种2.5,乙种2	实价，大洋
				资本论纲要	E. Mmeet著，汤澄波译	1	实价，大洋
				马克思主义的人种由来说	恩格斯著，陆一远译	0.4	实价，大洋
				社会主义之史的解说	久保田明著，丘哲译	0.35	实价，大洋
				马克思主义经济学	河上肇著，温盛光译	0.45	实价，大洋
亚东图书馆	1936年	社会学科学		辩证法经典	程始仁编	0.5	平装
				史的唯物论之伦理哲学	刘剑横著	0.5	平装，32开本，94中页
				唯物的宗教观	刘剑横著	0.5	
				宗教·哲学·社会主义	恩格斯著，林超真译	0.9	32开本，188中页，平装本
				辩证法的唯物论	伏尔佛逊著，林超真译	0.9	32开本，192中页
				从唯心论到唯物论	普列哈诺夫著，王凡西译	0.55	32开本，74中页
北新书局	1933年	社会科学	社会	世界社会主义运动概况	陈宗熙编	0.25	实价
				社会主义的妇女观	吕一鸣译	0.12	实价
	1934年	社会科学	社会	世界社会主义运动概况	陈宗熙编	0.25	实价
				社会主义的妇女观	山川菊荣著	0.12	
	1935年	社会科学	社会	世界社会主义运动概况	陈宗熙编	0.25	
				社会主义的妇女观	山川菊荣著	0.12	

表3-17统计了大光书局、光华书局、华通书局、大成书局、锦文堂、九州书局、申报馆、辛垦书店、会文堂书局、经纬书局、联合书店、民智书局、南强书局、上海图书杂志公司、生活书店、现代书局、亚东图书馆和北新书局18家中小型出版机构20世纪30年代的马克思主义通俗图书出版销售情况。

梳理上述表格，我们可以从中发现，彼时马克思主义通俗著作主要分为社会主义相关著作、马克思主义理论综述著作、唯物论辩证法相关著作、政治经济学相关著作等几类。同一家出版社或不同出版社用不同名字出版内容相同的著作，不同出版社出版名字相同的著作等是普遍现象。

以社会主义相关著作而言，单是书名为《社会主义社会学》的图书，就有刘家均译本、萨孟武译本、唐仁译本和汪馥泉译本4个译本。华通书局出版刘家均译本时，为它写了这样的广告词——"《社会主义社会学》一书外间已经有二三种，而本书局所以仍然付刊者，一由于各本的内容各不相同，二由于这本书确有介绍的价值"，宣传此书"纯以研究为立场，丝毫不涉感情的作用"，至于与其他版本的比较，就留给"诸明眼者之品评，本书局不敢下主观断语也"。[1] 以社会主义经济学为主题的图书，先后出现了乌力安诺夫和河上肇的《社会主义经济学》中译本，以及熊得山翻译的《社会主义经济学史》。华通书局为乌力安诺夫所著的《社会主义经济学》中译本作的说明中提到书的作者"打破旧来一切学究的陈说，先把马克思学说的本质加以陈述"，对于想要研究当时中国社会经济问题的读者而言，"不可不从这本书入手"。[2]

在书名中直接冠以"马克思主义"的字样，是中小型出版机构推出马克思主义著作的常用手法，这类图书在所有的马克思主义通俗著作中占有相当大的比例。亚东图书馆推出了《马克思主义的基础》，联合书店经售了《马克思主义经济学》《马克思主义经济学的基础理论》《马克思主义与社会史观》《马克思主义的根本问题》《马克思学说体系》《马克思的世界观》《马克思经济学说》《马克思主义的基本问题》《马克思主义哲学问题》《哲学与马克思主义》等图书，民智书局出版了《马克思主义与社会史观》《反马克思主义》《反科学的马克思主义》等著作，生活书店出版了《马克思主义经济学之基础理论》。这些图书的内容虽不完全相同，甚至有些图书的内容是反对马克思主义的，但是它们在传达个人观点和目标的时候，都或多或少地涉及了马克思主义理论的内容。

唯物论作为彼时讨论中国历史性质和社会问题的重要理论，它受到了中小型出版机构的格外关注，以"唯物论辩证法"为主要内容的图书更是各出版社书目上的重头戏。在表3-17中，书名含有"唯物论"的图书达到了30部次。《战斗的唯物论》出现了杜畏之译本、王若水译本，并分别由言行出版社和神州书店出版社出版。《辩证法唯物论》《辩证法的唯物论入门》《辩证法底唯物论》《辩证法唯物论教程》《辩证法唯物论与唯物史观》等介绍唯物论和辩证法的图书，出现了同一时期不同译者版本，分别由不同出版社出版的情况。

申报馆出版的《唯物辩证法读本》由罗书和翻译。这本书中的推广词说，面对社会的结构与运转、社会事情发生的原因等问题，只有唯物史观可以解决。而这本《唯物辩证法读本》是"精心杰作……且举例适合我国情形，尤使读者

---

[1]《华通书局新书目录》1930年。

[2]《华通书局新书目录》1930年。

倾会，内容丰富而定价特廉，实为当前大众读物"[1]。联合书店出版的《辩证法唯物论》是柯柏年翻译自狄慈根的著作。在这部著作的销售推荐语中，联合书店精心写道："辩证法是研究唯物史的根本方法，要研究唯物史非先明了辩证法不可……中国译本，连这一本只有三本小册子，这本是他（狄慈根）底（的）最成熟的也是他最后的著作，凡研究经济学的人们，都有一读此书的必要。"[2] 民智书局推出了黎东方翻译的《历史唯物论》，在内容简要里，出版方写道："著者为一历史学者，本书对于唯物论的历史哲学，剖析批评，允为至当。且折中各家学说，不为苟同，极称难得。至所引参考之材料，审慎丰富，尤为他书所不逮。"[3] 为了加强此书的宣传效果，还特意提到了胡汉民对它的赞扬："译笔曲尽信达之能事。"[4]

与马恩经典著作出版相似的是，中小型出版机构也扎堆出版各种介绍和解析马克思主义的通俗著作。为了出售这些图书，出版发行机构各出奇谋，想方设法表明自家的图书在某一方面胜过别人，要么称其"内容罕见"，属于初次引介，要么赞扬"译笔精准，胜于他本"。出版机构这么做的目的，无非是为了使自己的图书能够尽量在市场上获得好的销售成绩。如果说国共两党的出版机构出版马克思主义相关著作，是为了自己的政治目的，大型出版机构出版此类图书，是为了宣示自己的存在感，并获得经济回报，那么中小型出版机构出版此类图书，则首先是为了经济目的，其次才会顾虑到其他影响。这是中小型出版机构区别于前两者的明显标志。诚然，无论是哪一种类型的出版机构，它们出版的马克思主义图书，终究影响和推动着马克思主义的传播。

按照传播学的观点，任何一次完整的传播过程，都不应该只关注传播内容，内容的组织与框架形式同样应该受到关注，甚至应该得到更高程度的关注。在马克思主义著作的传播过程中，这一点表现得尤其明显。就马克思主义理论体系而言，经典文本相当于传播内容，而对这些内容进行通俗解释，某种程度上相当于对传播内容进行重新组织，通俗化解释的作用更突出，在当时对普通读者产生了巨大的影响。许多青年读者就是受到这些图书的影响，才成为马克思主义者。当然，这种解释权很快引来政府的高度关注，而这种关注将会反过来影响马克思主义图书的出版与传播。

---

[1]《申报出版物目录》1934年。

[2]《联合书目》1931年。

[3]《民智书局图书目录》1930年第6期。

[4]《民智书局图书目录》1930年第6期。

第四节　思想、主义与生意：出版中的表征与认同

上海的出版机构在推出马克思主义著作时，大多会对其进行简要的介绍。这些介绍性的词语或出现在图书广告中，或存在于图书的前言或例言中。无论是图书广告，还是前言或例言，都含有特定的意义。它们体现了不同的出版机构对马克思主义著作的定位与期许，反映了彼时中国民众对马克思主义的认同。这些又都影响着作为文化产品的马克思主义著作的出版，也影响了马克思主义在中国的传播。

霍尔认为表征是通过语言对各种概念的意义的生产。而此处的语言，既指书面语言也包含口语，同时还包含以其他符号形式存在的"语言"。它通过两个过程或系统完成，即第一系统，通过它，我们能够在头脑中寻找到与现实世界对应的概念或表象；第二系统，我们的概念必须能够被翻译成一种通用语言，以方便我们将头脑中的概念形成一定的语言、声音或视觉形象联系起来。[1] 简单来说，所谓表征就是，我们首先能够感知到世界的意义，并将这种意义传达出来。以此方式来分析马克思主义著作的介绍语，便能够明晰不同的出版机构对待马克思主义著作的态度，并考察这种态度对马克思主义传播的影响，进而呈现出版与马克思主义传播之间的互动。

新生命书局为《家族私有财产及国家之起源》做的介绍，也表征了它们对此书的态度。陶希圣在序言中写道："这本书的价值，是在民族学家所发现的事实能作历史唯物论的证明。"[2] 此语的深层含义就是：这部著作证明了历史唯物论的正确。此书"第一在使读者得知历史唯物论的具体论据。第二在引起读者对民族学研究的端绪和兴趣"[3] 的广告语，则表征了以下含义：出版此书的目的一方面在于为读者了解历史唯物论提供具体的论据，另一方面则在于为读者研究民族学提供基础的准备。简言之，出版此书只是为了学术和文化研究需要。

---

[1] 斯图尔特·霍尔编《表征：文化表象与意指实践》，徐亮、陆兴华译，商务印书馆，2003，第17-19页。

[2]《家族私有财产及国家之起源·序》，李膺扬译，周佛海校，新生命书局，1929，"序"第2页。

[3]《家族私有财产及国家之起源·序》，李膺扬译，周佛海校，新生命书局，1929，"序"第3页。

相较而言，商业出版机构为马克思主义著作准备的介绍语，表征的手法更多样，意义也更丰富。

泰东图书局出版《马克斯工资价格及利润》(《工资、价格和利润》)时，申明此书页数虽少，而《资本论》上的重要问题都已涉及，读者不可不先把这本小册子反复读熟。这段话具有两层含义，第一层含义在于介绍此书的内容，重点介绍此书已经涵盖了《资本论》的主要内容，强调此书的学术性，所以读者要反复读熟；而第二层含义则更加隐秘，提醒读者要反复读熟。那么如何做到这一点呢？或者说做到这一点的首要条件是什么？当然是买书了。泰东图书局对马克思主义著作的复杂的态度与期许，就通过简单的广告语表征和传达了出来。

林超真翻译的《宗教·哲学·社会主义》由沪滨书局出版时，译者为它写的介绍语言，意义也颇多。中国之翻译《空想社会主义与科学社会主义》是最勤恳努力的，为何最勤恳努力？当然是此书有丰富的价值。既然别人已经翻译过多个版本，那么郑超麟为何还要再次翻译？答案则在于以往的导言没有人翻译，而此导言非常重要；翻译此书，不影响其他书的销售；翻译最接近作者原意。三个理由，既包含有内容的准确、丰富、稀缺等原因，也暗示了此书的重要性和销售市场的广阔。

如果说马恩经典著作的出版，出版方向外界传达的还主要是思想、文化与主义，商业经济追求被有意隐藏，那么马克思主义通俗著作的推出，则带有了明显的商业色彩，逐渐成为一门生意。

杰作也好，研究经济者非读不可也好，剖析批评至当也罢，其目标均在于通过对内容的强调换来利润的获取。如此，也大致可以发现彼时的商业出版对马克思主义图书的态度。

按照霍尔的观点，"认同性建构在对某种普遍源起的辨识之上或者具有同他人、群体分享理想的封闭稳固性和联盟的特色"[1]，文化产品的认同来自生产过程，来自各种设计、思考环节，也就是文化产品生产背后的意义对文化产品的生产和文化的循环具有重要影响。[2] 在此意义上，无论出版者和编译者是强调马恩著作所带有的社会科学内容，还是突出马克思主义通俗图书的简洁易

---

[1] 转引自白菊：《斯图亚特·霍尔文化循环理论研究》，河北大学文学硕士学位论文，2010，第30页。

[2] 保罗·杜盖伊、斯图尔特·霍尔、琳达·简斯等：《做文化研究——索尼随身听的故事·导言》，霍炜译，商务印书馆，2003，"导言"第4页。

懂，又或者隐晦地表达此类图书的良好市场前景，都表达了他们对于马克思主义著作的某种认同。当然，这种认同既有对图书内容的认同，也有对图书这一物质产品的经济效益认同。

而对于马克思主义著作的认同，确实影响了作为文化产品的马克思主义图书的传播：20世纪30年代的上海出版业中，马克思主义著作不断被翻译引介，图书不断再版，大量以"唯物论""马克思主义"命名的图书陆续推出。这些图书的出版和流通，客观上推动了马克思主义在中国的传播。

在霍尔看来，任何一件文化产品的生产，都包含着复杂的工作内容，设计、销售、推广、营销等一系列工作均与此密切相关。而这些也都成了借文化产品向外部传达和表明自己的手段。马克思主义著作的翻译、印刷、出版和发行，都属于生产的环节，影响着文化循环的持续进行。

霍尔在文化的循环理论中强调，各环节之间是相互影响相互作用的，任何一环节都与其他各环节相互关联。某一环节发生作用时，很难明确区分与其他环节的界限。上海的马克思主义著作，不仅是一种图书，还代表着某种文化。它的出版也同样是某种文化形态的体现，尤其是对出版文化的体现。

通过第二章及本章的内容讨论，我们可以发现，图书市场上的马克思主义著作，不但体现了出版者、编译者对于学术理论、社会思想的关注，同时也表现出了文化生产中的市场化和政治化之间的相互转化。

对于马克思主义著作的生产，其宗旨在于通过提供某种思想理论，促进国民对中国现实问题的分析和解决。这种情况的出现，既与中国当时的社会状况有关，也与以知识分子为代表的精英阶层对中国前途的忧虑有关。

为了使中国走出当时的社会困境，人们希望找到一种适合中国国情的理论体系，将之作为解决社会问题的重要利器，指导中国的革命和建设事业。这种论述和诉求通过报纸、图书等媒介，在社会上形成了影响强烈的舆论导向，吸引了社会对于马克思主义的关注与讨论。而这种现象，经由一系列的运作，成了出版机构和传媒机构"可以利用的思想资源和'符号资本'"[1]。

在出版市场上，"马克思主义"率先被一些出版商们发现和利用，成了他们的"摇钱树"。许多出版机构，不遗余力地推出与马克思主义有关的图书。这些图书既有马恩经典著作，也有马克思主义通俗著作。这些图书运用各种形式，通过或直白或隐晦的方式，将理论化、学术化的内容变成了市场化的读物。而

---

[1] 张仲民：《出版与文化政治：晚清"卫生"书籍研究》，上海书店出版社，2009，第274页。

出版机构为各种与马克思主义相关图书准备的介绍性话语,则充分体现了这种政治化与市场化之间的相互转化。

在图书市场的这种趋势中,还出现了其他各种消费"马克思主义"的现象——各种以"马克思主义"命名而实则与马克思主义关系不密切甚至相抵牾的图书蜂拥而上。这些图书通常将马克思主义、基尔特主义、农业社会主义、空想社会主义等混杂在一起。

开明书店先后出版了《近世社会思想史》和《社会主义与资本主义》等介绍各种社会思想的著作。[1] 徐文亮翻译的《近世社会思想史》出版于1928年9月。这本著作包含无政府主义、共产主义、农业社会主义、空想社会主义和科学社会主义的内容,重点介绍了科学社会主义、唯物史观、马克思生平以及政治革命等内容,列举了无政府主义的重要代表人物。从"本书以客观态度,探求社会主义、共产主义、无政府主义等之内容,并附近世著名社会思想家事迹及学说,甚便读者研究"[2] 的介绍语,可以发现开明书店的意图。

《近世社会思想史》出版后,不断再版印刷,1932年、1935年、1936年和1937年,连续出现在开明书店的图书目录中。更让人惊叹的是,此书初版时价格为大洋5角,但是后来再版时,价格居然涨到了5角5分,并且没有折扣。[3] 社会科学类图书在当时的受欢迎程度和市场需求应该还是很高的。与它情况相同的还有《社会主义与资本主义》一书。《社会主义与资本主义》初版于1930年11月,原价每册大洋8角,后来涨到平装本每册9角5分。此书被开明书店誉为"以社会主义之立场,详分析资本主义之真面目,并做严重之批判,为社会主义史之重要著作,当代思想界之伟大收获"[4]。

这些图书的出版,无论其初衷为何,对马克思主义理解的正确与否,都为彼时社会提供了重要的讨论话题,引起了中国人对于社会发展与国家前途的深入思考,指引着他们对马克思主义著作等图书的阅读消费,推动着新的社会思想文化的形成。

当然,马克思主义内容在被中国人认同的同时,也被部分中国人批判和反对。在这一反向"认同"的影响下,反对者也出版了一些相关著作,以驳斥马克思主义。

---

[1]《开明书店分类书目》1937年3月。

[2]《开明书店分类书目》1937年3月。

[3] 按照陈明远等人的研究,当时的物价水平并没有出现大的变动。此次标价可排除物价因素,视为涨价。

[4]《开明书店分类书目》1937年3月。

大东书局1930年11月出版了《马克思主义评论之评论》,此书是国民党人士罗敦伟所著。他主张用近世各学者批评马克思主义的评论重新研究和判断马克思主义的价值。

与罗敦伟的《马克思主义评论之评论》同时期出现的刘天予翻译的《唯物史观之批评的研究》,亦主要质疑了马克思主义唯物史观理论。

这些由对马克思主义内容不同态度组成的图书出版发行活动,其实也是对马克思主义的内容进行的编码解码活动,影响着传播活动的进行。无论是出版机构对马克思主义的欣赏和认同,以及由此产生的对马克思主义的表征,还是反对者撰文著书批驳马克思主义的图书,在客观上都构成了彼时中国人对待马克思主义的态度和倾向,共同影响了马克思主义在中国的传播。

第四章　走向民众：马克思主义著作的销行

马克思主义在中国的传播这一命题具有多重含义，具有丰富的多面性。它是一个动态的传播过程，从清末民初只言片语式的介绍，到皇皇巨著的整本翻译，其内容经历了从翻译谬误到解释权威的发展。可以说，马克思主义内容方面的变化构成了传播历程中的时间维度。与此相对应的是，马克思主义图书在中国的发行流通，构成了马克思主义传播历程中的空间维度。正是这种时间与空间的组合，完整构建了马克思主义在中国的传播图景。

中国历史上，各种思想流派的传播脉络似乎都有迹可循。在中国传统思想文化中占据重要地位的儒家思想，汉代以来其传播轨迹大致可以总结如下：官方确立其崇高地位，动用国内的各层政府组织，把这一主导思想层层向下传递。这一过程需要读书人的大力支持，很多时候读书人本身就是传递活动的主体。经由他们，主导思想传递给了普通民众。这需要各种讲解和传递主流思想的通俗化形式，从而发展出了从编传歌谣到后来的广发善书等多种多样的活动。这一过程中间，传播的主线或者主要媒介是皇权、政权和一整套的官僚运作机制。

儒家的思想符合国家统治阶层的需要，所以有众多的行政权力作后盾，传播脉络才如此明显。其他并不占据主导地位的思想理念虽然没有强力的支持，其传播途径也依然可以一窥端倪。明朝时期王阳明的心学，在彼时并没有被当朝的统治者和士林认可，甚至被视为异端邪说，予以打压。在这种情况下，它的传播就带有了强烈的人际关系网络色彩。王阳明通过讲学及与弟子门人的书信往来，传播了自己的思想观点。此后，王学七派、阳明左派等群体通过师承、同乡、同窗等各种关系将王学思想发扬演绎，完成了王学在中华大地的传播。

明末以来，随着刻书事业的发展，中国先后形成和经历了建阳、金陵、苏州等几个刻书重镇，并以这些刻书重镇为中心，建立了图书的早期发行线路，形成了书籍传播的早期网络。这种发行网络在以后的历史长河里，逐步完善。

清末民初，随着新式传媒技术的引进和不断成熟，中国基本上建立起了极具现代性质的行销网络。现代传媒机构的快速、高效，提供了更多更丰富的阅读内容，影响了读书人的阅读习惯和阅读品味。传媒的发展同时也推动了阅读内容的更迭。这一切都使得销售发行本身成了传播的重要一环。最终，传媒技术的急速发展与传播范围的快速扩充，成为助推各种新图书、新内容、新思想时空扩散的两翼。这一现象带来的结果就是，远在福建边远山区的郑超麟在幼年时期也能够看到石印版的《薛仁贵征东》。[1]

马克思主义在中国的传播，经历了从大城市到小乡村，从东部到西部的地域转换。诚然，在此过程中，战争、政治、经济等各种因素都在共同发生作用。第一次国内革命战争的顺利进行，在某种程度上传播了马克思主义的社会革命思想；共产党的武装斗争等活动，也推动了马克思主义思想理论在中国偏远地区的传播和实践……很多时候，这些宏大的历史事件以其对社会的巨大影响，使得人们忽视了其他更为具体而微的活动。人们对重大事件的关注，遮蔽了马克思主义在传播中的具体活动，也忽视了马克思主义传播中的另一个重要方面——以图书发行网络为基础的传播。

固然，战争等因素对马克思主义传播过程中地缘的转换有着重要的影响，而现代传媒的发展以及由此带来的传媒渠道的铺设和畅通，则是这种转换得以发生的重要凭借。图书销售网络的运行，不独与文化有关，亦与传媒作为一种产业所具有的商业属性息息相关。

第一节　图书流通：从大城市出发

一、文化街上的门市销售

马克思主义在中国的传播具有非常强的地域性。作为思想舶来品，马克思主义最先登岸的地方是中国最先开放的东部沿海地区。这些区域里的城市不仅为马克思主义的生存提供了最初的庇护，还成了马克思主义走向全国的起点。上海、北京、广州、天津等地均属于这种情况。

上海、北京、广州、天津、青岛等城市作为马克思主义在中国传播的出发地，不仅拥有发达的传媒，还有大量的读者群，更有上海福州路这样的文化街区。后者几乎囊括了上海所有重要出版传媒机构的发行所。在这些发行所的共同作用下，书籍得以迅速出版传播，思想也随之流向社会的各个角落，马克思

---

[1] 郑超麟：《郑超麟回忆录》，东方出版社，2004，第88页。

主义与其他文化思想一样，借由这些发行所，走向读者，走向普通民众，继续它在中国的旅程。

1843年，英国传教士麦都思发起的墨海书馆在上海正式营业。它的地址坐落在今天山东中路西侧的麦家圈。这是上海最早的现代出版机构，采用铅印活字印刷图书。它的出现在上海滩引起了轰动，吸引了众多人士前去参观赏奇。很快，后世经常提到的示范带动效应在它身上迅速显现，众多的印刷出版机构向福州路集合。19世纪80年代以来，大量的印刷出版机构聚集于此，报刊、图书销售门店于此开设。20世纪初，福州路上已经聚集了300多家的出版组织和书店。商务印书馆等新式出版机构的创办与进驻，进一步促进了文化街的形成与发展。

1912年之后，越来越多的出版机构在这里设立它们的发行机构，利用这里人来人往的读者和销售市场实现自己的文化理想与商业追求。民国出版界的两大巨擘商务印书馆与中华书局的门市部，先后迁移到福州路上的黄金位置，毗邻而居。1916年，吕子泉和沈骏生合办的大东书局开张，门店设置在靠近福州路的小巷子里；1917年，刚开始运营的世界书局，在被誉为"出版界奇才"的沈知方的谋略下，门店的位置同样选择了福州路附近；1926年，因各种原因从商务印书馆离职的章锡琛，也在福州路创办了开明书店。相比商务印书馆与中华书局的雄厚财力，后三家只能称为上海书业的第二梯队了，它们的门市部设立在山东路和福建路的拐角处。20世纪20年代，福州路作为上海文化街的地位已经被社会所认可，沿着福州路从望平街向东至河南路，布满了报馆与书店。20世纪30年代，福州路开始进入张静庐称赞的黄金时期："看看现在四马路居然成为上海著名的文化街，想到那时候，只有孤另另的一家破旧市房，难得跑过几个买书的朋友，真不胜今昔之感！"[1]

福州路向西的区域，是上海的旧城区，沿途布满了低矮建筑，贫民窟随处可见，贫穷，无序，这里是当时中国整个社会状态的缩影。沿福州路向东，则是高楼林立、车水马龙的上海外滩，这里是当时上海乃至全中国经济最繁华的所在，是银行、金融、商业的集中地。向西是落后悲惨的破败景象，向东是灯红酒绿的欣欣向荣景象，而福州路文化街则正好处于两者的过渡地带。这种地理分布，蕴含着深刻的意味。

聚集在上海福州路文化街上的各出版机构发行所，不仅体现着彼时上海文化产业的迅猛发展，还体现了众多出版机构想要在这场文化盛宴中分得一杯羹

---

[1] 张静庐：《在出版界二十年》，上海书店，1984，第114页。

的强烈愿望。这些发行机构的地理变迁过程，反映了彼时上海出版界的发展态势：出版正在成为一种日益成熟的产业，并且已经开始在上海逐渐发达的商业版图中占据一定的位置，虽然这一席位看起来还没有那么壮观。

表4-1统计了曾经出版过马克思主义图书的上海各出版机构的发行所在福州路区域的存在情况。从表中可以发现，这些出版机构先后都在福州路设置了发行所，有的在书局成立伊始就设置在福州路，有的则是后期迁入福州路的。商务印书馆、中华书局、世界书局的发行所更是在福州路上几经变动。这一聚合过程反映了彼时出版产业在福州路上的纵横捭阖。

表 4-1　抗战前上海各家出版机构发行所及门店情况[1]

出版机构	门店地址
商务印书馆	发行所（四马路棋盘街）、虹口分店（北四川路）、西门分店（中华路）、静安寺支店（愚园路）、霞飞路支店（霞飞路）
中华书局	总店（四马路棋盘街河南中路221号）
世界书局	发行所（四马路中市福州路390号）
大东书局	发行所（四马路山东路310号）
开明书店	发行所（四马路望平街口福州路268号）
亚东图书馆	发行所（临近广东路河南中路交叉口）
泰东图书局	福州路
北新书局（上海）	发行所（四马路中市）
大光书局	发行所（牯岭路）
光华书局	发行所（四马路）
华通书局	总发行所（四马路）、虹口分店（北四川路）
会文堂书局	总发行所（河南路抛球场）
会文堂新记书局	发行所（河南路三马路北首）、总发行所（北平琉璃厂）
经纬书局	发行所（四马路山东路）
联合书店	门市部（四马路望平街口）
民智书局	总店（河南路90—91号）
南强书局	总发行（北四川路公益坊38号）
上海杂志公司	发行所（福州路324号）

---

[1] 信息统计自《上海出版志》、《近代上海出版业印象记》、《出版史料》（现更名为《中国出版史研究》）等文献。

续 表

出版机构	门店地址
申报	服务部（汉口路望平街交叉口）
生活书店	发行所（福州路378—384号）
现代书局	发行所（福州路286、288、290号）
大东书局	发行所（山东路310号）
新生命书局	发行所（福州路）
辛垦书店	发行所（海宁路三德里）
锦文堂书局	发行所（四马路397号）
九州书局	发行所（福州路中市330号）
南京书店	发行所（河南路）

商务印书馆初期并没有专门的发行机构，它把零售地点设立在了福州路与山西路的交叉口。1902年，商务印书馆开始设立发行所，地址选在了河南中路靠近南京路的方位，其实际位置越过了汉口路，已经有些偏离福州路的中心区域了。此后，商务印书馆买下了河南中路的地面，开始建造自己的发行所，地址恰好是在河南路与福州路的交叉口。1912年，商务印书馆发行所大楼竣工。建成后的发行所大楼宽敞明亮，面积达30万平方尺（约合33333平方米），共计4层，走马楼的建筑设计形式，让人从大厅里抬头就能望见楼顶的透明顶棚。而此前的1907年，商务印书馆自己的印刷编译大厦已经在宝山落成。

1912年，脱离商务印书馆的陆费逵与戴克敦等人合创中华书局，办事处设在虹口百老汇。中华书局自成立起，就与商务印书馆展开激烈的竞争。成立之初，中华书局就提出了两个对商务印书馆颇具杀伤力的口号"教科书革命"和"完全华商自办"。"教科书革命"直击商务印书馆的教科书编印工作，因此时商务印书馆依然以清朝学部的指导纲领编印教科书；"完全华商自办"则针对商务印书馆曾与日本企业金港堂之间的业务合作，试图激起民众爱国情绪，打击商务印书馆。商务印书馆虽然最终赢得了这场诉讼，但中间过程却大费周折，且经营亦受影响。

中华书局最初的发行所选址也带有浓厚的竞争意味。它的发行所就选在了抛球场，这一地址位于河南路靠近南京路方向，它的北面即商务印书馆的发行所。4年后，中华书局也拥有了完全属于自己的发行大楼，楼高同样是4层，地址在福州路与河南路的转角，与商务印书馆毗邻而居，门牌号码是221。商务印书馆与中华书局两个具有千丝万缕联系的出版社之间的竞争关系一望可知。

福州路文化街上的商业竞争气息不可谓不浓厚。

20世纪初，已经初具雏形的文化街，在众多出版机构的支撑下，在图书领域中的地位愈加重要。而商务印书馆与中华书局先后把发行所开设在文化街核心位置的举动，似乎再次激发了福州路上的商业吸引力。此后，各出版机构向该区域集中靠拢的意图和努力更加明显。

1916年，吕子泉、王幼堂、沈骏声和王均卿出资3万元，创立了大东书局。大东书局早期的发行所就设置在山西路靠近九江路附近的昼锦里，单开间门面。5年后，大东书局的发行所南移到了福州路110号。1931年，大东书局的发行所再次迁移，这次的地址是时报馆三楼。这栋五开间的大厦里，还有其他商户，一楼是有正书局。

1921年，福州路320号的红房子迎来了沈知方的世界书局。此时的世界书局才只有25 000元的资本，在商务印书馆、中华书局面前还很弱小，但这丝毫不能阻挡沈知方称雄上海出版业的豪情壮志。1932年，世界书局在福州路390号地段建造的七开间四层大厦拔地而起，成为上海出版业中为数不多的、拥有独立发行大楼的佼佼者。世界书局发行大楼的建立，其资金并不主要来源于出版印刷所得，而是资本运作的结果，这也从一个方面印证了彼时出版业与金融、商业之间不可分割的联系。

1926年开明书店正式营业，1928年改组为公司。章锡琛等人最先并没有设立自己的发行机构与门店，先期出版的《新女性月刊》、"妇女问题研究丛书"等书刊都委托给光华书局代售。1930年前后，开明书店开始在福州路与山东路的交叉口开设门店，接着又搬迁到福州路268号。开明书店的资本增加到30万元时，其发行所已经搬迁到福州路278—286号了，此时的开明书店已经有一个五开间门面的发行所了。

如果说作为旧时代上海出版界的五魁——"商中世大开"在福州路上的聚集，带有明显的商业竞争心理，那么其他中小出版机构的蜂拥而至，则体现着这些出版活动的参与者对福州路文化街上发行枢纽位置的认可，都想从中各取所需。中国开办最早的商业报纸——《申报》，在它开张46年后的1918年，把馆址从街区外的汉口路与江西路的交叉口搬到了汉口路与山东路的交叉口的自建房屋内。

1913年，安徽人汪孟邹、汪原放等创办的亚东图书馆的发行所和门店还蜗居在相对偏僻的福州路惠福里。后来陈独秀认为"设在弄堂里营业不能开展"[1]，在他的建议下，亚东图书馆在1919年搬迁到了广东路棋盘街西首。1935年冬天，亚东图书馆的门店再次搬迁，这次的目的地是书业较广东路更为集中的山西路福州路口的徽菜馆下。这次搬迁的主要原因依然是出版社营利方面的考虑。

1921年，民智书局成立。这家与国民党高层人士关系密切的出版社，把自己的门店设在了河南中路，处在商务印书馆的斜对面。7年之后，另一家与国民党有着紧密关系的出版社——新生命书局，正式宣告成立，门市部就在福州路与山西路的交叉口的东面，拥有一间门面。而总部位于南京的南京书店也在上海福州路另设了一个发行所，形成南京、上海双发行所的经营模式。

1926年，北新书局在上海设立分局，不久又把上海分局改为总局，并把书局从北京迁到上海，先是落脚在宝山路宝山里，后来搬迁到福州路与山东路的交叉口的裕丰泰酒楼下。

沈玉林与汤寿潜于1903年合作成立的会文学社，在1927年由徐枅等人改组为会文堂（新记）书局。它的发行部设置在河南中路325号，原为中华书局发行所地址。神州国光社在1928年进行了改组，其发行所原在河南路与泗泾路的交叉口，后搬到福州路384号复兴里内。

1927年成立的华通书局，门市最先设在望平街，后来搬迁到福州路331号的杏花楼酒店下。南强书局1928年成立时，最先在北四川路公益坊38号，1930年前后，与春潮书局、乐群书店、昆仑书店在福州路终端的杏花楼粤菜馆合作设立了门市部。

1932年生活书店成立。该出版社最先在陶尔斐斯路42号，后来有过迁移。1934年前后，生活书店最终在上海福州路384弄复兴里4号开设了发行所。

福州路文化街对各新开办的出版社和改组而来的出版社具有的吸引力，如果还存在一些因为名声在外而带有的光环效应和裹挟之嫌，那么，一个一直在出版界摸爬滚打的人对在福州路上开办出版社的孜孜不倦，则可以打消以上的疑问。这个人就是被称为"棋盘街巡阅使"的张静庐。

1924年，曾经出任过泰东图书局编辑部主任职务的张静庐，从这家位于福州路与山西南路的交叉口西侧拥有两开间门面的出版社离职了。张静庐在泰东图书局工作期间，主持《新的小说》杂志的创刊，并且曾经包办过创刊号上12篇小说中的3篇。离职后的张静庐，在1925年与沈松泉、卢芳等人合办了光华书局，编辑工作在福州路与山东路的交叉口的一家药房楼上完成，门市则设在

---

[1] 朱联保：《近代上海出版业印象记》，学林出版社，1993，第207页。

了福州路太和坊外一间朝北的门面内。1927年,张静庐与洪雪帆合作成立了现代书局,这家出版社的编辑部地址虽然有过迁移,但是发行所一直在福州路的286—290号。1929年,张静庐又开办了上海联合书店,店址安设在一栋建筑的二楼,同样在福州路区域。

1934年张静庐凭借着自己的敏锐眼光和对市场的感知,考虑到读者的购买力与新书种类的匮乏,认为杂志将会有更好的市场,由此办了上海杂志公司。这家公司专门销售杂志,实行"代订、代办、代发行"的经营方略,为各地读者提供上海和外埠杂志的购买服务,为一些小的出版机构提供发行服务。上海杂志公司的门市最先设立在福州路300号,与群众图书公司合用门面。1936年,张静庐把杂志公司的门市迁到了福州路324号,与大众书局为邻。

浸淫书业良久的张静庐,在抗战之前先后服务或组织过不下4家出版机构,虽然各出版机构的编辑等部门,未必在福州路区域,但是其发行机构均无一例外地设在了福州路区域。这很能说明一个问题,发行工作在出版社的各项事务中居于主要位置,发行工作的好坏直接影响着一家出版机构的生存。福州路上的各个发行机构在出版市场和传媒版图上的地位可见一斑。

这些在福州路上先后亮相的发行所,在以或大或小、或强或弱的方式宣告了自己出现的消息后,更是在图书销售、广告宣传等方面各出奇招,招揽着上海乃至外地日益增多的读者,以图收获金钱或名誉,更多的则是名利双收。

二、行销异地:邮售与分馆支店代售

福州路文化街的发行活动,为各出版机构的图书行销提供了有利的平台支持。对出版企业来说,这些似乎还不够,它们需要扩大自己的销售网络,为自己的图书寻找更广大的销售市场,为实现自己的目的编织更大的网络。清末以来,邮传系统的进步与发展,为它们提供了便利的基础设施。在此基础上,上海、北京、天津等地的各出版机构开始把眼光投向大城市以外的地方,把传播触手伸向了更为广阔的内地。它们的这种愿望大致通过以下两种途径得以实现:一是出版机构在本埠设立邮购机关,为读者办理代购邮递业务,一些大型的出版机构,还专门开展批发邮售业务,以满足某些特殊读者、机构或经销商的需求;二是出版机构在外埠设立分馆分店,直接把图书的销售工作放在读者身边。

1. 积极推出邮售措施

商务印书馆在民国之前就确立起自己在出版界的地位了。经过发展,民国

初期，商务印书馆的销售理念、销售措施与销售网络已经很完善了。它在自己的《图书汇报》上，列出了自己的邮售措施，以期扩大自己的图书市场。1913年9月的《图书汇报》里就开列了邮售措施。[1]

  一、采购图书者，务将名目及书价寄费，径寄本馆及分馆，得信后，立即照信配齐书奉。

  二、寄递款项，或由信局，或由邮局，均随尊便，其兑费、汇费，由购书人自理。

  三、信局、邮局，不能汇兑款项者，其书价及寄费，可用邮票代之，办法如下：邮票以一角、二角为限，如有零数，可将一分、二分者合足，三角以上之邮票不收；邮票抵实洋，以九五折计算，如寄邮票一元，仅能购书九角五分；邮票有污损者不收；邮票不能揭者不收。

  四、书籍寄费，邮局、信局，各自不同，本馆特定折中办法如下：寄费照书价加一成，如购书一元者，应加寄费一角；邮局寄费至少需五分；信局寄费至少需一角，如欲将书籍挂号寄奉者，每件另加挂号费五分。

  五、有汇票、邮票之信，需挂号寄下，其信封需用皮纸所制，或加火漆，以免遗失及偷拆之弊。

当时的邮局禁止寄递纸币，所以，商务印书馆此时的邮购办法的名目就是《商务印书馆邮票购书章程》。这五条邮售措施，在1913年4月刚刚修订过。修订后的章程第一条就明确规定"得信后，立即照信配齐书奉"，给人的感觉严谨高效，丝毫不拖泥带水；章程里对付款方式作了详细的说明：邮票只能是小额面值，使用时有折扣，邮票要保持干净可用状态；邮寄过程中产生的费用，邮局、信局各不相同，商务印书馆规定则要买家承担，并一一列出；购书章程里，商务印书馆还特别提醒购书者寄邮票时，要特别注意安全，采用皮纸信封加盖火漆等稳妥方式。章程虽然只有五条，但是却为购买者提供了较为详细的指导。

随着时间的推移和社会的发展，商务印书馆的邮购措施也有所变化，也越发地详细。1931年4月商务印书馆公布了新修订的《通信现购简则》[2]，向读者宣传自己的邮购办法。

  一、总则

  本馆为便利个人或学校公团等在内地或国外未设分馆之处，向本馆

---

[1]《商务印书馆图书汇报》1913年9月，第27期。

[2]《商务印书馆图书汇报》1931年4月，第122号。

采购书籍,特设通信现购处于上海棋盘街本馆发行所,向本馆通信现购处采购以通信现款为限。

二、寄款方法

1. 托由银行或钱庄汇划;

2. 向所在地邮局购取邮汇票,邮银单上请注明"上海邮政储金汇业总局,付款送交商务印书馆通信现购处收";

3. 向所在地邮局购取保险信封,加纳邮费封寄纸币,纸币以上海所通用者为限;

4. 邮局不发汇票,各地得以邮票做九五折代用,以每枚二角以内,上海通用者为限,各省加盖本省限用戳记之邮票、外国邮票、旧邮票、污染邮票、印花税票均不收;

5. 南洋日本及欧美各国得托由银行汇兑,但需询明在上海设有分行或代理店者,或由所在地邮局按国际汇兑,寄款同时请另发一信通知本馆,来信署名需与汇票上至汇款人姓名相同;

6. 来函附有款项除第五条外均需用坚厚信封加固,加盖火漆印章挂号寄递;

7. 国外如因汇兑不便,而所寄钱币虽非上海通用,但在上海日常有行市可以兑用者,照市值代为兑用。

三、采购书序

1. 购书人姓名、住址或委托代寄他人其收件人姓名地址,均请用正楷详细开列于来函显明之处;

2. 采购各书,其名称、著作人姓名、部数详细开列,如为教科书,需分别注明新时代新学制初小或高校初中、高中各等级,其他各书,如列入丛书中者,请兼注丛书名称;

3. 惠定本馆杂志,以一年为度,如系续订,请声明自某期起,来函未经声明或续订通知过迟,致有售缺者,概由最近期订起;

4. 原版西书,请开列完全西名,并示著作人及出版家;

5. 代订外国书籍,请详示书名、著作人、出版家,并按照书价二分之一预付定洋,未知书价者,每种暂收国币十元,本处收到后,当先函复,书到后,通知补款,然后寄书,代订外国杂志亦同,惟价需全付,并需将收件人之西文地址姓名详细开示,以便有出版家直接奉寄;

6. 惠购文具仪器,缘同类者极多,请指明牌号或格式用途,价格按照市涨落,除寄费外,兼需照章纳税,请宽汇款项;

7.押汇即由邮局代收，货价仅限于本馆出版书籍，每次以书价五元以上者为限，请先付书价三分之一，押寄不收此款，概不退还，空函恕不应命。

四、邮费及运资

1.邮费按照邮政章程加挂号费实贴开列发票，由顾客负担，请于寄款时预付寄费，在国内者，约照书价加十分之一，在国外者，约照书价加十分之四（挂号费均在外），有余寄还，不足照补；

2.除书籍可按印刷品寄递外，笔墨、文具、仪器、药品均需按照包裹例寄递，各地邮费不同，有时或需酌加木箱费，并需纳税，故请宽汇款项以免补款延迟；

3.文具仪器或书籍数量较多或体积笨重不适于邮寄者，经顾客之委托得以各地交通情形，代为报运或转运，惟运费不能预计，亦请预为宽付。

五、附则

1.保藏信件，本馆采用王云五氏四角号码编号，存卷来函先后，具名敬祈一律弗名号互用；

2.来函指购各货概不退换，如有遗失，原来附有挂号费者，当凭单据代向邮局追查，惟不负责任何赔偿之责；

3.凡非本馆营业范围内之事，恕不效劳。

此时的商务印书馆已经设立了通信现购处专门办理邮购事务，主要服务对象是个人、学校等公共团体和其他未设销售分馆区域的读者。此时的付款方式更加多样化：可以委托金融机构汇划付款；可以购买邮局的汇票；可以邮寄纸币付款，但纸币仅限于上海通用的；上海地区通用的小额邮票依然可以使用；国外读者，支付手续也很方便，只要用于支付的钱币在上海地区可以兑换，商务印书馆均可以按市值代为兑换。

商务印书馆对购书手续也有详细的说明：购买者务必要详细准确地填写姓名地址、所需书目等项目；购买外文书籍时，购买者要注明原著名、著者和出版机构等详细信息；读者如需商务印书馆代为订购外国书籍，除标明上述事项外，需要预付定金，代订杂志，读者还需要用外文标明收信人地址、姓名。此时的商务印书馆已经算得上一个经营多种业务的大公司了，除图书外，还销售各种文具仪器。对于部分业务，商务印书馆并没有预定价格，而是要求购买者按照市场价格购买，并交纳一定的税款。

邮寄过程中所产生的费用，商务印书馆再次明确提出需要顾客负担，并列出了不同的费用和标准，如图书国内寄费需加10%，国外需加40%；文具仪器的邮费各地不同,还可能有额外的包装等费用。在最后,章程特别注明,邮寄过程中如果发生遗失,商务印书馆协助向邮局追查,并不负责赔偿。

商务印书馆这样的大型出版机构,拥有阔气的门店和良好的声誉,发行网络更加强大,资金也更加充实,但对邮售工作依然非常重视。与之相比,上海的中小型出版机构更视邮售业务为售书、获利的不二法门。1930年,光华书局在铅印本《光华书局图书目录》里,列出了自己的邮购办法:[1]

邮购办法

一、函购手续:外部通信购买本局书籍或其他图书者,须开列名目连同书价一并寄交本局函购部,信到后,立即配奉,绝不延误。

二、邮票代洋:外部函购遇有汇兑不同之处,可以邮票代洋,十足通用以示优待,惟以1分至2角为限,外国邮票及污损者不收。

三、邮票汇票:信内寄邮票或汇票,均需严密固封,挂号寄下,以免遗失及偷窃之弊。

四、书价折扣:本局出版书籍,均照书商所载价目,不折不扣。

五、退换书籍:各书寄出之后,不论本局或他家代办者,一概不能退换。

六、书籍寄费:邮局寄费,照邮局原价不另加,如欲挂号寄递者,每包另加挂号费6分(邮局以6分起码,信局以1角起码),如有余多当即寄还,倘有不足,亦须照补。

七、详细地址:收件人住址姓名,务请详细注明,以免误寄及遗失,通信处如欲更换亦可照办。

八、慎重邮件:邮件以交到邮局为止,未挂号之信件,中途遗失,无可查究,但邮局挂号遇到人力难施之事等,及时挂号亦不负赔偿之责,只能据情报告,不能赔偿。

对比商务印书馆的邮购章程与光华书局的邮购办法,两者之间的相同之处颇多:购买者都要详细注明姓名、住址、所购书目等信息;如有遗失发生,出版社只能代为协查,概不赔偿。作为一种服务行业,出版业所面向的对象是各地各阶层有阅读需要的顾客,这些散落在各地的顾客数量非常多。多样的顾客其实也就意味着所需的图书种类杂,投寄地址广,这就要求配书、邮寄等环节的信息务必精准,故此商务印书馆和光华书局这些出版机构都要求购书者提供准确翔实的信息。而对于邮寄过程中所出现的各种意外,如水渍、遗失等状况,

---

[1]《光华书局图书目录》1930年。

出版机构均明确规定"只负责协查，不负责赔偿"。以现代的商业规则来看，这条规则颇有霸王条款的意味：纵使非出版机构的直接原因导致上述状况的发生，但是图书在发生意外状况之前，并未到达读者手中。如出现上述意外状况，出版社在追查承运方责任的同时，还应该先行做好补寄工作，至少不能把读者的需求扔在一边。众多出版机构都明确列出这一"免责条款"，其实也暗示了这样一种状况：图书业似乎更是一种卖方市场的行业。

大、小出版机构在开示清晰的邮购手续时，对于其间发生的手续费用有不同的要求。不同的出版机构，对于手续费、邮票代洋等涉及金钱的条款，分别作出了相应的条款规定，以1930年前后为例：在关于邮票代洋方面，"商中世大开"五家大出版机构中，只有世界书局明确规定外埠函购邮票代洋，十足通用，其他各家出版机构均规定了九五折的兑付方式，光华书局这样的小出版机构则选择了对购书者寄递的邮票十足收用。除购书款优待之外，各出版机构还有其他的优待措施，"凡订购本社出版图书，免邮费"等条款也成了优惠措施。

至于书价打折这样的信息，不同的出版机构有不同的规定和描述。之所以如此，其背后的原因也颇为复杂，有的出版机构本身是上海书业公会的成员，至少在表面上必须要接受政府和行业对于图书打折的相关规定，不能随意打折；有的出版社则是以盈利为主，更倾向于采用打折的方式促销，短期内获取更多的效益。

各出版机构在推出详细的邮购措施的同时，还对某些从事书报贩卖的各地同业提供批发业务上的便利。20世纪30年代前后，上海大量的出版机构似乎更热衷于图书批发业务。

光华书局在《欢迎同业批发》的告示中，对于各地图书批发商开出了优惠措施：[1]

本局开设有年，出版各种新文化书籍杂志，不下300余种，各书内容之佳，销路之广，为各地读者与同业所称道，毋庸再述。现为方便各地同业惠顾起见，特例批发章程如左（下），如蒙惠顾，竭诚欢迎。

  1. 折扣：本局出版各书。门市售卖，不折不扣，同业批发七五折，一律无个佣。书价依照本书书目所列之价为标准，以特价、预约、实价计算。

  2. 来往：代销本局各书。如欲记账，需订定书目，由上海殷实商铺担保，书立保单，并于第一次向本局配货时，先付现款。例如，配货100元，

---

[1]《光华书局图书目录》1930年。

应付现款100元，自第二次起，方可记账。但不得超过保证数目。如无上述之担保者，或先纳保证金，然后发货。但不得超过保证金额，该保证金以长年1分起息，以示优待。

3. 货款：同业所该货款。除平时陆续归付外，每逢国历五月底、九月底、年终三节，按节结清，不得拖欠，所付货款，须有本局收条为凭，如付银票小洋，应照市价核算，不得抬高压低，依照公允。

4. 发货：凡蒙代销本局各书者。惟每种须在10本以上，不得退换。但本局新出版各书，第一次发于同业者，倘不合销路，可于两个月内退换，惟污损之书不得退换，如经同业添者，应认为合销之书，不得退换。

5. 运货：寄发同业各书。所有装箱打包转运寄费等，概归同业认付，如图中有损伤、遗漏、水渍等，均与本局无涉。

6. 现批：同业现金批购，优待七折，概无个佣，邮费照加，而且批去各书一律不得退换。

7. 代办：同业委托代办外版书籍，亦可照办。并不例外加价，但书款须先汇下，而批去各书，不得退换。

8. 邮批：外部同业可以通信汇款批购，如遇汇兑不通，可以邮票代洋，十足通用，惟以一分起至二角者为限，外国邮票及污损者不收。

与光华书局规模相似的华通书局在1930年的《新书目录》中列出了《优待同业批发简章》，也对同业批发作出了详细的说明：[1]

1. 本局出版书籍杂志，门售不折不扣。外埠同业批发，一律七五折。预订杂志及特价预约各书九折，不论交易若干，概无个佣。

2. 同业欲记账往来者，须先商定数目后，由上海或该地殷实商店签立保单，经本局调查属实，始能记账。

3. 第一次往来必须先付半数，所欠货款，按四、八、十二月清账，如过限及至时不能清账者，本局得随时停止发货，并追缴欠款。

4. 往来货款，以上海通用大洋计算。汇费带力，由贵客自理。如付规银或其他货币，照市价折合入账，邮票十足代洋，惟以二角以内在本国通用邮之票为限。

5. 本局出版各书，除随时通告外，如欲优先寄发者，请先函约，每种新书应先付若干，以便出版后立即寄发。

6. 本局发出各书，如无污损而有不合该地销路者，在4个月内，得凭

---

[1] 《华通书局新书目录》1930年。

原发票调换其他本版书，但不得退回抵付账款，惟预约即特价书籍，恕不退换。

7. 外部批发书籍，一切递运等费，归贵客自理。所寄货物，则以递运处回单为凭。中途如有损失，本局概不负责。

8. 本局寄奉各货，随时奉上发票，贵客必须每次将原票保存，俾与结单核对，而免日后再抄细账之繁。

9. 委办外版或寄售书籍，请惠付现款，概不记账。

10. 同业如欲在重要地点之范围内，特约经理本局出版物者，一切条件临时面议。

在光华书局和华通书局的同业批发规定中，均对折扣优惠、付款方式、发货方式等内容作了详细规定。两家出版机构在办理程序方面大体一致，如双方交易无个佣，若要采取记账方式，购方需要担保人，以及定期结清账目等内容均相同。当然，两家出版机构的不同之处，也可以说两者反映的整个出版行业内各出版机构之间的不同也比较明显。在规定外埠同业享受七五折的优惠之后，光华书局规定图书批发价格以"标准、特价、预约、实价计算"，华通书局则规定预约类书刊以九折计算。往来双方如要记账，光华书局规定第一次必须要付全款，第二次方可记账，华通书局则规定第一次必须先付半数，方可发货。

在图书调换方面，双方的差异更加明显，光华书局规定，代销图书以10本为基准，且不能退换。以新书而言，如果在2个月内，销售情况不好，承销者可以在保证图书完整的前提下，要求光华书局退换，但是如果其他销售者有后续添加此类图书的情况，那么该图书就不能退换了。相比光华书局的规定，华通书局的条款更加宽松。华通书局在代销图书的数量上没有明确规定，如果在4个月内，图书不合该地销路，外地同业可以调换华通书局出版的其他图书，当然，预约特价书也不能调换。

光华书局与华通书局在判定一本书是否合销方面，出发点一致，但判断方式差别相当大。光华书局认为图书如经同业添者，就应该认定该图书合销，这本身就是一种显示强硬意味的规定。以当时的图书市场而论，影响图书销售状况的因素颇多：读者的知识水平就影响一书的销售，大学周边的书店或代售点所经售的图书，其内容相应就会更加高深，更具学术性，而边缘地方的读者对学理高深的图书显然不会有那么强的兴趣和购买欲望；地域的差异也影响图书的销售，北方与南方，沿海与西部，受地域文化的影响，这些地域内的畅销图书显然不能一概而论，上海周边地区的读者可能更喜欢西方舶来品，而地处西部的重庆等地的读者可能更喜欢通俗的刊物。光华书局的如此规定，显然带有一定的独断性,其原因可能有多重,如往来调换、中间过程不可控、账目结算麻烦等。相比光华书局,华通书局对是否合销的判定更为人情化。华通书局规定可以调换图书的前提是不合该地销路,这样就意味着,华通书局的判定标准是以该地的实际情况为准,而不是以同业的销售情况为依据。相较而言,光华书局的判定标准更加以整个图书市场为准,华通书局的判定标准更加以地域化为准。

以现在的销售准则而言,华通书局的方法更为合理,且对承销者更为有利。但是放在当时的图书市场而言,两者的区别与优劣似乎不那么明显了。20世纪30年代的中国图书业进入工业化流程并没有多长时间,图书市场的细分与精准定位也才刚刚开始。在上海、北京、南京、广州这些大城市,图书市场的分层可能已经初步呈现,各类不同书籍的读者对象正在或者已经大致形成分层,但是在中国其他的广阔市场上,对图书的需求并没有明显的区分,市场上的专业细分时代还未曾真正到来。在当时对不同区域、不同读者群进行细分,其价值很难说有多么重大。光华书局以同行业的标准来判定图书是否合销,也就不那么突兀了,而华通书局根据区域标准来判定图书是否合销,如果不是偶尔为之,那就只能说明华通书局的负责人对市场的走向非常敏感,感知市场的能力相当敏锐了。

当然,基于当时上海图书出版行业的激烈竞争景象,我们完全可以把光华书局与华通书局对图书合销标准的判断,看作是各出版机构之间为了竞争而采取的手段,借用现代的营销术语就是"以差异化占领市场"。

2. 普遍设立分支机构

早在1903年,总部位于上海的商务印书馆,就在地处长江中游的汉口设立了第一家分馆,1905年又在北京琉璃厂设立分馆。此后,在外地设立的分馆、分局、分社成了一些大中型出版机构的标准配置。至20世纪30年代末,来自沪、平、津等大城市各出版机构数量庞大的分店、分馆、特约经销处、代售点等销售终端已经在其他城市扎根,以这些销售网点为基础的传播网络业已形成。

这些开设于外地的出版社分支机构,大多选在外省的省会及其他重要市镇。如此布局与选址有着多方面的考虑:一方面原因是利用分馆、分店所在地的市场基础。晚清尤其是民国以来,政府对教育的重视与持续投入,有力地推动了国内中小学教育的发展,在此基础上各重要市镇均产生了一定数量的读者群,形成了一定的市场需求。另外一方面则是这些市镇所处的地理位置。这些地点一般都有交通发达、人群往来频繁的地理优势,除当地省政府治所地之外,能够让出版社开设分馆分店的市镇对于特定区域均具有明显的辐射作用,如河南省的洛阳、南阳,江西省的九江,湖南省的常德等城市,这些城市要么是交通要道，要么是省际交界处，辐射的范围较大。

出版社在外埠设立的分支机构，名目和职能也各不相同。这些数量众多的销售终端，大致可以分为以下形式：大中型出版机构的分支大多以分馆、分局、分社的名义挂牌营业；中小型出版机构的分支比较复杂，代理处、代售处、分理处、特约经销处等名称均属于这一范围。这些分支机构并非一成不变，且分局、分馆、分社的设立形式也有所差别，有的出版社是直接在外埠独立开设分店，有的则需要与当地的书商合作。中华书局在外地设立的分局中，就包含了这两种形式。中华书局开封分局最先就是与开封本地书商合作开设的，此后中华书局逐步收回自办。

在外地直接开设分支机构，对于出版机构而言，具有多方面的优势，既可以统一管理，又可以扩大销售市场。但是开办这些分店的支出，却并非是每一个出版机构能够承受得起的。对于中小型出版机构，这就是一个难以逾越的资金鸿沟。在此情形下，本身没有或暂时没有强大实力的中小型出版机构，想出了其他方式，它们与当地书商协商，设立特约经销处、分理处等销售点。在此之外，还有更多的出版机构选择与大型出版机构合作，委托它们的分店代为销售图书，这在一定程度上节省了开设分店的资源，同时也有助于销售范围的拓展。

（1）大中型出版社的分店网络

在设立分支机构方面，表现最活跃的莫过于大型出版机构，这些出版机构纷纷在其他地方尤其是内地设立分馆、分店、分局、分社等分支机构，拓展自己的销售网络，占据更多的市场。商务印书馆、中华书局、世界书局、大东书局、开明书店等上海的出版社在1937年前，都在外埠设立了大量的分支机构，这些分支机构组成了一个高效便捷的图书销售网络，不仅为出版社带来了经济方面的收益，而且在一定程度上改变和形塑着中国当时的出版业版图。

1913年，商务印书馆在自己的《图书汇报》封面上列出了设于外地的23处分馆，[1] 它们分布在北京、天津、河北、辽宁、黑龙江、吉林、山西、山东、陕西、河南、四川、重庆、湖北、湖南、江西、安徽、江苏、浙江、福建、广东、广西等地。1916年，分布于外埠的分馆已经达到了44处，[2] 其中吉林、河南、江苏、浙江、湖北、江西、湖南、福建、广东等省的分馆数目均多于2个，湖南省更是拥有长沙、衡州、宝庆、常德4个分馆，湖南地区人士对于图书的需要可见一斑。这一年，商务印书馆在澳门、香港、新加坡3地也有了自己的分馆。

---

[1] 《商务印书馆图书汇报》1913年9月，第27期。

[2] 《商务印书馆图书汇报》1916年5月，第58期。

1924年，第111期的《图书汇报》上，商务印书馆列出的分馆共计33处，数目虽然有所变化，但是在全国主要省份都有自己的分支机构了。1931年4月，第122号的《图书汇报》显示，商务印书馆此时拥有36处分馆，湖南省依然还保留有长沙、常德、衡州3个分馆。1937年5月，在新7号的《图书汇报》上，商务印书馆列出了自己的40处分馆，主要分布在芜湖、九江、金华、武昌、老河口、长沙、常德、衡州、福州、厦门、鼓浪屿、保定、邢台、济南、开封、南阳、许昌、太原、运城、兰州、西安、成都、重庆、汕头、梅县、潮州、昆明、梧州等各省重要城市和汉口、北平、天津、南京、青岛、广州等特别市以及香港。此时，地处中国西北边陲的商务印书馆兰州分馆已经开设，地址就设在兰州市区的侯府街上。1937年的分馆分布显示，除了新疆、内蒙古、绥远和部分东北地区，商务印书馆此时的分馆已经称得上遍布全国了。商务印书馆被誉为民国时期中国第一大出版社，仅从它如此庞大的分馆网络，就可以认定，第一的称号于它毫无夸张成分。

相比商务印书馆的规模，能够与之比肩的也只有中华书局一家了。1920年1月，《中华书局图书目录》列出了在外埠开设的42处分局[1]，北京、天津、保定、石家庄、张家口、奉天、吉林、长春、绥化、济南、烟台、太原、开封、郑州、西安、南京、徐州、杭州、温州、兰州、南昌、安庆、成都、武昌、重庆、福州、广州、潮州、桂林、昆明、贵阳、新加坡等重要城市，均有了中华书局的分局。与商务印书馆相比，中华书局的分局数目不落下风，但中华书局的许多分局都是采用与人合资的方式开办，比商务印书馆分馆的独立开办少了许多自主权。1927年，中华书局在列出了42处分馆的同时，还提到了自己在各地均有代理店及分销处。1930年的《中华书局图书目录》列出的各埠分局有39处，与同时期商务印书馆的分馆数目基本持平。1936年7月，中华书局公布的各地分局及特约经理处有34处，除了在一省多个城市设立分支机构，中华书局此时在南京一地的分支机构多达3个。

在教科书出版方面与商务印书馆和中华书局三足鼎立的世界书局在1930年前后，在各地开设的分局也有23处之多。1931年的《世界书局图书目录》的宣传册显示，世界书局的分局所在地涵盖了沈阳、北平、天津、太原、济南、重庆、汉口、长沙、衡州、常德、南昌、芜湖、徐州、南京、无锡、杭州、温州、兰溪、福州、厦门、汕头、广州、梧州等地。与商务印书馆和中华书局两者相比，世界书局的分支机构还没有涉足中原、西北和云贵等地区，这种局面一直持续到

---

[1]《中华书局图书目录》1920年1月。

1930年代中期。1936年,世界书局在各省的分局达到了27处,与之前的分布区域相比,此时,它的分局开到了太原、开封等地,销售网络有了进一步的扩大。

与此同时,上海的另一大型出版机构大东书局,所开设的分局也达到了一定的数量。1931年,《大东书局图书目录》上显示,大东书局已经在外埠有了15家分局。与以上三家不同的是,大东书局很少在一省开设多个分局,且地域分布也相对小一些,西北、西南、中原和山东等地区此时还没有出现大东书局的分局。1932年,第28期《大东书局图书目录》上的分局数目达到了20处。济南、开封、西安、梧州和云南这些地区,出现了大东书局的分局,不仅如此,大东书局在新加坡的海山街上也开设了自己的分局。

作为"商中世大开"中五魁之一,开明书店显然更愿意采用代办处和特约经销处的方式拓展自己的销售网络。1932年的《开明书店出版简明书目》中,开明只在北平、广州、沈阳和汉口4地设立了分店。1936年7月,开明书店的分店增加了长沙支店,地址就在长沙南阳街。分店之外,开明书店接洽了济南东方书社、安庆大德堂书局、杭州春光书局、温州瓯海书局、南昌科学仪器馆5家机构作为自己的代办分庄。此外,开明书店与各地书局合作,开设多达35个特约经销处。[1] 在这些特约经销处中,太原、衡阳、厦门、邓州等地经销处直接使用开明书店的招牌。1937年3月,开明书店的代办分庄数目增加到了8个[2],其中太原开明书店、厦门开明书店和新加坡上海书店均是由特约经销处转化而来的。在代办分庄发生变化的同时,特约经销处也发生了变化,开明书店与远在泰国的新华书局建立了联系,把它纳入自己的特约经销处网络中。开明书店自身设立的分局虽然不多,但是加上代办分庄和特约经销处,开明书店的分支机构力量同样值得重视。

受大型出版机构在外地大力开设分支机构的影响,一些中等规模的出版机构或者由政府资助的出版机构也纷纷在外地开设分支机构。上海的民智书局、良友图书公司、新生命书局、广益书局等出版机构在重要地域也开设有分支机构。

中国出版史上历史悠久的广益书局,虽然几经更迭,但是招牌反而愈加响亮,石印依然是它的特色。1925年时,广益书局已经在北京、广州、汉口、开封、长沙和江西各地区设立了分局,以使"各处爱购本局书籍者,得有就近采择之便利"。[3] 民智书局1926年时还只有广州永汉北路和杭州寿安坊大街2家分

---

[1]《开明书店分类目录》1936年7月。

[2]《开明书店分类目录》1937年3月。

[3]《广益书局图书目录》1925年。

店。[1]但到了1930年,它的分局已经开到了南京、北平、广州、汉口、武昌和长沙6市。[2]新生命书局至迟到1932年已经拥有了南京、北平、武昌和杭州4家分局,还建立了84个代售处,[3]销售网络也拓展到了全国。张静庐等人创建的现代书局,在1932年的图书宣传册中,有北平玻璃厂、开封东大街、汉口保华街、成都祠堂街、汕头至平路、厦门中山路、福州南街、南京太平街8处分店。[4]

作为中国首家以出版图像为主营业务的出版机构,良友图书公司在1937年前后,除拥有上海总公司外,也已经设立了广州、南京、汉口和厦门4家分公司。[5]创办于北京,后来总部迁往上海的会文堂书局,在保留北平分社的同时,继续在其他城市开设分店。1928年时,会文堂书局已经在汉口、长沙、奉天、广州、济南5地建立了分社。[6]1933年,会文堂书局的图书宣传资料上显示,此时它还至少保留着北平、汉口、广州和长沙4地的分局。

(2)中小型出版机构的发行渠道

大中型出版机构之所以能在外埠开设各种分店,依靠的不仅是种类繁多的图书满足了各类型读者的需要,还有雄厚的资金支持。上述在外地拥有分支机构的出版社均具有雄厚的经济实力,它们的资金来源也更加多样。"商中世大开"的印刷业务,为各自带来了稳定的经济收入,印刷在它们的业务中所占的比例甚至要高于图书销售。就是良友图书公司这类出版机构,大多也拥有印刷业务。在那个印刷大于出版的时代,它们当然可以凭借印刷带来的丰盈收入,来为图书的出版发行提供必要的支持。而民智书局、新生命书局,因为与政府高层的密切关系,资金支持对它们而言,更是不在话下。大中型出版结构开设分店所需的各种准备条件已经完全具备,实力并不强大的中小型出版机构附发行的处理就是另一番景象了。

中小型出版机构在外埠设立分理机构,扩大发行范围的方式更加多样化。这些数量众多而实力不足的出版机构,通过建立代办处、代售处、经售处、分销处、特约经销处、寄售等方式,为自己的图书寻找销售市场。来自上海、北京、南京、天津等出版重镇的一大批中小型出版机构就是利用这种方式建立自

---

[1]《民智书局图书目录汇总》1926年。

[2]《民智书局图书目录》1930年第6期。

[3]《新生命书局图书目录》1932年。

[4]《现代书局出版目录》1932年。

[5]《良友图书目录》1937年。

[6]《上海会文堂新记书局图书目录》1928年。

己的发行网络，把图书源源不断地从大城市销往广大的内地市场的。表4-2显示了抗战前部分中小型出版机构在外埠设立分理机构的情况。

表 4-2 全国中小型出版机构在外分支机构信息统计[1]

出版机构	总部	分理方式	数量情况	时间	备注
朴社	北京	经售处	21 个市镇，40 个经售处	1927 年	
现代书局	上海	分销处	国内 20 个省市，国外有南洋和日本两地，至少 246 个分销处	1930 年	1932 年，在北平、开封、汉口、成都、汕头、厦门、福州、南京设立分店
中国科学社	上海	经售处	各省商务印书馆	1930 年	
南京书局	上海	特约经处、分售处	特约经售处 2 个，分售处是各省各大书局	1932 年	
西冷印社	上海	经售处	21 个	1933 年	
大公报报社出版部	天津	分销处	至少 125 个市镇，分理处至少 209 处	1933 年	图书非大公报社的主干业务，故列入中小型出版机构
南强书局	上海	分销处	29 个国内外城市，56 个分销处	1933 年	其中，广州有 5 个分销处，南京和北平各有 4 个分销处。其中厦门的新民书社和汕头的大东书局均是当地的总经售
教育编译馆	上海	代售处	34 处	1935 年	寄售在开明书店居多
正中书局	南京	特约所、分理处	第一次图书目录（1935 年）显示有 16 处特约所；第四次图书目录（1937 年前后）列有 14 位各地销售代表，另有 5 处分理处		
大光书局	上海	代理处	70 个市镇（含国外市镇），128 个代理处	1937 年	
良友图书公司	上海	经售处、特约经售处	经售处 27 个城市，37 个经售处。特约经售处 6 个	1937 年	

[1] 整理自《民国时期出版书目汇编》《近代上海出版业印象记》《上海出版志》《民国出版史》等资料。

这些出版机构只是在外埠设立分理机构的众多出版机构的小部分，在它们之外，还有数量更多的出版机构。在此，仅以它们为代表，展示当时小型出版机构的发行网络情况。小型出版机构在设立代理机构的过程中，也有比较多的选择，其情况又大致可以分为几种。

首先是直接与各地已有的书报商人合作。大城市里的中小型出版机构以后者的店铺作为分理机构，这种情况最为简便。各地已有的书商因为营业经年，对本地的市场情况掌握得较多，与本地的购书者有较多的往来。因此，大城市里的出版机构选择与他们合作，可以免去颇多的市场铺垫环节。以这种方式存在的分理机构数量非常多。《大公报》出版部、大光书局、朴社、现代书局、正中书局等出版社与各地的书店合作，设立了众多的分理机构。当然，这些分理机构也有区别。以正中书局为例，1935年的资料显示，16家特约销售所中，除杭州和镇江两地以正中书局的招牌营业外，其他14家均是各地专营图书的商铺。现代书局和良友图书公司在国内外选择的分销处，大部分是各地以图书为主营业务的书庄、书社。这说明某些中小型出版机构在选择分销网点时，更倾向于选择比较专业性的图书代理机构。而《大公报》出版部的代销处就比较复杂了。

《大公报》出版部的代销处里既有以书报贩卖为业的书铺、书局，也有售卖教育用品的商店，更有以绸缎经营为主业的商铺，重庆的永兴隆绸缎庄就是它众多代销处里的一员。当然，这样的代理机构大多地理位置偏僻，当地的购书者数量很难支撑一个书店，即便开设一个专门的书店，其存在前景也很难保障，所以，兼营各种商品的店铺才会代卖图书，额外获利。

其次是与大中型出版机构的分支机构合作。大中型出版机构在一些重要市镇已经建立了自己的发行分支机构，而这些分社、分馆又成了其他中小型出版机构的落脚点。许多中小型出版机构与这些出版机构合作，与后者订立经销事宜，借它们的门面销售图书。尤其是商务印书馆、中华书局和开明书店的分馆、分店，更是成为众多中小型出版机构的销售代理首选。大光书局在南京、镇江、苏州、无锡、扬州、蚌埠等上海周边城市设立的代理处，几乎是清一色的商务印书馆、中华书局、大东书局等大型出版机构的分店。距离上海越远，大光书局的代理处选择当地的图书商的数量越多。教育编译馆在外埠设立的代售处，以挂有开明书店招牌的书店为主。教育编译馆的34个代理处中，开明书店的分支机构占到了11个，教育编译馆与开明书店的密切合作伙伴关系显而易见了。

（3）分支机构的外埠集聚效应

自汉朝的槐市开始，中国就已经逐步形成了图书生产与销售的传统。初始阶段，图书的买卖往往带有很强的地域与群体属性色彩，买卖双方的社会属性相对固定，交流范围有限。雕版印刷盛行以来，图书的生产进入新的发展阶段，各地图书市场开始逐渐形成，不同历史朝代先后出现了南北不同的图书交流中心，汴梁、金陵、建阳、苏州等先后成了图书流通中心。虽然雕版印刷时期的图书种类已经非常繁多，市场也相对更加开放，但是书籍传播参与者的身份依然具有很强的特定性。书籍的生产者大多数带有非常强烈的文化传承意识，"为先圣继绝学，为盛世开太平"至晚清时期依然是大多数图书生产者的主要精神动力。至于图书购买者，他们的身份大多数时候是文化精英的候选团队，买书、读书是为进入精英团体做准备。基于以上原因，清末以前的图书出版交易本身并不是一个成熟的行业，出版还未成为一种具有独立身份的产业。

民国成立之后，得益于印刷术的发展与图书市场的扩大，出版参与者的身份日益普通化，他们不再带有各种阶层色彩。出版也日益成为一种独立的产业，在担负图书出版、知识传播的功能之外，其自身也具有丰富的社会特质。这种特质明确地反映在以图书传播与销售为中介而造成的社会积聚行为上。上海形成了福州路文化街。福州路上书店云集，出版商扎堆，这种集聚现象在为各家出版机关带来丰厚利润的同时，极为有效地推动了图书的流通。而位于外埠重要市镇的各出版社的分支机构也呈现出了积聚行为，而它们积聚的街区往往也是该地已经存在的图书集散中心。当然，某些区域也因为出版机构的分支机构的积聚而成为新的图书集散地。

出版分支机构在某地的聚集，从历史文化角度而言，是对该地以往的文化地位的传承，也是对中国上千年历史长河中图书作用的尊重。从出版业的商业属性而言，分支机构的聚集在营销上能够产生更大的吸引力，不同出版机构推出的图书，内容和定位均有所不同，为购买者提供了更多的选择，促成更多的交易行为。若这些交易行为顺利完成的话，便会形成一个良性的循环状态，吸引更多的出版机构和购买者。在文化属性和商业属性的综合作用下，分支机构的聚集释放着更多的能量。

表4-3列举了民国时期几大重要出版机构在外地分支机构的具体方位，通过它们我们可以更清楚地看到这些分支机构在外埠的积聚，感受出版行业突出的积聚效应。

表 4-3　全国各重要市镇的知名出版分支机构分布情况[1]

城市	书店集中地域	于此设立分支机构的出版机构	备注
北京	琉璃厂	商务印书馆（1913、1916、1924、1931、1937）、中华书局（1920、1930、1936）、现代书局（1932）、新生命书局（1932）	琉璃厂与杨竹梅斜街均为图书集散地，两者距离很近
	杨竹梅斜街	世界书局（1930、1931、1932、1936）、大东书局（1931、1932）、开明书店（1932、1936、1937）	
	王府井	民智书局（1930）	
		广益书局（1925）	
天津	金华桥	商务印书馆（1913、1916、1924）	金华桥与大胡同距离很近
	大胡同	商务印书馆（1931、1937）、中华书局（1920、1930）、世界书局（1930、1931、1932）、大东书局（1931、1932）	
	法租界梨楼	商务印书馆（1937）	
	北马路北	中华书局（1936）	
	法租界 24 号	中华书局（1936）	
保定	天华牌楼	商务印书馆（1913、1916、1924、1931、1937）、中华书局（1920）	天华牌楼位于西大街口
	西大街	中华书局（1920、1930、1936）	
	城隍庙街	世界书局（1936）	
石家庄		中华书局（1920）	
	大马路	中华书局（1930）	
张家口	上堡仁寿	商务印书馆（1931）	
	武城街	中华书局（1920、1930、1936）	
邢台	中山东路	商务印书馆（1937）	
	南门大街	中华书局（1920）	
	城内中山街	中华书局(1930、1936)	

---

[1] 整理自《民国时期出版书目汇编》《近代上海出版业印象记》《上海出版志》《民国出版史》等资料和商务印书馆、中华书局、世界书局、开明书店、大东书局等机构的研究资料。

续 表

城市	书店集中地域	于此设立分支机构的出版机构	备注
奉天（沈阳）	鼓楼	商务印书馆（1913、1916、1924、1931）、中华书局（1920、1930、1936文明书局代理）、世界书局（1930、1931、1932）、大东书局（1931）、开明书店（1932）	
	小北门里	商务印书馆（1937）	
	沈阳火车站	世界书局（1936）	
吉林	粮米行	商务印书馆（1913、1916、1924、1931）、中华书局（1920、1930）	
龙江（哈尔滨）	南大街	商务印书馆（1913、1924、1931）	
	正阳街	商务印书馆（1916）	
	五道街口	大东书局（1931）、大东书局（1932）	
	道外九道街	中华书局（1930）	
长春	商埠街	商务印书馆（1916）、中华书局（1920、1930）	
绥化	十字街	中华书局（1920）	
济南	西门大街	商务印书馆（1913、1916、1924、1931、1937）、中华书局（1920）、世界书局（1930、1931、1932、1936）、大东书局（1932）、开明书店（1936、1937）	
	芙蓉街	中华书局（1930、1936）	
青岛	中山路	商务印书馆（1937）	
	山东路、即墨路	中华书局（1930、1936）	
	四方路	世界书局（1936）	
东昌	城内大街	中华书局（1920）	
烟台	北大街	中华书局（1920）	
太原	东羊市街	商务印书馆（1913）	
	桥头街	商务印书馆（1916、1924、1931）、中华书局（1920、1930、1936）、世界书局（1930、1931、1932）	两条街道交叉
	柳巷街	世界书局（1936）	
	西肖墙	商务印书馆（1937）	
		开明书店（1937）	

城市	书店集中地域	于此设立分支机构的出版机构	备注
大同	师范街	商务印书馆（1931）	
运城	南街	商务印书馆（1931）	
	陆家巷	商务印书馆（1937）	
兰州	侯府街	商务印书馆（1937）	
	南门大街	中华书局（1920）	
	辕门西	中华书局（1930、1936）	
开封	西大街	商务印书馆（1913、1916、1924）	
	财政厅街	商务印书馆（1931）	
	新华北街	中华书局（1930）	此四条街道自南向北依次相连，在北端与东西大街相交
	马道街	商务印书馆（1937）	
	南书店街	中华书局（1936）	
	北书店街	中华书局（1920）、世界书局（1936）、大东书局（1932）	
	东大街	现代书局（1932）	
		广益书局（1925）	
洛阳	东大街	商务印书馆（1916）	
郑州	大通街	商务印书馆（1924）	
	西关	中华书局（1920）	
	车站	中华书局（1930）	
南阳	南门里	商务印书馆（1931）	
	中山南大街	商务印书馆（1937）	
许昌	中山南街	商务印书馆（1937）、中华书局（1936）	
西安	粉巷口	商务印书馆（1913、1916、1931）	粉巷与南院门街东西相连
	南院门街	商务印书馆（1937）、中华书局（1920、1930、1936）、大东书局（1932）	

续 表

城市	书店集中地域	于此设立分支机构的出版机构	备注
南京	花牌楼	商务印书馆（1913、1916、1924）、中华书局（1920、1930）、大东书局（1931、1932）	此三处地理位置极近。花牌楼形成了"书店一条街"
	太平街	商务印书馆（1931、1937）、世界书局（1930、1931、1932、1936）、开明书店（1936、1937）、良友图书公司（1937）、现代书局（1932）、新生命书局（1932）	
	杨公井	中华书局（1936）、民智书局（1930）	
	下关	中华书局（1930、1936）	
	北门桥	中华书局（1936）	
无锡	书院弄	世界书局（1930）	
常州	局前街	大东书局（1932）	
徐州	中道街	中华书局（1920、1930）	此四条街道地理位置极近
	中山街	中华书局（1936）	
	二府街	世界书局（1930、1931、1932）	
	大同街	世界书局（1936）、大东书局（1931、1932）	
杭州	清河坊	商务印书馆（1913、1916、1924）	此四处同在一条街道上
	保佑坊	商务印书馆（1931、1937）、中华书局（1920、1930）、大东书局（1932）	
	三元坊	世界书局（1930、1931、1932、1936）、开明书店（1936、1937）	
	太平坊口	大东书局（1931）	
	新民路	中华书局（1936）	
	寿安坊	民智书局（1926）	
	延陵路	新生命书局（1932）	
金华	四牌楼	商务印书馆（1937）	
温州	府前街	中华书局（1920）、世界书局（1930、1931、1932、1936）、开明书店（1936、1937）	
吴兴	衣裳街	商务印书馆（1916）	
兰溪	官井亭	商务印书馆（1916、1924、1931）	
	西门大街	世界书局（1930、1931、1932、1936）	

续 表

城市	书店集中地域	于此设立分支机构的出版机构	备注
安庆	龙门口	商务印书馆（1913、1916、1924、1931、1937）、中华书局（1920、1930、1936）、开明书店（1936、1937）	
蚌埠	二道街	商务印书馆（1916）	两街首尾相连
芜湖	西门大街	商务印书馆（1913、1916、1924、1931）	
芜湖	长街	商务印书馆（1937）、中华书局（1930、1936）、世界书局（1930、1931、1932、1936）	
南昌	佳山庙南	商务印书馆（1913、1916、1924）、中华书局（1920）	此三者为一条街不同时期扩建的称呼
南昌	德胜马路	商务印书馆（1931）	
南昌	中正路	商务印书馆（1937）、大东书局（1931、1932）	
南昌	磨正街	开明书店（1936、1937）	与上述街道南北相连
南昌	洗马池大街	中华书局（1930、1936）	
南昌	戊子牌街	世界书局（1930、1931、1932、1936）	南昌书店云集的地方
九江	龙池寺巷口	商务印书馆（1916）	
九江	正街	商务印书馆（1924）	
九江	大中路	商务印书馆（1937）、中华书局（1936）、世界书局（1932）	
九江	西门大街	中华书局（1930）	
袁州	县前街	商务印书馆（1916）	
汉口	歆生路	商务印书馆（1913、1916、1924）	
汉口	中山路	商务印书馆（1931、1937）、大东书局（1931、1932）、开明书店（1932）	
汉口	黄陂街	中华书局（1920）	
汉口	交通路	中华书局（1930、1936）、世界书局（1930、1931、1932、1936）、开明书店（1936、1937）、民智书局（1930）	
汉口	湖北街	良友图书公司（1937）	
汉口	保华街	现代书局（1932）	
汉口		广益书局（1925）	

续　表

城市	书店集中地域	于此设立分支机构的出版机构	备注
老河口	中山北街	商务印书馆（1937）	
武昌	察院坡	商务印书馆（1916、1931）、中华书局（1920）	
	胡林翼路	商务印书馆（1937）	
	省政府前	民智书局（1930）	
	横街头	新生命书局（1932）	
长沙	黄道街	商务印书馆（1913、1916、1924）	
	南正街	商务印书馆（1931、1937）	
	新坡子街	中华书局（1920）	
	府正街	中华书局（1930、1936）、民智书局（1930）	
	南阳街	世界书局（1930、1931、1932、1936）、大东书局（1931、1932）、开明书店（1936、1937）	
		广益书局（1925）	
衡州	八元坊	商务印书馆（1916、1924、1931、1937）、世界书局（1930、1931、1932）	
	铁炉门	中华书局（1920、1930、1936）	
宝庆	府正街	商务印书馆（1916）	
常德	常青街	商务印书馆（1916、1924、1937）、世界书局（1930、1931、1932）	
	大高山巷	中华书局（1920、1930）	
	沅清街	中华书局（1936）	
	中山东路	世界书局（1936）	
沙市	大街	中华书局（1920）	
成都	青石桥	商务印书馆（1913、1916、1924）	
	春熙路	商务印书馆（1931、1937）、世界书局（1936）、大东书局（1931）	
	古卧龙桥	中华书局（1920、1930、1936）	与青石桥街交叉
	祠堂街	现代书局（1932）	

续　表

城市	书店集中地域	于此设立分支机构的出版机构	备注
重庆	白象街	商务印书馆（1913、1916、1924、1931）、中华书局（1920、1930）	
	督邮街	商务印书馆（1937）、中华书局（1936）	
	贤学街	世界书局（1936）	
	县庙街	世界书局（1930、1931、1932）	
	售珠市	大东书局（1931、1932）	
福州	南大街	商务印书馆（1913、1916、1924、1931、1937）、中华书局（1920、1930、1936）、世界书局（1930、1931、1932）、大东书局（1932）、现代书局（1932）	
	下南路	世界书局（1936）	
厦门	小走马街	商务印书馆（1916）	
	大走马路	商务印书馆（1931）、世界书局（1930）	
	中山路	商务印书馆（1937）、中华书局（1936）、世界书局（1931、1932、1936）、良友图书公司（1937）、现代书局（1932）	
	广横街	中华书局（1920、1930）	
		开明书店（1937）	
鼓浪屿	大埭路	商务印书馆（1937）	
广州	双门底	商务印书馆（1913、1916、1924）、中华书局（1920）、世界书局（1930）	
	永汉北路	商务印书馆（1931、1937）、中华书局（1930、1936）、世界书局（1931、1932、1936）、大东书局（1931、1932）、良友图书公司（1937）、民智书局（1926）	
	惠爱东街	开明书店（1932）	
潮州	铺巷	商务印书馆（1913、1916、1924、1931、1937）	
	新亭脚	中华书局（1920、1930）	
韶州	豆粉街	商务印书馆（1916）	
汕头	外马路	商务印书馆（1916）	
	国平街	商务印书馆（1937）	
	第一津街	中华书局（1920）	

续表

城市	书店集中地域	于此设立分支机构的出版机构	备注
汕头	永平路	中华书局（1930、1936）	
	安平马路	世界书局（1930、1931、1932）	
	至平路	世界书局（1936）、大东书局（1931、1932）、现代书局（1932）	
梅县	凌风东路	商务印书馆（1937）	
桂林	福棠街	商务印书馆（1913）	
	十字街	商务印书馆（1916）	
	不详	中华书局（1920）	
梧州	九坊街	商务印书馆（1916、1924）、中华书局（1920）	
	竹安马路	商务印书馆（1931、1937）	
	大中路	中华书局（1930、1936）、世界书局（1930、1931、1932、1936）、大东书局（1931、1932）	
昆明	城隍庙街	商务印书馆（1916、1924、1931）、中华书局（1920、1930）	
	光华街	商务印书馆（1937）	
	三牌坊	中华书局（1936）	
	西院街	大东书局（1932）	
贵阳	南大街	商务印书馆（1916、1924）	
	中华书局路	商务印书馆（1931、1937）、世界书局（1936）	
	北大街	中华书局（1920）	
澳门	营地大街	商务印书馆（1916）	
香港	荷里活路	商务印书馆（1916、1924、1931）	
	皇后大道	商务印书馆（1937）、中华书局（1930、1936）	
新加坡	大马路	商务印书馆（1916、1924、1931）、中华书局（1930、1936）	
	扫美芝律	中华书局（1920）	
	海山街	大东书局（1932）	
		开明书店（1937）	

分支机构的聚集，不仅意味着来自大城市的图书获得了一个较为稳定的流

通中转站，同时也意味着以图书为最终形态的现代出版传媒深度介入中国普通民众的生活，给他们带来了深刻的影响。借助于这些分支机构，出版所带来的影响和蕴含的力量，无论好坏，其范围都将不再局限于已经经受了西方文化冲击的上海等大城市。如果再深究这种显现背后所蕴含的政治含义，这就意味着，自清末以来就一直存在的关于启蒙与救国的思想，开始从上层知识分子逐步走向了普通民众。而马克思主义也借由这些图书，经由众多的渠道进入普通人的世界，从空间上完成了传播的过程。

第二节　红色力量领导的图书流通

一、中央苏区的马克思主义图书发行

1927年，第一次国共合作以失败而告终。随后，中国共产党经过奋战，建立了以瑞金为中心的中央苏区。在中央苏区，中共进行武装革命斗争的同时，也不忘组织力量出版和发行马克思主义图书，传播马克思主义。

1931年11月7日，中华苏维埃共和国临时中央政府在瑞金成立。临时中央政府成立后，设立了马克思主义研究总会，由张闻天任书记。中央苏区时期，中央根据地先后创办了多份报纸，不同部门主管的出版机构出版了数十种马克思主义图书。这些书报共同推动了马克思主义在中央苏区的传播。

当时中央根据地的主要报纸有《红色中华》《青年实话》《苏区工人》《红星报》《斗争》等。《红色中华》是临时中央政府机关报，先由周以栗任主编，后由瞿秋白接任。阿伪主编的《青年实话》则是苏区共青团中央机关报，该报的发行量最高曾达到了3万份。倪志侠主编的《苏区工人》则是中华全国总工会苏区执行局的机关刊物。邓小平任主编的《红星报》，是红军总政治部的机关报，平均发行量1.7万份。随着中共临时中央局迁往瑞金的机关报《斗争》，在张闻天的支持下，期发行量仅在中央根据地就达到了2.7万份。[1]

这些各部门的机关报，充分发挥自己的优势，刊登了大量有关马克思主义的内容。中央苏区的出版机关也在出版着马克思主义相关图书。此时中央苏区的主要出版机构也有好几家，它们分别属于不同的部门主管，其中力量比较强

---

[1] 郑士德：《中国图书发行史》，中国时代经济出版社，2000，第635页。

的有以下几家：中央出版局、中央教育人民委员部编审委员会、中央革命军事委员会出版局、中国工农红军学校出版科、中国工农红军卫生学校编审出版科、中央党校编审处、马克思主义研究总会编译部、工农美术社和工农剧社编审委员会。

据统计，中央苏区的各出版机构共同出版了书籍400多种。[1] 这些书籍中包含了数十部马克思主义著作。这些著作中，马恩原著并不多，列宁和斯大林的著作占大多数。这与中央苏区的现实状况有着密切的联系。（见表4-4）

表4-4 中央苏区出版的部分马克思主义图书[2]

著作	著、译者	出版者	印刷形式	时间	备注
共产党宣言	马克思、恩格斯	马克思主义研究会	中央印刷厂铅印，32开本	1934年2月	售价1角2分，附《雇佣劳动与资本》
国家与革命	列宁	中央苏区中央局宣传部	铅印，32开本	1931年5月	售价2角5分
三个国际	列宁	中央出版局	中央印刷厂铅印，32开本	1932年4月	初版1万册，售价5分
为列宁主义而斗争	斯大林		中央印刷局铅印，32开本	1932年6月	
社会民主党在民主革命中的两种策略	列宁	中央出版局	中央印刷厂铅印	1932年7月	
第一国际到第三国际	列宁	中央出版局	中央印刷厂铅印	1932年7月	
第一国际到第三国际		中央出版局	铅印，32开小册子	1932年11月	售价3分
左派幼稚病	列宁	中央出版局	中央印刷厂	1932年7月	1932年7月14日《红色中华》第27期上刊登的新书启事中有此书目
两个策略		中央出版局	铅印，32开本	1932年11月	售价2角
国际纲领		中央出版局	铅印，32开本	1932年11月	售价1角

---

[1] 统计自严帆：《中央苏区新闻出版印刷发行史》，中国社会科学出版社，2009。

[2] 综合自《中央苏区新闻出版印刷发行史》、《中国图书发行史》、《中国现代出版史料》（乙编）、《民国时期总书目》等资料。

续表

著作	著、译者	出版者	印刷形式	时间	备注
斯大林同志论反动派		中央出版局	铅印，32开本	1932年11月	
马克思主义政治经济学		中国工农红军学校出版科	铅印，32开本	1933年5月	
二月革命至十月革命	列宁	苏区中央局	铅印，32开本	1933年9月	售价1角
斯大林论列宁	蔡乾译	青年实话编辑委员会	铅印，32开本	1933年12月	
关于我们的组织任务	列宁	中央出版局	铅印，32开本	1934年	未见实物
无产阶级革命与叛徒考茨基	列宁				1932年7月14日《红色中华》第27期上刊登的新书启事中有此书目，未见实物
论布尔什维克主义史中的几个问题	斯大林		铅印，32开本	1934年2月	
列宁主义问题	斯大林	苏区中央局	中央印刷厂铅印，32开本	1934年1月	《红色中华》第145期上曾刊登启事介绍此书"庆祝二苏大会，优待出席代表，定价3角，减半出售"
列宁主义概论	斯大林	青年实话编辑委员会	石印，64开小册子	1934年12月	属于"青年实话丛书"，初版1万册

中央苏区此时面临着的最大问题是基础薄弱，出版条件恶劣。无论是印刷机器、印刷人才，还是印刷纸张都是奇缺的。国民党的封锁也难以使大量的印刷、出版设备运进来。此时的中央苏区还保留着石印、油印设备。这一切都使苏区的中共党员无法完成大部头的马恩著作的出版工作。除了技术设备条件，苏区人员的受教育现状也决定了此时不适合出版大量的马恩原著。除个别临时中央政府领导和红军指战员人员外，中央苏区人员的文化水平普遍较低，知识结构非常差。为了扫盲，中央教育人民委员部还花费大量时间和精力，推出扫盲班，出版简明书报，提高人民的识字水平。这种情况下，即便出版了马恩原

著，对这些认字尚且有问题的人员而言，他们也是无法阅读和理解的。

马克思主义著作出版之后，以中央出版局总发行部为代表的发行机构迅速投入到了销售工作中。

中央出版局总发行部原来是《红色中华》报社的发行科，该机构原来主要负责《红色中华》的发行工作。1932年4月，《红色中华》发布声明："本报发行科为扩大营业起见，特改称中央出版局总发行部。"[1] 中央出版局总发行部成立后，先后发行了《国家与革命》《三个国际》《为列宁主义而斗争》《社会民主党在民主革命中的两种策略》《第一国际到第三国际》《左派幼稚病》等图书。在《国家与革命》的封页上还有"中央出版局总发行，各省书店代收"的字样。此处的"各省"是指闽、赣等省。为了提高发行效率，中央出版局总发行部还特别指定了优惠折扣制度——"五百份以上七折，一千份以上六折半"，并规定"以后推销代派，不得将书报费内扣除邮票费。如有寄钱或邮资欠资等，亦由其加倍偿还"。[2] 当然，这则优惠对报纸的发行推动作用更强，毕竟图书推销500本是一大关。

1933年7月左右，中央局发行部取代了中央出版局总发行部的职能，负责发行中央出版局出版的图书、《红色中华》以及《斗争》等报刊。1932年11月，《社会民主党在民主革命中的两种策略》重印，并改名为《两个策略》，就由中央局发行部发行。此后，中央发行部还先后发行了《国际纲领》《二月革命到十月革命》《列宁主义问题》等著作。

中央苏区的发行力量，除中央局发行部之外，还有各地文化部门创办的红色书店等性质的零售机构。这些零售机构一般人数较少，通常由一到两人组成。[3] 这些机构算是政府的公职人员。在此之外，中央的发行机构和各地的红色书店还组织和发动有偿促销活动，成立"推销代派处"和"叫卖队"，以推动销售工作。[4] 代派处主要由各团体或者个人组成，他们按照销售数量获取一定的折扣。叫卖队则是流动形式，主要由各地群众组成，他们沿街叫卖，按数抽成。这些发行力量共同推动了苏区内马克思主义图书的传播。

需要注意的是，虽然中央苏区的发行网络已经完善，促销形式也比较多样，

---

[1] 见《红色中华》1932年4月6日。
[2] 见《红色中华》1932年7月21日。
[3] 郑士德：《中国图书发行史》，中国时代经济出版社，2000，第644页。
[4] 严帆：《中央苏区新闻出版印刷发行史》，中国社会科学出版社，2009，第430页。

"扩大发行网,组织叫卖队,建立代售处"[1],但是苏区出版的图书毕竟有限,马克思主义著作更是少之又少,所以,苏维埃时期,中央苏区发行工作的重头戏还是报刊。并且,由于国民党的封锁,中央苏区难以与外界保持密切的联系,它所出版发行的图书,只能停留在苏维埃地区。这种情况在延安时期迎来了较大的改观。

二、跨区交流:延安时期的马克思主义图书流通

1937年,抗战全面爆发,中国面临的最重要问题就是打击侵略者,赢得战争的胜利。抗日统一战线建立后,国共之间的交往更加频繁,中共的力量可以在延安之外公开出现与发展。这一变化,不仅有利于推动全国的抗战工作,更为马克思主义传播带来了新的局面。在延安站稳脚跟的中共此时已经开始逐步恢复传播马克思主义的条件,他们组织力量开始编辑马克思主义图书,并努力将它们向外界传播。20世纪20年代中后期开始,各机构出版的马克思主义图书伴随着传媒网络已经在全国范围铺展开来,马克思主义的影响逐渐显现。抗战进程中,不少书店逐渐认识到国民党的腐败,向共产党靠拢,它们通过自己的出版工作,与共产党形成了呼应。通过这种方式,延安与外界的马克思主义图书交流活动日渐形成,并逐渐壮大。

(一)延安地区的马克思主义图书出版发行

1938年,毛泽东提出了全党要学习马列主义的任务。在《中国共产党在民族战争中的地位》中,毛泽东指出"普遍地深入地研究马克思列宁主义的理论的任务,对于我们,是一个亟待解决并须着重地致力才能解决的大问题",并强调"如果我们党有一百个至二百个系统地而不是零碎地、实际地而不是空洞地学会了马克思列宁主义的同志",中国共产党的战斗力量将会大大增强,并有利于加速战胜日本帝国主义。[2] 在这一号召下,延安掀起了学习马列著作的热潮。

为了推动延安地区的出版工作,中共在延安成立了负责出版发行工作的机构,这个机构先后使用了中央党报委员会、中共中央出版发行部、中央出版局

---

[1] 见《红色中华》1933年8月10日,第100期。
[2] 毛泽东:《中国共产党在民族战争中的地位》,《毛泽东选集》(第二卷),人民出版社,1991,第533页。

等名称。它既领导出版发行工作，又负责具体的出版发行事务。1937年4月，中央党报委员会创办了《解放》周刊，作为中共中央机关刊物。此后，解放社主要负责马列著作和毛泽东著作的出版工作。抗战时期，解放社推出了两大丛书和两大选集，其中"马克思恩格斯丛书"最丰富，也最引人注目。（见表4-5）

表4-5 延安"马克思恩格斯丛书"系列[1]

著作	出版时间	备注
社会主义从空想到科学的发展	1938年6月	丛书之三
共产党宣言	1938年8月	丛书之四
法兰西内战	1938年11月	丛书之五
政治经济学论丛	1939年3月	丛书之六
马恩通信选集	1939年6月	丛书之七
德国的革命和反革命	1939年4月	丛书之八
《资本论》提纲	1939年11月	丛书之九
哥达纲领批判	1939年12月	丛书之十
拿破仑第三政变记	1940年8月	丛书之十一
法兰西阶级斗争	1942年7月	丛书之十二

《社会主义从空想到科学的发展》由吴黎平翻译完成。在此之前，郑次川和朱镜我等人已经翻译过恩格斯的这一著作。吴黎平版本增加了德文初版、四版序言和英文版导言。此后，该书作为定本还在1949年被编入了"干部学习丛书"第一辑。

成仿吾、徐冰二人合译的《共产党宣言》由解放社出版，编入"马克思恩格斯丛书"第四本。与陈望道版本相比，该版本包含《共产党宣言》全本及1872年德文版序言、1883年德文版序言和1890年德文版序言。

1938年11月，解放社出版了由吴黎平、刘云合译的《法兰西内战》。此书为"马克思恩格斯丛书"第五本。吴、刘两人的合译本也是该著作的首部中文译本。全书包括《恩格斯的引言》《国际工人联合会总委员会为普法战争告欧美各分会全体会员第一书》《国际工人联合会总委员会为法兰西内战告欧美各分会全体会员第二书》《马克思致恩格曼论巴黎公社的信》以及列宁为其俄文本作的序言等内容。此书由新华日报馆印刷，书名采用红色字体，木刻封面。

---

[1] 统计自中国人民大学图书馆编《解放区根据地图书目录》、中共中央马克思恩格斯列宁斯大林著作编译局编《马克思恩格斯著作在中国的传播》。

该书设计了两个版本，分别是土报纸版（每册4角）、白报纸版（每册5角）。

王学文、何锡麟、王石巍（王实味）翻译的《政治经济学论丛》在1939年3月出版。全书包括《雇佣劳动与资本》《价值价格与利润》《恩格斯的序言》《节录〈资本论〉第二卷序言》《资本家的积蓄之历史的倾向》等内容。该书共172页，采用毛装本的形式出版发行。1939年6月，解放社推出了柯柏年、艾思奇、景林合译的《马恩通信选集》。该选集包含《为无产阶级政党而斗争的书信》《马克思恩格斯关于唯物史观的书信》《论爱尔兰问题》等内容。该书出版一年后，新华日报华北分馆重印了此书，采用红、绿、白薄粉连纸印。

1939年11月，何锡麟翻译的《〈资本论〉提纲》由解放社出版，包括《马克思的〈资本论〉》、《论〈资本论〉（为〈双周评论〉作）》、《资本论》第二卷序言、《资本论》第三卷补遗等内容。一个月后，何思敬、徐冰翻译的《哥达纲领批判》，包括《恩格斯序言》《马克思给白拉克的信（1875年5月5日）》《马克思：德国工人政党纲领评注》《恩格斯致倍倍尔（1875年3月18日至28日）》《恩格斯致考茨基（1891年2月23日）》等内容。

1940年8月，柯柏年翻译、吴黎平校对的《拿破仑第三政变记》出版。这是继1930年陈仲涛版之后的最新翻译，包括《第二版著者序文》《德文第三版恩格斯序文》和《拿破仑第三政变记》等内容。全书169页，设计了白报纸版和连史纸版两个版本。1942年7月，解放社出版了柯柏年翻译的《法兰西阶级斗争》，包括《1848至1850年的法兰西阶级斗争》及其《导言》。此书采用的是黄色粗草纸印刷。

中共在延安地区非常重视发行工作。1938年8月，延安各界举行欢迎朱德从前线返回的大会。朱德在大会上讲到前线书报的匮乏，号召"我们后方要把出版的马列著作、毛泽东著作和抗日的书报刊物大批地输送到前方去"[1]。1939年的3月22日，中央发出了《关于建立发行部的通知》。在这条通知中，中央明确要求"从中央起，至县委止一律设立发行部，必要时区委亦设立发行部，支部委员会设发行干事。地委以上发行部除部长及必要的干事外，得依工作需要，设立巡视员若干人"，并提出"应动员一批有发行工作经验的同志担任发行工作，并注意培养发行工作干部，不轻易调动他们的工作"[2]。为了充实发行力量，中央还抽调了周保昌、卜明等人到发行部工作。这些人员之前曾在生活、读书、新知等书店工作过，有丰富的发行工作经验。

---

[1] 郑士德：《中国图书发行史》，中国时代经济出版社，2000，第511页。

[2] 郑士德：《中国图书发行史》，中国时代经济出版社，2000，第682页。

1939年9月，中共中央出版发行部成立，负责指导延安的出版发行工作。在它的组织领导下，延安的发行工作有效开展起来。1939年11月，出版发行部派人到晋绥、晋察冀等根据地实地考察，并设立发行网点。八路军120师师长贺龙还派人武装护送积压在兴县的书籍，历经半个多月，终于安全送到晋察冀根据地。

由于国民党和日伪军队的封锁，延安地区的很多图书无法及时送到其他根据地，而且由于延安地区的生产条件并不优厚，中共中央出版发行部很多时候都在延安制作好图书纸型，然后派人送到其他根据地，由他们自行印刷。晋察冀根据地就根据延安的纸型，自行翻印了《共产党宣言》、吴黎平和艾思奇合著的《唯物史观》、吴黎平的《论民族民主革命》等图书。[1]

1937年4月24日，新华书店在延安清凉山成立，这是中共中央出版发行部里面一支重要的发行力量，负责延安出版的各种书报杂志的发行工作。它与解放社分工合作：解放社负责出版马列著作，新华书店负责发行工作。

新华书店刚成立时，是中央党报委员会的发行科，起初人员少，力量弱。首任科长是涂国林，此人原来在上海就从事党的出版发行工作，后任重庆《新华日报》的营业部主任。在他的带领下，新华书店在人数不够的情况下完成了繁重的发行任务。这些人挑着几十斤的包件，爬山过河，去邮局送包裹。

1939年9月，新华书店业务独立，直接受中共中央出版发行部领导。此后，它采用更加多样的方式推动发行工作。为了提高在群众和读者中的影响，它在《新中华报》上连续发布广告："本店为介绍全国争取书报，以便利边区读者之购阅起见……最近迁移至本市北门外，照常营业。"[2] 在8月25日的《新中华报》上，还特意发布了"新华书店总经销的七大杂志"和"新书广告"。[3]

新华书店在从事图书的发行工作时，还注意到了图书发行中的经济问题。延安时期，各机关团体实行配给制，书报也不例外。延安出版的图书，大部分都被免费分配给了各机关单位，真正零售的数量并不多，这就造成了巨大的浪费。面对这种情况，新华书店向上级部门反映，要求改变这种制度。为此，中共中央出版发行部负责人张闻天，要求"取消赠送制度，实行独立的经营出版

---

[1] 齐峰、李雪枫：《山西革命根据地出版史》，山西人民出版社，2013，第50-51页。

[2] 《新中华报》1939年8月18日。

[3] 《新中华报》1939年8月25日。

事业。书价不能过分提高，由中央津贴。新华书店过去亏欠要清理"[1]。

随着延安图书出版量的增多，新华书店也逐渐在各地开设了分店，先后在兴县、黎城、庆阳等地设立发行点。不仅如此，延安还注重吸纳和引进外部出版力量，来扩大马克思主义著作的发行渠道。1941年10月，华北书店在延安北门外开业，这是读书、生活、新知三家书店联合在延安设立的门市。该店采用民营形式，销售了《从猿到人》等图书。

延安出版的马克思主义著作、文章连同其他马克思主义通俗化作品，依靠延安地区的发行网络，走进了延安地区的普通读者中。随着形势的发展，延安与外界的交流也越来越频繁。

（二）延安与外界的图书交流

抗战全面爆发后，越来越多的青年奔赴延安。这不仅为延安带来了新的活力和血液，也充实了延安地区的马克思主义研究和传播力量，吴黎平、艾思奇、柯柏年、王石巍（王实味）等马克思主义研究者进入马列主义学院，既充当教员又编译图书，促进了马克思主义的传播。延安在吸纳马克思主义者壮大马克思主义力量的同时，也在积极地向外部传播马克思主义图书。这一工作主要依靠两种力量和途径进行：一是中共在外埠设立的办事机构，二是受中共影响和领导的进步书店。

1. 自办机构销行图书

随着国共两党合作的深入开展，中国共产党在国统区获得了一定程度的公开活动自由。利用这些条件，中国共产党人先后在南京、武汉、重庆等地设立新闻出版机构，运用这些有利条件，出版传播马克思主义图书。

八路军驻武汉办事处，在周恩来的领导下成立了中国出版社。这家出版社与新知书店属于一个单位两副牌子的性质。新知书店一部分力量用自己的名义照常出版一些普通图书，而另一部分出版力量则负责印刷延安方面传来的图书纸型。后一部分图书由凯丰负责编辑好，通过秘密途径传送到武汉，然后以中国出版社的名义出版。

1938年3月，中国出版社出版了《马恩论中国》。这是"第一本中文版的

---

[1] 张培森主编，中共中央党史研究室张闻天选集传记组编《张闻天年谱（1900—1796）》，中共党史出版社，2000，第447页。

马恩关于中国的论文集"[1]。翻译者为方乃宜,新知书店负责总经销,定价4角,封面印有马格斯、恩格斯两人的头像。内容为"古代东方底特点与中国""关于中国的论文"和"世界商业与对华政策",其中第一和第三部分均是对《资本论》等著作的摘译。这也是马克思、恩格斯关于中国的全部论述文章的最早中文译本。《译者的话》介绍了该书的主要内容,即"由这两位人类伟大思想家关于中国的专门论文及其他著作中关涉到古代东方与中国的片段摘录所汇集而成的",同时提到"因为缺乏中文参考书,无法找到书中所引证的一切文件原文,所以有几条引证,只得译出大意"。[2] 该书出版后2个月,延安的解放社亦出版此书。

此后,中国出版社又与延安解放社保持同步,出版了多部马克思主义图书。1938年11月,中国出版社出版了《社会主义从空想到科学的发展》,而2个月前延安解放社刚推出了此书。《法兰西内战》在解放社出版3个月后,中国出版社就收到了纸型,翻印了此书。

当时武汉是全民抗战的中心,聚集了大量群众。这些马克思主义图书的推出,获得了良好的效果。不仅如此,中共还利用伪装,采用假的出版社名字,出版了若干部马克思主义图书。

成仿吾和徐冰翻译的《共产党宣言》在延安出版2个月后,武汉的新中国出版社即重印此书,并改名为《共产党宣言及党章》。[3] 1938年4月,新汉出版社出版了名为《从空想的社会主义到科学的社会主义》的著作,这部图书就是恩格斯的《社会主义从空想到科学的发展》。这本没有标明译者的图书,在封页里标注"生活书店、上海杂志公司和全国各大书局经售"[4],定价1角6分。5月,新汉出版社又出版了《史的唯物论》。文中内容分为几部分,《史的唯物论》是恩格斯的《社会主义从空想到科学的发展》英文版导言,《法兰西唯物论史》是对《神圣家族》的摘译,而《马克思的唯物论及辩证法》则是摘译《卡尔·马克思〈政治经济学批判〉》。

1938年4月20日,李铁冰编译的《马克思列宁斯大林论民族革命问题》,由武汉火炬出版社出版。该书收录了马克思的《中国及欧洲的革命》,即《中国

---

[1] 中共中央马克思恩格斯列宁斯大林著作编译局编《马克思恩格斯著作在中国的传播》,人民出版社,1983,第299页。

[2] 马克思、恩格斯:《马克思与恩格斯论中国》,方乃宜译,中国出版社,1938,第5页。

[3] 见中国人民大学图书馆编《解放区根据地图书目录》。

[4] 恩格斯:《从空想的社会主义到科学的社会主义》,新汉出版社,1938,封二。

革命和欧洲革命》。《编译者前记》中，作者指出"民族革命问题是世界革命中最大的问题之一，特别是中国革命的根本问题"，要正确解决这个问题，"必须拿马克思主义列宁主义的观点来分析"，而正在进行的"中国抗日的民族革命战争"，需要人们"研究马克思、列宁、斯大林等关于民族革命问题的重要论文之必要"。[1]出版者认为读者看完这本书，对于决定民族革命战争的战术与战略，将有不少理论上的帮助。全书首印5000册，定价国币3角。值得注意的是，李铁冰在3月5日翻译完毕，火炬出版社在4月20日即完成出版印刷。封面上部印有"中华民族解放万岁"字样，书名为醒目的红色，封面上有一幅图片，一个劳动者正拿着铁锤不断打击铁链捆绑的石头，寓意十分鲜明，革命性意味突出。

除了利用出版社来出版传播马克思主义图书，八路军办事处创办的《新华日报》《群众》也加入到马克思主义图书的出版发行工作中来。这两份刊物是中共在国统区公开创办的刊物，它们利用自己的合法地位和印刷力量重印、翻印了马克思主义图书。

1939年2月，新华日报馆在重庆翻印了吴黎平和刘云合译的《法兰西内战》。[2]比《新华日报》创办时间还要早的《群众》周刊，经常介绍马恩列斯的著作。[3]《群众》在第5卷第13和14期上，专门开设了纪念恩格斯一百二十周年诞辰的栏目，刊登了潘梓年的《近代社会主义底创立者》、华西园（华岗）的《恩格斯论民族问题》和戈宝权翻译的《恩格斯的生平、著作及其事业》等文章。[4]

国民党迁都重庆后，新华日报馆营业部设成为传播马克思主义图书的重要机构。为了安全稳妥地做好发行工作，新华日报馆的工作人员采用了多种方式。

首先是门市销售。《新华日报》营业部设的图书门市部里面既有"公开出售的图书，又有秘密发行的图书"。[5]为了确保在售的马列图书不被国民党查禁，门市部人员一方面负责把马列图书销售给进步读者，一方面还要辨别伪装

---

[1] 李铁冰：《马克思列宁斯大林论民族革命问题》，火炬出版社，1938，第2-4页。

[2] 见中国人民大学图书馆编《解放区根据地图书目录》。

[3] 许涤新：《〈群众〉史话》，载《新华日报的回忆》编委会编《新华日报的回忆》，四川人民出版社，1979，第105页。

[4] 中共中央马克思恩格斯列宁斯大林著作编译局编《马克思恩格斯著作在中国的传播》，人民出版社，1983，第321页。

[5] 管佑民：《战斗的门市部》，载《新华日报的回忆》编委会编《新华日报的回忆》，四川人民出版社，1979，第309页。

来的特务，时刻进行反特斗争。对于特务跟踪进步读者，销售人员也会给予特别的提醒和保护。

其次是主动做好推销。许多读者当时虽然想阅读马列主义的图书，但是由于并不了解该读哪些书，且由于国民党的查禁，无从选择图书。这时候，新华日报馆的工作人员就会抓住读者选书购书的机会，主动向他们介绍马克思主义图书。

再次则是采取反查禁的方式，保护马克思主义图书。据《新华日报》门市部当时的工作人员回忆，他们对于前来查禁的文化特务，已经比较熟悉。所以他们一进店，就会有专门的人员负责应付，而另一部分工作人员则会相机把"禁书"收起来藏好，等他们走了之后，再摆放出来。时间长了，这些被查禁的图书，反而更受读者欢迎。

邮寄也是《新华日报》实现发行、流通马克思主义图书的重要手段。国民党实行邮检制度后，所有书报几乎都要被检查。重庆市区的邮局在接收《新华日报》寄往延安的书报时，格外严格，甚至不接收。而彼时国民党各邮检所执行邮检标准的尺度并不一致，《新华日报》的工作人员就利用这一差别，在重庆近郊邮寄图书，并故意改写收寄地址，或者采用伪装手段，把书报的封面换成普通封面，蒙混过关。

对于《新华日报》，新华日报馆也想出了多种发行方式，其中最重要的就是建立自己的发行队伍。国民党为了限制《新华日报》的发行，采用威胁、殴打等方式，禁止重庆的报贩子批发销售《新华日报》。为此，新华日报馆招募进步青年和孤儿，组成自己的发行队伍，[1]冲破了国民党的封锁，把大量报纸投递到读者手中。

2.指导进步书店出版发行马克思主义图书

中国共产党在国统区，不仅依靠《新华日报》《群众》周刊和中国出版社等自己的力量传播发行马克思主义书报，还特别注重团结和影响进步出版社，借用它们的渠道出版和发行马克思主义图书，并且取得了不俗的成就。

在中共的影响下，一大批进步书店纷纷转变自己的立场，积极加入到出版和传播马克思主义著作的潮流中。生活书店、读书出版社、浙江的椒江书店、江西的大众文化社、南洋图书公司、桂林的文化供应社和三户图书社、上海的复社和亚美书店等全国各地的出版机构，在中共的影响和领导下，大大推动了马克思主义图书的出版传播工作，生活书店是其中的典型代表。

---

[1] 综合自方汉奇的《中国新闻史》及《新华日报的回忆》《中国图书发行史》等资料。

1932年，生活书店正式挂牌营业，以"促进文化，服务社会"为宗旨，实行民主集中制。生活书店既是出版机构，也是发行单位。正如胡愈之所说：资金小的出版社"卖书就要通过别人的书店"[1]，别人一旦不接收寄卖，那么书店就会坚持不下去，很快关张。生活书店利用《生活》周报积攒起来的读者群和自己的发行渠道，很快在上海站稳了脚跟，并出版了一大批受读者喜欢的图书。

由于国民政府的迫害，生活书店的发起人邹韬奋被迫流亡海外，先后游历欧洲一些国家、美国，对资本主义社会有了深刻的认识。在流亡海外期间，邹韬奋阅读了大量的社会科学图书，对马克思主义有了初步的接触，并产生了浓厚的兴趣。1937年10月，生活书店出版邹韬奋编译的《读书偶译》。该书是邹韬奋平时和流亡海外期间阅读社会科学书籍的读书笔记。其中《唯物史观的解释》是对马克思《政治经济学批判》的摘译，《唯物辩证法》则是对《资本论》第二版跋的翻译，《恩格斯的自白》是恩格斯为《路德维希·费尔巴哈和德国古典哲学的终结》所写的注脚。书中还有柏拉图、卡尔·马克思、达尔文、法国革命和英国工业革命等图片，印刷精良，定价国币7角。该书作为理解马克思主义的基础图书，深受读者喜欢。次年4月，生活书店再版了此书。

在邹韬奋的支持和影响下，生活书店制订了"世界名著译丛"出版计划，将不少马克思主义著作纳入其中。1937年12月，生活书店出版了张仲实翻译的《费尔巴哈论》，将之作为"世界名著译丛"之二。封面印有此书原名"费尔巴哈与德国古典哲学的末日"。在《译者序言》中，张仲实对该书在俄国的传播背景和作用作了详细的论述，暗示了国内对哲学问题的认识混乱，指出"介绍本书的动机，是跟介绍社会科学的基本问题的动机一样的"，同时"国内出版界有一个严重的缺点，就是各家所出版的东西形式与内容差不多都是千篇一律的"，而"要补救这一缺点，只有介绍世界名著提高学术研究的水平"。[2] 该书定价每册2角5分，次年2月在武汉再版。

延安出版的《社会主义从空想到科学的发展》《价值价格与利润》《拿破仑第三政变记》《德国农民战争》《雇佣劳动与资本》等马恩著作，也被生活书店列入"世界名著译丛"。

随着与共产党人的接触，邹韬奋越来越认同中国共产党的理念，并主动接受中共的领导，在思想文化方面与中共保持一致，在中共的指导和影响下，按照中共的要求先后出版了一系列马克思主义著作。1938年，生活书店先后出版

---

[1] 胡愈之：《我的回忆》，江苏人民出版社，1990，第145页。
[2] 《译者序言》，载恩格斯《费尔巴哈论》，张仲实译，生活书店，1937，第3页。

了《共产党宣言》《马恩论中国》《家族私有财产及国家之起源》《费尔巴哈论》等马恩著作，1939年出版了《政治经济学论丛》等图书。

抗战全面爆发后，生活书店总店迁往武汉，留在上海的人员迁入租界，依靠租界的庇护，继续出版工作。

抗战时期，生活书店为适应战时需要，不断调整自己的经营工作。在图书出版方面，生活书店先后出版了《全民抗战》等刊物，推出"救亡文丛""世界知识丛书战时丛书""黑白战时丛书""战时社会科学丛书"等战时读物。在经营方面，则改变以往的发行方式，建立全国的发行网络。依靠生活书店的发行网，中共出版和生活书店出版的马克思主义图书流传到全国。

1938年到1939年，短短2年的时间里，生活书店已经在全国设立了完善的发行网。这一发行网中，包含52个分支店和办事处，3个临时营业处，9个流动供应所。[1] 此时，生活书店已经在除西藏、青海、宁夏和新疆之外的所有省份建立了自己的发行网点。这些网点中既有汉口、上海、广州、西安这样重要的大城市，也有万县、梅县、丰都、罗定这样位置重要的小城市，还有四会、贺县这样的驻兵地。生活书店的发行网中，几乎能够接触到各种层次的读者群。

立体式的发行网，为生活书店带来了大量的读者，使得生活书店的发行业务异常繁盛。徐伯昕后来回忆到，读者为了得到他们想要的图书，"情愿跑很远的路，宁愿饿着肚子，剩下钱来"买书；就连黄炎培也称赞道"商务也罢，正中也罢，都是冷冷清清的，只有你们的书店拥有广大的读者"。[2] 大城市的读者如此，在偏居粤南的罗定，生活书店同样受读者的欢迎，在生活书店第84期的《店务通讯》中，许觉民就描述了生活书店罗定支店开业后，竟然到晚上10点还有读者在选书阅读。生活书店受欢迎的程度可见一斑。

在设立网点以外，生活书店继续开展邮购业务，向各地的同业发放批发代购信息，印刷图书目录免费供读者索取。生活书店没有设立网点的地方，很多读者通过邮购的方式来获得自己所需要的图书。兰州分店的很大一部分工作就是处理新疆读者的邮购业务。

针对战时前线很难买到图书的现实情况，生活书店还创造性地发明了流动供应图书的方式。它联合其他出版机构，共同派出人员，携带各种图书，前往

---

[1]《生活书店史稿》编委会编《生活书店史稿》，生活·读书·新知三联书店，2007，第116页。

[2] 徐伯昕：《国统区革命出版工作》，转引自《生活书店史稿》编委会编《生活书店史稿》，生活·读书·新知三联书店，2007，第122页。

前线，供士兵选购图书。金华支店的工作人员，就经常派人携带图书，前往温州、丽水等地。此举受到广大读者的欢迎，军人、救亡工作者和学生等纷纷购买图书。[1]

"皖南事变"之后，进步书店也受到了国民党的压制和迫害，生活书店的出版发行工作受到极大影响。为了应对这种局面，生活书店不断改进发行工作。

第一是扩大图书供应种类，优先增加进步书店的图书，代销同行的优质图书；第二是加强批发工作，生活书店主动联系各书店，给予折扣优待的方式，提高了批发业务；第三是实行活期订户制度，按照读者的特定需求，满足他们对某期刊物、某本图书的需要，并给予优惠；第四是经常实行打折促销，选择相应的图书，进行星期天打折，以满足青年学生和进步读者的需求。

生活书店，作为一个商业性质的进步书店，在中国共产党的影响和领导下，大量出版马克思主义图书，并运用自己的发行网络，广泛传播马克思主义图书。这既满足了读者的需要，为生活书店带来了一定的经济收益，也为中共提高自己的影响力提供了契机，促进了马克思主义的传播。

三、引导"孤岛"上海的马克思主义著作发行

抗战全面爆发前，上海的很多出版机构已经未雨绸缪，把主要人员和大部分设备撤出上海，疏散到外地，只在上海留下了部分人员维持最基本的运转，同时看守设备资产。其中，受中共领导和影响的生活书店、新知书店和读书生活出版社等出版机构，在上海保留了精干的力量。生活书店总店迁往武汉后，留在上海的人员迁入租界，依靠租界的掩护，继续出版工作，后期与读书出版社联合成立了读书生活出版社。在延安方面的领导下，这些留守出版机构的进步力量肩负起了上海马克思主义著作出版的重任。

抗战时期，上海虽然政治、军事上的形势很严峻，但是对出版业而言，却出现一个难得的真空有利时期。这一时期，虽然很多出版机构已经撤离上海，但是上海却依然保留着强大的印刷能力；由于上海的经济地位和当时的世界局势，上海的国际贸易还依然活跃，纸张进口很方便且价格低廉；租界当局对中日之间的关系，持中立态度，不干涉双方的事务；上海便利的水陆交通系统，此时依然正常运转。这些有利条件，为出版行业的活跃提供了必要的支撑。留

---

[1]《生活书店史稿》编委会编《生活书店史稿》，生活·读书·新知三联书店，2007，第125页。

守在上海的出版力量,利用当时上海特殊的条件,出版了不少马克思主义著作。

1937年10月生活书店出版了邹韬奋编译的《读书偶译》。

1937年12月,生活书店出版了张仲实翻译的《费尔巴哈论》。

1938年6月,明华出版社推出了恩格斯的名著《家族私有财产及国家之起源》。

1938年7月,钱亦石翻译的恩格斯著作《德国农民战争》,作为生活书店的"世界名著译丛"之五问世。全书主要依靠英文译本,并参照俄文本和日文本翻译而成,定价实价国币5角。在《译者例言》中,钱亦石开篇即提到"'贡献给读者的这本恩格斯的著作像其他一切著作一样,无须任何的介绍。'(借用Plechanov在恩格斯德法农民问题序文上劈头一句话),我在翻译的过程中,时时感觉到这本书确是唯物史观的开山祖,用其自己创新的方法,解释历史的具体模范",并认为"这本书对于中国,'到现在还未失掉时效'(像著者在第二版序中所说一样)。所以,我相信这本书能够帮助读者更深刻的了解现代问题"。[1]可见钱亦石对恩格斯此部著作的高度认可。

1938年10月,上海亚东图书馆出版发行了西流(濮清泉)翻译的《劳动价值说易解》。该书的实际内容是马克思的《工资、价格和利润》,这是该著作的又一个完整中文单行本。在《译者的话》中,编译者介绍到,翻译此书的原因在于"中文本早就有人译出过,现在已经绝了版,不容易购得到了";另外,此书根据堺利彦的日文本译出,而"堺氏为着便于日本大众的阅读起见,在翻译方面力求通俗明白,有许多的节略,如把其中与他人辩驳的地方都删去不译,他并且又加了一些注释,在日文方面这是公认的很好的一个通俗的小册子"。此外,他还强调了该书的重要价值"劳动价值说乃是马克思理论的基础;而剩余价值的学说,更是了解资本主义社会的锁钥"。[2]该书定价国币2角,由求益书社门市代理,各省各大书店均有销售。

1938年11月,郭沫若翻译的《德意志意识形态》由上海言行出版社出版。作为该著作的首部中文版译著,该书收录了《费尔巴哈论纲》《德意志观念体系序文之初稿》《费尔巴哈——唯物论与唯心论的见解之对立》等内容。同月,上海珠林书店出版了《中国问题评论集》,内容是马、恩二人对中国问题的评

---

[1]《译者例言》,载恩格斯《德国农民战争》,钱亦石译,生活书店,1938,"译者例言"第1-2页。

[2]《译者的话》,载马克思《劳动价值说易解》,西流译,亚东图书馆,1938,"译者的话"第1-2页。

论与研究文章,包含《鸦片贸易》《中英条约》《俄国在远东之成功》《对华贸易》《中国纪事》等文章。全书定价每册2角。编著者署名为马克思、恩格斯,发行人杨克斋。[1] 值得注意的是,言行出版社是国民党官办出版机构,珠林书店的老板杨克斋[2] 此时的身份是一名国民党军官。

1939年1月,章汉夫、许涤新合译的《恩格斯论资本论》由读书生活出版社发行。该书包括《资本论述评》《资本论第一卷提纲》《绝对剩余价值的生产》《相对剩余价值的生产》等内容。在《译后记》中,翻译者提到"在《资本论》底(的)中国译本已经出版的今日,这一本书对于决心认识资本主义社会的规律底(的)青年朋友是更加重要的,因为它可以帮助读者更进一步地去了解《资本论》"[3]。在封底还有为《资本论》《资本论通信集》《资本论的文学构造》等书所做的广告。著者署名为恩格斯,编者为 L. E. Mins。可见此书是对国外研究著作的翻译。初版时,定价6角5分,再版时定价国币8角。

1939年1月,亚东图书馆印行了郭和(王凡西)翻译的《论犹太人问题》,内容包括《论社会批评的意义及方法》和《论犹太人问题》,定价国币4角,求艺书社代理销售。

1939年4月,郭大力翻译的《资本论通信集》由读书生活出版社出版。书内收有书信25封,包括马、恩之间的相互通信,马克思致顾格曼的信件,恩格斯致丹尼尔逊、阿德勒的信件,还有《资本论第三卷补增》和《卡尔·马克思〈资本论〉第一卷书评——为〈民主周报〉作》等内容。在《译者序》中,郭大力介绍了此书的主要内容是"选集在一处的,是苏联最新出版的《资本论》德文本",因为出版时限的原因,"没有能够立即把他们译印出来。这个单行本的编印,总算把这个缺陷填补了"。他还强调"通信的次序,没有依照年代编辑,因为必须如此,我们方才可以窥见《资本论》内几种主要思想,是怎样发展的"。[4] 本书也为郭大力、王亚南的《资本论》做了一份广告,称赞郭、王译本的《资本论》为世界第一伟大的著作,中国唯一完整的译本。

---

[1] 全书未见翻译者信息。

[2] 1962年,杨克斋被沛县人民法院以反革命罪名,判处有期徒刑10年。

[3]《译后记》,载恩格斯《恩格斯论资本论》,章汉夫、许涤新译,读书生活出版社,1939年。

[4]《译者序》,马克思、恩格斯:《资本论通信集》,郭大力译,读书出版社,1936,"译者序"第4页。

1939年4月，郭和[1]翻译的《法兰西内战》问世。出版者的标记为上海海潮社，发行者的标记为金星书店，全书定价实价6角。内容包括《恩格斯在德文版上第三版的序言》《国际工人协会总委员会关于战争的宣言》等内容。从版权页信息[2]和出版史料推断[3]，海潮社和金星书店应该都是伪装的名字。

1940年5月，上海北社[4]印行丁宗恩编译的《论弱小民族》，收录了马克思、列宁、斯大林等人的文章，附录《现阶段的中国革命》一文。其中《论印度》即《不列颠在印度的统治》和《不列颠在印度统治的未来结果》两文。

1940年8月，何封等人翻译的《卡尔·马克思——人、思想家、革命者》[5]由上海读书出版社初版，发行人为黄洛峰。内容包括《卡尔·马克思》《关于马克思之死致索尔格的信》《马克思安葬演说词》《六月事变》《一八四八年的革命与无产阶级》等内容。

1940年10月，楼适夷翻译的《科学的艺术论》由读书出版社出版，其中内容是马恩著作中有关艺术特别是美学方面的论述摘编。定价国币1元2角。此书在1947年5月发行至第5版，定价每册国币5元6角。

1941年7月，上海珠林书局出版了克士[6]翻译的《德意志观念体系》（第一部分总论），即《费尔巴哈·唯物观和唯心观的对立》。文前的《介绍》说明了马、恩写作《德意志观念体系》的由来和经过。[7]全书定价实价国币1元。

上海的出版机构在抗战时期，对马克思主义传播的最大贡献，当数读书生活出版社组织力量出版了《资本论》首个中文全译本。在郭大力版本的《资本论》出版之前，中国已经出现过陈启修译本、潘冬舟译本、王慎明和侯外庐译本、吴半农和千家驹译本，但是这些译本因为各种原因都未能出版完全。

郭大力1923年考入厦门大学，后来因为学潮，跟随吴亮平等人从厦门大学转入上海，入读新创办的大夏大学。在大夏大学就读期间，郭大力主修哲学和化学，接触到了马克思主义学说，并萌生了翻译《资本论》的念头。1927年，

---

[1] 即王凡西。

[2] 图书版权信息页有"马恩名著译丛预告"，列出了《马恩名论选》《给顾格尔曼的信》《政治经济学批判》《神圣家族》《英国工人状况》《哲学之贫困》《拿破仑第三政变记》《伏格特先生》《马恩通信集》等书。

[3] 笔者查阅了相关出版史料，目前并没有发现关于金星书店和海潮社的明确记录。

[4] 北社属于中国共产党领导下的秘密出版机构。

[5] 该书在1947年再版，印数1500册。

[6] 即周建人。

[7] 马克思、恩格斯：《德意志观念体系》，克士译，珠林书店，1941，第1-2页。

郭大力大学毕业。在求职找工作的同时，郭大力学习补充政治经济学的知识，为翻译《资本论》做准备。1928年，郭大力在杭州大佛寺居住期间，遇到了王亚南。双方交流后，决定共同翻译此部著作。双方分手后，各自发奋为翻译《资本论》做准备。

郭大力回到上海，在光华中学教授英文，一边教书挣钱维持生计，一边自学经济学和德语。从1928年到1934年间，郭大力先后独自翻译了《人口论》（马尔萨斯）、《经济学原理》（约翰·穆勒）、《生产过剩与恐慌》（洛贝尔图）等经济学著作。这些阅读、准备和翻译工作，为他翻译《资本论》打下了坚实的基础。

王亚南在1928年赴日本留学。留学期间，王亚南接触到了很多马克思著作，并对欧洲古典经济学进行了深入研究。九一八事变之后，王亚南回国，在上海期间，翻译了《国富论》，独自撰写了《经济学史》《世界政治经济概论》等经济学著作。

在准备期间，郭大力和王亚南二人还合作翻译了《欧洲经济史》。这部著作的翻译成功，增强了他们翻译《资本论》的信心。此后，双方商定，开始正式翻译《资本论》。由于郭大力此时已经是两个孩子的父亲，而自己的工作薪水又比较少，所以，不得不抽时间卖文为生。几年时间里，《资本论》才翻译了几十万字。读书生活出版社了解到情况后，派艾思奇出面，与郭大力商谈出版事宜。为了让两人安心翻译，读书生活出版社与他们签订了协议，每月预付80元版税。

翻译工作正进行时，日军发动了八一三事变，郭大力所在的闸北区，变得非常危险。而此时，读书生活出版社总部也撤离了上海，与郭大力接洽的艾思奇去了延安。郭大力将翻译好的《资本论》第一卷交给留守出版社的郑易里之后，也携家人返回了赣南老家，并继续翻译工作。[1] 在赣南老家期间，郭大力完成了后续翻译工作，并把稿件寄往上海。当时在重庆的王亚南，也把译稿交给了读书生活出版社。

1938年4月，读书生活出版社上海的工作人员通知郭大力马上赶往上海，完成《资本论》的排印、校对和出版工作。郭大力说服家人后，立即动身前往上海。在法租界的读书生活出版社里，郭大力蜗居在出版社仅有的2间平房里，经过4个月的辛苦劳动，终于完成了《资本论》的校对工作。

1938年8月31日，郭大力和王亚南翻译的《资本论》第一卷出版。9月，第

---

[1] 徐素华：《马克思恩格斯著作在中国的传播：MEGA^{2}视野下的文本、文献、语义学研究》，中国社会科学出版社，2013，第81页。

二卷和第三卷分别出版。上海读书生活出版社为《资本论》设计了2个版本。平装本设计成5册，其中第一、三卷各有2册，两册总定价分别为2.6元和3.6元，第二卷单独成册，定价为1.5元。精装本共3册，其中第一卷定价3.3元，第二卷定价2.4元，第三卷定价4.3元。至此，《资本论》首个中文全译本正式问世。此后，读书生活出版社又相继出版了郭大力编译的《资本论通信集》和《资本论补遗勘误》，以方便读者理解和阅读《资本论》。

第五章　传播博弈：马克思主义图书的禁与反禁

晚清以来，出版和传媒行业的发展，不仅表现在传媒技术、传媒形态、传媒经济等方面的变化，更在于它推动了社会主导思想和文化权力组织方式的转变。它冲击了原有的社会运行规则，同时也受这些规则的反向影响。在这一背景下，清末尤其是民国以来，各方组织和势力以新式传媒为中心展开了激烈的文化思想主导权的争夺。传媒日益成为政治组织和经济团体等力量密切关注和试图掌控的对象。

民国成立之后，出版和传媒活动日益繁荣，书报内容更加广泛，涉及文化、政治、经济、军事等多方面，它的影响力也更加被社会认可。出版和传媒业对社会文化和社会舆论的影响，亦逐渐深刻而有效。这种深刻既表现在它对文化思想层面的影响，也体现于它在社会经济领域的重要地位。随着传播进程的深入，马克思主义在中国思想文化领域的影响和它在出版领域展现出的市场价值，也使它成为社会各界关注的焦点。

历来，中国处于主导地位的思想文化均与执政者有密切的关系。马克思主义虽然彼时已经在社会上产生了重要影响，但是无论在北洋政府时期还是南京国民政府时期，均不属于主导思想。它的传播自然受到了政府的排斥与打压，政府通过设置相应的法律、政策和经济控制等管理规则阻碍马克思主义图书报刊的出版和传播。政府的这种意图在出版和传媒业及读者等受众一方得到了多样化的解读，既有协商式的解读，也有对抗式的解读。这些不同的解码，深刻反映在马克思主义图书的查禁与反查禁过程中，并影响了此类图书的传播。

第一节　政府管制出版传媒业

国民政府对传媒在影响舆论、传播思想方面的作用一直都非常重视。1912年，民国政府刚成立，政府方面就颁布了管理新闻、出版行业的规章条文。此后，北洋政府和南京国民政府，又陆续出台了各种法规制度，将传媒行业纳入政府管理之下，以图控制和掌握传媒行业，进而掌握舆论的主导权。这些法规制度的制定，有一个最重要的特征，就是压制和打击反对的声音与内容，传播符合政府自身利益的内容。

1914年12月5日，北洋政府颁布《出版法》。该法共计二十三条，规定了出版关系人的范围，包括著作人、发行人和印刷人，要求出版的文书图画必须明确列出上述相关人员的名称、住址等信息，要求文书图画发行或"散布"前，必须向所在地的警察机关报备，同时上交两份出版物交由警察署和内务部留存。

北洋政府的这部《出版法》对出版物的内容有着明确的限定。第十一条记载了八款不准出版的内容，与政治内容相关的有第一、七款，即淆乱政体，揭载军事外交和其他政府信息等内容；与社会秩序相关的有第二、三款，即妨害治安和败坏风俗之内容；涉及法律事务的有第四、五、六款，即煽动曲庇涉案人员，未经公开判决的案件和不能公开的案情等信息；与个人事务相关的有第八款，即攻评他人阴私，损害当事人名誉的信息内容。[1] 第十二条还规定，在境外出版发行的书刊，如果刊登了上述内容，政府将禁止它们在中国出售发行。

如果出版机构触犯了上述条款的话，将受到惩罚，不仅出版物和底版要被没收，著作人、发行人和印刷者也将受到罚金或判刑的处罚。第十一条的八款规定中，后五款的内容界限相对而言比较清楚，容易判断。即使按照现在的法律规定，这五款内容也是不能公开出版的。相较之下，前三款的规定就没有那么明确了，它们包含的内容更加宽泛，出版机构对这三款的内容界限就不容易掌握了，而官方则对这前三款的解释具有很大的主动裁量权。这些条款在具体执行的时候，官方经常根据自身的需要，裁定什么内容属于前三款。裁决一旦确定，就很难更改。

北伐战争期间，社会各界对于战争的进程和结果极为关注，关于此事的出版物也大量出现。1925年11月的时候，当局就认定一本《共产党之宣言》的图书违禁，认为它宣传"赤化"，要求各地警察机构予以查禁。当时，王若飞就在中共河南省委的机关报《中州评论》上，对这一决定进行了抨击，认为此书"完全是剖析此次国内战争的性质"[2]。当然，如果说王若飞对北洋政府此决定的反驳带有政治立场，客观性不那么强的话，新闻界对于北洋政府的《出版

---

[1] 张静庐辑注《中国近代出版史料》（初编），上海书店出版社，2001，第330-332页。
[2] 岳威：《异哉警察厅之所谓异化》，《中州评论》1925年11月12日，第7期第1版。

法》，则普遍认为"与报纸最有关系，动辄得咎，非常危险"[1]。后来在报界的强烈要求下，政府于1926年下令取消此法。

1930年，南京国民政府推出了新的《出版法》。这部法律涵盖了书报和杂志的创办程序、登载事项、违规处罚等多方面内容。《出版法》规定，所有报纸期刊在首次发行前15天，必须向政府登记申报。[2] 登记内容包括报纸杂志的名称、性质、编辑、发行人等信息，同时规定每期报刊上均要登载编辑人、发行人、印刷所和地址等相关内容。在发行时，报刊社要向内政部呈送两份报刊以备查检，向所在地之省市政府和检察署各寄送一份。对图书及其他出版物的出版发行，该法的规定与报纸杂志大致相同。图书及其他出版物每册都需要登载发行、著作、印刷等相关信息。发行时，出版社也需要向内政部寄送两份图书以供审查。出版社的开办手续没有报纸杂志社那般严格。

对于出版内容，南京政府的《出版法》公布了禁载事项，包括不准登载有破坏国民党、曲解三民主义的意涵、任何意图颠覆国民政府的内容，有损国民利益的内容也在被禁之列，妨害公序良俗的内容不得出版，明确规定不能公开的法律案件辩论、未经同意的军事外交事务也不能公开出版。[3] 这几款规定，有的执行起来有比较明确的规则，如禁止公开的法庭诉讼辩论。而其他几款规定，执行的边界和尺度就没有那么明晰了，何为"妨害公序良俗"，何为"损害民国利益"，就只能由政府当局来决定了。正是这些内容边界的不明确，为政府部门的执法提供了比较大的随意性。这种随意性给传媒行业带来了不小的困扰与打击。

如果出版物登载的内容，经内政部认定违反上述条款的话，执法部门将做出以下处罚：1. 禁止出版物出售传播，如有必要可以扣押出版物；2. 在扣押出版物的同时，如果政府认为有必要，还可以扣押底版。当然，对于被扣的出版物和底版，如果发行人请求并保证删除这些内容，政府可以将它们返还给发行人。1930年的《出版法》颁布后不久，因为各地的执行尺度并不相同，在实行初期，确实有出版社通过申诉和保证删除不当内容的方式拿回了被扣押的图书。[4] 但是随着时间的推移，出版社拿回被扣图书的案例也就越来越少了。

---

[1] 张静庐辑注《中国近代出版史料》（初编），上海书店出版社，2011，第330页。

[2] 张静庐辑注《中国现代出版史料》（乙编），上海书店出版社，2011，第510-514页。

[3] 张静庐辑注《中国现代出版史料》（乙编），上海书店出版社，2011，第514页。

[4] 参见王煦华、朱一冰合辑《1927—1949年禁书（刊）史料汇编》（第一辑）和中国第二历史档案馆编《中华民国史档案资料汇编》第五辑第一编"文化"。

需要注意的是，1930年颁布的《出版法》对于国民党党义内容的出版作出了特别规定。它规定，登载了国民党党义内容的报纸杂志和图书或其他出版物，除向内政部报送两份外，还需要向所在地的省市党部和国民党中宣部分别呈送一份。为了更好地管理涉及国民党党义的出版物，1931年，国民政府内政部和国民党中央党部宣传部，又联合制定了《出版法施行细则》，对于关涉国民党党义、党史、党务和国民党主义、政策纲领的推行实施等内容作出了细致的指导。《出版物施行细则》规定：涉及党义内容的书报杂志进行登记时，除内政部外，各省市党部也要进行初步审核，无论审核是否通过，都必须将拟定的审核意见上报给中央党部，待中央党部审核后，将审核结果转交内政部。只有经过中央党部批准后，有关党义内容的报刊才可以公开出版发行。书报等出版物的内容如果曲解或违背上述国民党规定的思想主义，将受到严格处罚。[1]

1930年开始，南京国民政府的《出版法》及《出版法施行细则》对于国民党党义和三民主义等事关国民党指导思想的内容出版给予了特别的注意，并为之作出了详细的规定。这一举动与当时的现实状况有着密切的联系。

20世纪30年代，经过东北易帜和中原大战等事件，国民党在形式上完成了对中国的统一，成了全国的执政党。此后，它有必要将三民主义等指导思想和执政理念传达给全国民众。只有让民众信服三民主义理论，国民党才能有稳定的思想理论基础，进而才能保证政治的稳定和执政的顺利，才能按照他们的意愿领导和完成中国的革命建设工作。彼时的中国社会，虽然政权力量大部分归于国民党，但是共产党也已经在瑞金建立了自己的政权。双方的思想主张就存在着非常大的差异。更重要的是，彼时不仅国共之间的思想主张不同，就连国民党内部，对三民主义也有不同的声音：以戴季陶为首的群体和以胡汉民、汪精卫为首的群体对三民主义的解释各不相同。对孙中山先生的三民主义尚且有不同的评论，更何况彼时社会上还存在着马克思主义等理论思想。

在这种背景下，国民党必须要确立自己解释三民主义等国民党指导思想的权威，掌握阐发三民主义的主导权，不允许有另外的声音来解释三民主义。他们不希望有其他主义出现，更不允许其他主义在中国传播和壮大。而为了达到这一目的，南京政府早在1929年就已经开始执行《宣传品审查条例》了。这部条例主要关注"总理遗教、本党主义、本党政纲政策"等内容，将违禁宣传品的性质划分为两种，认定凡是含有"宣传共产主义及阶级斗争、国家主义、无

---

[1]《出版法施行细则》，刘哲民编《近现代出版新闻法规汇编》，学林出版社，1992，第113-116页。

政府主义"等内容的宣传品均为反动宣传品，而"曲解、误解本党主义政纲政策及决议案"等内容的宣传品均为谬误宣传品。政府对属于这两种的违禁品分别给予查禁和纠正的处理。

为了达到思想宣传的统一，南京政府又制定了其他相关规章制度，陆续建立了邮检所制度，试图查禁他们认定的那些具有不良倾向的图书。1934年，国民党中央图书杂志审查委员会成立，该委员会成立的目的在于"审慎取缔出版刊物，增进审查效能，并减除书局于作家之损失"[1]。它遵照有关宣传审查条例及审查标准、《出版法》《出版法施行细则》等法令审查一切稿件。对于违反相关规定的稿件，交由国民党中宣部审核；出版后的图书如与送审原稿不符，也给予处分。

1937年3月，国民党中宣部又推出了《检查书店发售违禁出版品办法》。这一办法规定，各省市政府印制禁售出版品目录，并每周向各书店发送一次。各书店在接到目录后，不得再发行或出售违禁出版品，否则将被取缔。书店初犯，将被处以警告和被扣押出版品的惩罚；再犯时，发行人或出版者将被拘罚。对于在检查中发现的不妥内容，检查者要出资购买，并呈送中央宣传部或者"内政部"。[2] 1937年12月，《书店印刷店管理规则》出台，该规则为书店印刷店的开办程序、主管单位、经营规范等内容开列了详细的规定。在这一规则中，地方主管官署可以调整书店印刷店的开设区域，并且书店印刷店要加入各自行业的商会或同业公会，而后者有义务对会员进行劝告，对其违规内容应该向政府部门举报。这一个规定并不意味着政府放松了对该行业的管制，而是加大了管制力度，把各同业组织也纳入管理者范围，实质上是一种管制的扩张。

南京国民政府出台的各种管理规则，从宏观层面上，起到了管制新闻出版行业的作用。与此相配合的是，各相关部门各地方也相继制定了各种审查规则。1927年7月27日，国共两党决裂后不久，南京戒严司令部检查邮政委员会就向国民党中央宣传部发函，抄送了《邮政监察条例》。该条例中，检查邮政委员会列出了检查重点在于妨碍军事计划、共产党及帝国主义宣传之文件等内容。[3]

---

[1] 中国第二历史档案馆编《中华民国史档案资料汇编》第五辑第一编"文化"，江苏古籍出版社，1991，第4页。

[2] 刘哲民编《近现代出版新闻法规汇编》，学林出版社，1992，第308-309页。

[3] 中国第二历史档案馆编《中华民国史档案资料汇编》第五辑第一编"文化"，江苏古籍出版社，1991，第168页。

针对"反动宣传"仍流行，民间从租界发出之件，占"反动宣传"中十之七八，在租界不能实行检查的局面，国民党中央秘书处在1929年9月特地制定了《全国重要都市邮件检查办法》。该办法规定，在宁、沪、汉、穗、津、京、青岛、哈尔滨八个特别市设立邮件检查所，负责检查反动邮件，并分别报送各地党部宣传部或军政机关进行处罚。1933年9月，中央秘书处发布了《修订重要都市新闻检查办法》。

国民政府在制定各种政策和规则时，目的在于确保出版和传媒行业服务于政府的社会治理。无论是《出版法》，还是邮检制度，以及《检查书店发售违禁出版品办法》，其内容和目的都在于消除任何可能不利于政府统治的信息的传播。既要求出版和传媒行业准确传播三民主义、国民党党义等内容时，同时也要求出版传媒行业不传播或少传播主导思想之外的其他内容，否则就是"反动宣传"。国民政府依靠自己掌握的主导地位，将查禁这些"反动宣传"行为正当性赋予在各种规则和制度上，并使之成为社会上尤其是出版传媒领域里的主导意义。

正如霍尔所言，任何一个社会中，居于主导地位的意义之所以占统治地位，在于"主导性的定义隐含地或明确地将事件和广阔的整体表述联系起来"[1]，比如将事件与国家利益等宏观意义联系起来。彼时，国民政府这些名目繁多的审查规定形成了一张严密的大网，筛查任何违禁内容。而它们的主要依据或表述也如霍尔的研究呈现出的一样：这些违禁内容与社会中的"自然""不可避免""理所当然"的内容相抵触。[2] 在国民政府看来，这些危害到"自然的""理所当然"的社会的因素就是各种宣扬马克思主义的书报，尤其是那些带有宣传阶级斗争、普罗文艺等内容的图书报刊。

第二节　查禁马克思主义书刊

民国政府对于报刊传播思想的作用很早就认识到了，从北洋政府时期开始，它就已经对书报传递异己思想保持审慎的态度。北洋政府执政时期，虽然自身并没有提出系统的执政理念，没有形成系统的思想理论，而彼时的社会思

---

[1] 霍尔：《编码/解码》，载张国良主编《20世纪传播学经典文本》，复旦大学出版社，2003，第435页。

[2] 霍尔：《编码/解码》，载张国良主编《20世纪传播学经典文本》，复旦大学出版社，2003，第436页。

想讨论异常活跃，但是这并不意味北洋政府对各种思想都持开放包容的理念，它也对各种异质思想予以查禁。

从1912年7月开始到1928年3月，北洋政府先后查禁了上百种书报传单。从现存资料中，我们可以发现北洋政府对这些书报传单的查禁缘由是多方面的，而其中大部分的查禁理由都是"内容反动"。1912年，外城巡警总厅查禁了汉口发行的《大江报》，给出的查禁理由就是"妖言混淆"。[1]

1913年5月1日大总统秘书厅查封了北京的《国风日报》《国光新闻》《中国报》3家报刊，认定其内容是"任意污蔑"。4个月后，广东都督查禁广州发行的《晦明录》，认定它是"宣传无政府主义"，被以同样理由查封的还有多家报刊，《民声》《无政府浅说》《平民之钟》《进化杂志》《民声丛刻》《工人宝鉴》《实社自由录》等在各地发行的书报杂志等出版物均被认定为鼓吹"无政府主义"。

随着社会主义、共产主义等内容的传播，它们也逐渐引起了统治者的重视和查禁。1920年10月30日，上海镇守使查禁了《伙友》《劳动界》《平民报》《资本论》等书报，使用的查禁理由是"鼓吹社会主义"。内务部查封《克塔布》时，亦是使用这一标准。1921年，在上海法租界发行的《新安徽》，被上海镇守使以"传播共产谬说"的理由查禁。

不仅公开发行的书报受到政府的查禁，就是各种团体的内部刊物也经常遭受政府查禁。1922年，北京大学的《先驱》半月刊，就被京畿卫戍司令部以"鼓吹社会主义"的名义查禁。一年后，京畿卫戍司令部以同样的名义查封了《互助》月刊。交通部也先后查封了中山大学政训部的出版物和苏联寄往中国的《新远东》《布尔什维克》《中国青年革命之奋斗》等书报，认为这些书报含有"宣传赤化""宣传共产主义"的内容。这一时期，北洋政府还查封了《马克思资本论》《社会主义讨论集》《列宁事略》《托洛斯基自述》等宣传马克思主义内容的图书。

如果说北洋政府对马克思主义查禁的力度相对温和，范围相对小，和马克思主义在当时的传播处于早期阶段，还未曾在社会产生强烈的影响有关，那么，南京国民政府对马克思主义的查禁，对马克思主义书报的禁毁，则与当时马克思主义传播的形态有着密切关联。大革命时期以及国共决裂后，社会上关于马克思主义的讨论已经非常广泛，而中国社会性质大讨论的深入进行，更进一步推动了马克思主义在中国的传播，提高了马克思主义在中国社会的影响。中国社会性质的讨论，使得国共两党对于中国社会问题的两种不同认识呈现在了社

---

[1] 张克明：《北洋政府查禁书籍、报刊、传单目录》，《天津社会科学》1982年，第6期。

会大众面前。中国共产党坚持的阶级斗争观点与国民党政府的纲领方针截然相反，南京政府面临着思想上的挑战，它必须要禁止马克思主义尤其是阶级斗争观点的传播。

1928年11月至1929年3月，国民党中央秘书处通令查禁《暖流》半月刊、《疾风》周刊、《双十》周刊、《IIDEC》、《无轨列车》、《血潮》等刊物。国民党当局认为《暖流》半月刊"捏词污蔑诋毁中央，肆意攻击，意图煽惑民众"，予以查禁；光华书局《疾风》周刊和《双十》周刊两刊物，因其"诋毁中央，居心叵测"，国民党中央秘书处要求上海市党部和市政府予以查禁，并转饬上海邮政检查委员会严密检查，禁止邮寄；对于已经认定为共产党刊物的《IIDEC》，国民政府要求严密查禁，并惩戒或查封销售此书的书店。最能体现国民党政府对此类图书的查禁方式与处理手段的是对《无轨列车》的处置。

《无轨列车》由上海第一线书店印行，国民党"中央秘书处"认定其内容"提倡阶级斗争，煽惑工人暴动"。为此，它呈请国民政府：1. 命令各地政府禁止各地书店售卖此刊；2. 通令交通部命令各地邮局密切注意，如有此书邮寄，扣留烧毁；3. 令上海市政府查禁辖区内的销售行为，并侦查第一线书店是否还有其他联络作用。[1] 上海市政府上报的处置结果就是"饬该书店以后不得发行"。虽然上报的处理结果是以后该部图书不准发行，但事实上第一线书店还是被查封了，只是在改名为水沫书店以后才继续运转。[2]

被国民政府以"宣传阶级斗争"之名查禁的图书远不止《无轨列车》。根据对《上海市教育局查禁反动刊物（1929年1月到6月、1929年7月到12月、1930年7月到12月）》《中国国民党执行委员会查禁反动刊物一览表（1929年月到1930年2月）》《民国十八年、十九年、二十年度中央查禁各种反动书籍杂志名册》《中央取缔反动文艺书籍一览（1929.8—1936.10）》的统计，我们可以发现，彼时国民政府查禁最多的是"宣传阶级斗争"和"普罗大众文艺"的书刊，而对马克思主义经典文本的查禁则相对较少。

如果说"宣传阶级斗争"直接挑战了国民党的指导思想，属于明显的政治层面，那么"普罗大众文艺"则反映了国民党对于社会上解释马克思主义和运用马克思主义理论解释中国问题的惊恐。

---

[1]《国民党中央秘书处关于查禁〈无轨列车〉与上海市政府往来文》，载中国第二历史档案馆编《中华民国史档案资料汇编》第五辑第一编"文化"，江苏古籍出版社，1991，第187-190页。

[2] 朱联保：《近现代上海出版业印象记》，学林出版社，1993，第329-330页。

1929年，中国的出版界出版了大量的社会科学译著。现代书局的"社会科学丛书"、南强书局的"新社会科学丛书"、北新书局的"近代社会科学家名著译丛"、黎明社的"社会学科大纲"和南华书局的"苏俄研究小丛书"等社会科学图书不断出版。按照时人的说法，这一年社会科学的出版呈现出了明显的特点，其中一个特点就是关于唯物辩证法的图书特别流行。[1] 除此之外，苏联的文艺理论书籍也大量引入。这些图书的出版传布，在极大地推动中国社会科学研究进程的同时，也为马克思主义的传播提供了多种形式，其中一种颇为高效的形式就是文学，尤其是普罗文艺。借助于文学的形式，马克思主义更顺畅地走向了千万读者。

1930年，中国左翼作家联盟成立（简称"左联"）。"左联"成立后的一个重要任务，就是运用文学的形式，宣传马克思主义，推动中国的革命进程，"有目的的（地）、有意识的（地）、有计划的（地）去领导并发展中国的革命文学运动，其次是加强思想战线上的斗争，透过文学这一艺术武器，去做宣传鼓动的工作，争取广大群众走向革命阵营"[2]。正是在这一方针的号召下，文学创作者们用自己手中的笔，以马克思主义的文艺理论为指导，创造出了众多的作品，宣传了马克思主义，唤起了人们的觉醒，在思想战线上展开了与国民党的斗争。

通俗易懂的马克思主义文学作品很快在普通读者那里产生了强烈的反响，一大批青年正是通过对这些文学作品的阅读，走上了马克思主义道路。这自然引起了国民政府的高度警惕。他们利用各种方式，扣押、查禁、焚毁这些图书。

1933年，国民政府行政院发布第4841号密令，查禁汉口地区的普罗文艺。通过这份密令，我们可以大致了解国民政府对普罗文艺的查禁情况。在这份密令中，汉口地区的书报检查机构，汇报了例行检查情况，指出汉口地区的书店中"除学校课本传记小说，与社会及自然科学之纯理论作品，勿（毋）庸注意"外，普罗文学是重点查禁对象。政府认为这些书籍"本无产阶级之情绪"，旨在抨击当下的政治体制和经济制度，赞扬阶级斗争。但是因为采用了写实派的写作方式，意图隐藏得深，所以，不容易发现，查禁起来有难度。而这类书籍数量多，书报检查工作时间紧，任务量大，所以很多图书流入汉口市场。为了使查禁工作更有效，汉口市的检查机构建议管理部门：1. 内政部检查时要更严

---

[1] 君素：《1929年中国关于社会科学的翻译界》，载张静庐辑注《中国现代出版史料》（乙编），上海书店出版社，2011，第7-18页。

[2] 丁易：《中国左翼作家联盟的成立及其和反动政治的斗争》，载张静庐辑注《中国现代出版史料》（乙编），上海书店出版社，2011，第40页。

密；2.中央积极推进民族文学计划；3.教育部密令各学校，做好学生的阅读引导工作；4.各机构要切实执行查禁。[1]

从上述密令中，我们可以发现，国民政府在查禁马克思主义图书，消除其影响的同时，自己也想采取主动措施，出版宣传三民主义、国民党党义的图书，以图把读者的注意力吸引过去，占据主导权。不仅如此，他们还对宣传三民主义的书报，进行选择，挑选出其中的优秀者，予以表彰鼓励。在1929年颁布的《宣传品审查条例》和1936年公布的《中央文化事业计划纲要》中，均设立了奖励优秀书报的规则。

抗战期间，国民党在以往的管制基础上，设立了更多的书刊审查机构，制定了更为严苛的审查制度和检查标准，力图完全掌控彼时的文化思想领域。马克思主义著作的出版与发行在抗战期间同样经受着考验，在中国共产党领导和影响下的出版行业与国民政府管制下的图书出版发行领域里不断进行着博弈。

1938年10月，国民政府中央图书杂志审查委员会在重庆成立。该组织由国民党中宣部、军委会政治部、内政部、教育部、社会部等部门派员组成，其作用在于管理检查"全国图书杂志原稿"，并指导"各地的图书杂志审查工作"。[2]各地政府和军队等系统也成立了相应的分委员会和检查机构，负责执行具体的检查事务。

为了更有效地实施管控，国民政府相继发布了各种规定、规则和命令。整个抗战期间，国民政府发布了形形色色的法令、规定和指示。这些规章制度对图书报刊的内容组织、原稿送审、排版印刷和发行销售的所有环节均作出了详细的规定，深度影响着出版和传媒行业的正常活动。

国民政府的各种书报检查机构，根据各种规定，对书报进行了苛刻的审查。对已出版的图书报刊，凡是列入《取缔书刊目录》的一律查禁；对涉及新华日报馆、生活书店、读书出版社等进步出版机构出版的图书和共产党人编译撰写的著作，仔细检查，一旦发现违禁现象，列出理由造册上呈，这些图书大多都会被以各种名义查禁。对未出版的图书报刊，按照审查要求，对照内容，如有

---

[1]《国民党反动政府查禁普罗文艺密令》，载张静庐辑注《中国现代出版史料》（乙编），上海书店出版社，2011，第171-172页。

[2] 中国第二历史档案馆编《中华民国史档案资料汇编》第五辑第二编"文化"，江苏古籍出版社，1991，第551页。

属于违禁之处,退回出版机构,修改后方能出版发行,甚至会直接禁止发行。[1]

国民政府的相关检查机构有时还会采取暴力和经济手段,阻挠图书出版行业的正常经营。为了查禁共产党及进步力量的出版机构和书店,国民政府采用了不同的手段。对共产党的新华书店等机构,国民党机关雇人或派文化特务大量购买图书报刊,然后销毁,或者直接组织流氓打手捣毁破坏出版机构和店面。[2]派人跟踪从进步书店购买图书报刊的读者,进行威胁或人身攻击,也是常用手段。对于那些以商业经营为主的出版社和书店,国民党的相关部门大多会采用恐吓威胁的方式,使它们不敢出版或销售"禁书"。在重庆、昆明、桂林和西安,均出现过文化特务强迫出版社和书店禁止出版和销售马克思主义著作的案例。[3]

全面抗战刚开始的时候,国民党对马克思主义著作的审查还比较宽松,以求获得国际援助。1939年4月《中央图书杂志审查委员会辑审查工作指示录》中,国民党中央图书杂志审查委员会在对广西审查委员会的回复中,对马、恩、列、斯等人的著作流通事宜作出了明确规定,认为马克思、恩格斯的著述多为共产主义之理论,对这些书籍可以视为理论读物,审查标准可以宽松些;而列宁、斯大林是友好国家的领导人,并且对抗战甚表同情,如果他们的著作有不妥的地方,也可以不予处置;但如果是公然鼓吹阶级斗争,强调阶级对立的图书报刊,则要按照审查标准办理。[4]

随着抗战进入相持阶段,国民党对中共表现出了明显的敌对态度,对马克思主义著作也开始加大审查力度,收紧审查尺度,不断以"鼓吹阶级斗争,宣传共产主义"的理由查禁马克思主义著作。《共产党宣言》《反杜林论》《社会主义入门》等著作就被国民党列入黑名单,通令全国查禁。上海生活书店出版的《大众哲学》《哲学与生活》《思想方法论》等图书,也被以"宣扬马克思之

---

[1] 中国第二历史档案馆编《中华民国史档案资料汇编》第五辑第二编"文化",江苏古籍出版社,1991,第572页。

[2] 参见魏斐德《间谍王:戴笠与中国特工》、沈醉《我的特务生涯》和叶再生《中国近现代出版通史》等资料。

[3] 这些案例散见于《中国近现代出版史料》《文史资料选辑》以及文化界人士的回忆资料中。

[4] 中国第二历史档案馆编《中华民国史档案资料汇编》第五辑第二编"文化",江苏古籍出版社,1991,第607页。

辩证法唯物论"的名义查禁。[1]

随着抗战的持续，国民党在抗战中的消极作为，引起了广大群众的不满，社会上对中国前进道路的讨论逐渐热烈，对马克思主义著作的需要日益高涨。国民党开始更加严格地查禁马克思主义著作及内容文章。这就引起了群众阅读需要无法满足的矛盾，且日益激烈。在这种情况下，出版和传媒行业在中共的领导下，以争取出版自由、言论自由的名义，在出版发行领域，发起了反抗国民党的"文化管制"活动。与抗战前不同，这一时期出版业的抗争已经更加注重对经济利益以外的政治权利的关注和诉求了。

出版业和传媒行业，利用自己掌握的舆论工具，向国民政府公开表达自己的意愿，要求取消书报检查制度。《新华日报》和《群众》周刊在这一时期的抗争中，扮演着领头羊的角色。1938年5月起，两刊先后发表《反对查禁救亡日报》《展示图书杂志原稿审查问题》《文化界努力的方向》《论文艺界的动员》等多篇社论文章，分析书报检查制度的危害，要求国民政府改善管理制度和方式，保障出版业的正当权益，"建立统一书报检查机关，并扶助战时文化事业"[2]。

在这些舆论的引导下，出版业中的商务印书馆、中华书局和生活书店等出版机构，联合发表《要求撤销战时图书杂志原稿审查及抗战期间图书杂志审查标准》的声明。叶圣陶代表出版业和传媒界发表的《我们永远不要图书杂志审查制度》，强调中国"行不通专制政治，所以用不着合于专制精神的图书杂志审查制度"[3]。

在舆论宣传之外，中国共产党还通过各种方式领导了具体的反查禁工作。除前文论述到的自办发行、采用假名字、国统区与延安同步出版发行马克思主义著作等措施外，他们还使用了更换图书封面的方式，把马克思主义著作改头换面，内容是马克思主义，而封面是国民党审核通过的图书，甚至就是国民党出版机构的图书；更换书名也是常用手法之一。

据张静庐统计，抗战期间，仅马克思、恩格斯著作的翻译出版就达到了30种，汇编的马恩列斯著作有25种。[4] 这些著作大部分是由中共领导及影响下的

---

[1] 中国第二历史档案馆编《中华民国史档案资料汇编》第五辑第二编"文化"，江苏古籍出版社，1991，第610页。

[2] 延安时事问题研究会编《抗战中的中国政治》，上海人民出版社，1961，第136页。

[3] 张静庐辑注《中国现代出版史料》（丙编），上海书店出版社，2011，第74页。

[4] 张静庐辑注《中国出版史料补编》，上海书店出版社，2011，第442-475页。

出版机构出版发行的。在中国共产党的领导下，彼时的出版行业采用多种方式，冲破国民党的封锁，推出了大量的马克思主义著作，把它们送到了千千万万的读者手中，在军事领域之外，极大地推动了马克思主义思想的传播。

第三节　"敌人的查禁帮了我们大忙"

为了灌输政府的思想意志，维护自身统治的顺利进行，国民政府不遗余力地查禁马克思主义图书。他们采用霸权式的表达话语，将马克思主义描述为鼓吹阶级斗争和武装革命的思想，贴上反动的标签，意图禁绝马克思主义图书报刊的出版和传播。然而，这种举措并没有收到他们预期中的效果，一方面引起了出版传媒行业的激烈反对，一方面刺激了马克思主义著作的出版和马克思主义的讨论。

一、出版界的抗争

本书第三章以上海为例，分析了马克思主义著作的出版情况。彼时，除国共两党的出版机构外，大量商业性出版机构从事着大量的马克思主义图书出版工作。国民政府对马克思主义著作尤其是解释性的通俗著述的查禁，极大地影响了这些出版社的经营，给它们带来了经济损失。为了反对国民政府的审查行为，它们或者在争取言论自由，或者在争取经济利益的口号下，对国民政府的相关规定进行了协商式的代码解读，以此为反抗的手段。

所谓协商式的代码解读，是指受传者既接受和承认"占统治地位的定义进行宏观表述（抽象表述）的合法性"，同时"制定出自己的程序"，当然这种程序会有"不符合规则的例外"。[1] 当时出版传媒行业对国民政府制定的各种检查规定，一方面承认它们的合法性和地位，同时根据自己的实际情况，提出另外的解决方案，以规避或减少这种检查带来的各种影响。

1932年，上海出版业集体请愿，要求废除《出版法》及《出版法施行细则》。在请愿书中，上海出版业的代表揭露了书报审查制度的黑暗，"轻则扣押处罚，重则拘禁封闭"，而且各地的检查标准不统一，也阻碍了正常出版业的正常经营活动，有些书"在甲地可以通行，寄至乙地辄遭罚办"，有些中央已经命令

---

[1] 霍尔：《编码/解码》，载张国良主编《20世纪传播学经典文本》，复旦大学出版社，2003，第436页。

可以出版的图书,而"地方或军事机关仍复禁止";即便是遵守法令,送检的书报也会遭到责难,"从前办理之著作权注册及新闻杂志登记,尚多一年半载迁延不颁发"。[1]

出版业代表认为,中国图书的出版量已经比较庞大,如果每本都送检的话,只会耽误图书的出版工作,而审查中出现的"甲准乙驳",也会影响出版的后续工作,使书报很难应时出版,长此下去,最终会阻碍文化事业的发展。为了出版自由,必须废除《出版法》及《出版法施行细则》。在请愿书上,有49家出版社集体签名。在这49家出版社中,既有商务印书馆、中华书局、世界书局等大型出版机构,也有北新书局、光华书局、湖风书局、大成书局等中小型出版机构。这些机构的出版旨趣和经营取向并不一致,但是它们的集体行动则说明了《出版法》对出版活动的限制,为了能够更自如地经营出版事业,它们更希望出版自由。

遗憾的是,虽然各出版单位均出资10元作为此请愿书的广告费用,但是上海党部迫使书业公会施加压力,化解此事,最终,此请愿书未能公开登载,而只登载于《中国新书月报》上。虽然这些抗争行动并没有得偿所愿,但是此后的抗争仍然不断出现。

1936年,《大众日报》刊登了《上海记者为争取言论自由宣言》。在这篇宣言中,上海记者号召各位同人团结起来,自主行动,公开抵制新闻检查。虽然这次宣言是在中日发生战争的情况下发出的,但是它所表达的对国民党管制新闻自由的反对,则反映了彼时新闻界人士对于新闻检查等制度的强烈不满。

在以往的学术研究中,关于出版传媒行业反对国民党的图书审查和新闻检查制度的研究成果颇丰。这些研究,大多集中于新闻出版界人士争取言论自由、出版自由的动机而展开。诚然,出版自由、言论自由确实是他们抗争的主要目的,但是,因为图书审查和新闻检查而带来的经济损失,也是这些人士进行抗争,要求废除《出版法》、新闻检查等制度的重要原因。有些书报被禁之后,根本就无法招徕后续的广告,直接影响着主办机构的经济来源。

1931年,上海商会就从经济角度而言,向国民政府进呈,要求宽大处理书店的违规行为。在《上海市商会为书肆代售书籍如有违碍请宽予处分致国民政府呈》文中,上海商会认为书业经营者大多数都是商人,他们不仅没有从事反动宣传的行为,而且知识贫乏,对图书内容并不了解,又或者时间紧急,未曾

---

[1]《上海出版业反对国民党反动政府施行出版法请愿书》,载张静庐辑注《中国现代出版史料》(丁编),上海书店出版社,2011,第413页。

详细阅读。基于这些原因，可能会出现违禁行为。而这些行为即使发生，也不能一概由军警机关查封。如果查封事情多次出现的话，会影响正常的商业氛围。此外，代销各种书籍的书店，规模大多比较小，偶尔有比较大的书店，因为可以自行编辑出版图书，也只关注自家的图书，对于代销的图书无暇顾及。如果政府发现某家书店代售了违禁书报，应该查禁这些书报，而不能一概查封代售的书店。[1]

在此之前，宁波旅沪商会就因为《时事公报》记者陈荇荪被判刑事件向国民政府申诉。陈荇荪与人合股开设甬江书局。宁波公安局在进行书报审查时，发现有反动刊物，陈荇荪被判有罪。旅沪商会认为，陈荇荪只是股东之一，贩卖书籍的事务与责任也应该由经理负责，"归罪股东，似嫌失人"[2]。

民国著名出版人邹韬奋，在一系列反对和讽刺国民政府图书审查制度的文章中，除争取言论和出版自由之外，还非常注重对经济利益的诉求。在他的论述中，就讨论了出版机构因为接受检查而遭受的经济损失。邹韬奋就描述了几种现象，出版机构买了某部书稿或准备出版某部图书，经常会因为送审出现意外，审查时间过长，等拿到审查许可的时候，已经过了最佳的销售时期；或是因为内容违禁，直接被否决，白白浪费资金，即便是没有被否决的内容，有时候也需要重新修改，浪费精力金钱。[3]

彼时中国尤其是上海的出版传媒行业，经过长时间的发展，已经相当成熟。各出版机构彰显了对文化的重视，同时也秉持着对经济效益的诉求。而无论是它们展现出的文化属性，还是商业属性，此时都成为它们对抗检查，向政府提条件的重要砝码。在它们看来，政府对相关书报的查禁，有其合理性，但是各种具体的操作规则和执行标准，极大地影响了出版传媒行业的发展，所以，它们必须要同政府进行协商。

二、日益高涨的马克思主义热

国民政府对马克思主义书报的查禁，虽然短时间对出版机构产生了巨大的

---

[1] 中国第二历史档案馆编《中华民国史档案资料汇编》第五辑第一编"文化"，江苏古籍出版社，1991，第229页。

[2] 中国第二历史档案馆编《中华民国史档案资料汇编》第五辑第一编"文化"，江苏古籍出版社，1991，第296页。

[3] 邹韬奋：《对"图书杂志原稿审查办法"的抗争》，载张静庐辑注《中国现代出版史料》（丙编），上海书店出版社，2011，第45-49页。

影响，但是它非但没有禁绝马克思主义书报，反而刺激了马克思主义的传播，社会上形成了运用马克思主义分析中国历史和现实社会问题的讨论热潮，马克思主义经典著作的出版种类迅速增多。

1927年大革命失败后，一些人对于中国革命的性质及前途感到困惑，对于确定中国革命性质的主要依据——中国的社会性质，即对于中国国情的认识出现了意见分歧。此后，社会各方围绕着中国历史的性质和应该采用的应对之道，展开了激烈的讨论。论战参与各方以马克思主义唯物史观的分析方法，围绕中国历史的属性和中国社会的性质，运用所掌握的现代传媒，纵横捭阖，公开表达自己的态度和观点，以图树立自己在马克思主义理论传播和解释方面的权威地位，从而为自己所主张的革命道路和社会发展方式寻找舆论支持。如火如荼的社会性质大论战不仅影响着专业的思想理论学者，也同样影响着广大读者的阅读兴趣。彼时中国的读者已经习惯于从书报上获得对世界的认识，且中国传统的家国情怀在读者身上始终存在。基于此，广大读者也就越加需要阅读马克思主义相关著作。在这种形势下，马恩著作的中译本反而多了起来，国民党的查禁也就没有收到预想中的效果。

1927年之前，中国总共出版了59种马克思主义著作，其中列宁著作就有35种，占据了总数的59%；马恩著作总共只有16种，仅占总数的27%。1928年至1937年的10年时间里，总共出版了103种马克思主义著作，马恩著作有33种，列宁著作37种，斯大林著作33种，大致各占据1/3。其中，1930年，马恩著作有13种，超过了列宁著作和斯大林著作的总和。1932年，马恩著作出版种类与列宁著作、斯大林著作出版种类持平。[1] 从这一组数据中，我们大致可以看出，国民党的查禁并没有收到效果。

抛开社会性质大讨论不谈，仅就国民党的查禁活动而言，它也足以成为传媒市场上的重大事件了。这一事件的影响就是，读者需要更多的阅读内容，出版社推出更多的马克思主义图书。

在中国，向来有禁书越禁越受欢迎的习惯。漫漫历史长河中的事例不说，单是晚清以来的事例就不少。商务印书馆刚创设时，印刷谭嗣同的《仁学》，委托方暗示此书的内容可能会受到官方的查禁。夏粹方在听到此语后，非但没有拒绝印刷，反而在合同之外，偷偷加印了500份。果如他所料，《仁学》一经上市，便受到热追，虽然朝廷下令查禁，但是反而更受欢迎了。夏粹方也凭借

---

[1] 张静庐辑注《中国出版史料补编》，上海书店出版社，2011，第442-475页。

多印的500册，着实赚了一笔。[1]

在国民党公布的图书查禁名单中，光华书局和泰东图书局的书刊一直比较多，但是这丝毫不影响它们继续出版和承印马克思主义书报。光华书局出版的《我的幼年》，数次被以"借由文艺刊物宣传共产"名目查禁，但是每次被查禁之后不多久，此书便会再度出版。

泰东图书局出版的《中国现代文学》，以"宣传普罗文艺"的名目被国民党政府查禁，且被多次查禁，但是，赵南公依然将之作为重点图书反复出版发行。而泰东图书局推出的"马克思研究丛书"，也先后被禁。但是这丝毫不影响它的再版发行，短短3年时间内，就再版了4次。即便是在赵南公困顿潦倒的时候，他还依靠着这些禁书的纸型维持生计。[2]

出版商出版这些被查禁的图书，背后原因与经济有着密切的关联。而查禁也相当程度上刺激了读者的阅读兴趣与阅读欲望。读者的跟风心理和研究需要都推动着他们对此类图书的需求。周佛海在自己的文章中记载了社会主义刚开始传入中国时的情况，"谈社会主义的杂志很多，虽其中也有短命的，但是都似乎有不谈社会主义，则不足以称新文化运动的出版物的气概"[3]。一时间，革命、青年等词语成了一种时髦，谈论此类内容成了一种时尚。无论读者背后的动机如何，国民党的查禁，客观上确实促进了马克思主义图书的销售。就连国民党自己内部也承认，查禁令一出，许多青年反而开始阅读马克思主义书报了。

按照传播学的理论与实践经验，如果受传者和传播者双方处于同一个传播活动中，传播效果当然有保证。若其他媒介此时也进行围观式参与的话，传播效果将更好，至少影响范围能够有所扩大。彼时，当其他的媒体都在谈论马克思主义书报被禁时，媒介的议程设置功能机制就开始发挥作用了。对出版机构尤其是中小型出版机构的影响就是，它们开始加入到马克思主义书报的出版发行活动中。在此种环境的影响下和传媒商业诉求的刺激下，传媒机构也好，马克思主义传播者也好，读者也好，都被吸纳进马克思主义著作的传播活动中了。

政治、经济、法律等各种社会规则与出版传媒之间有着密切的关联，而这些关联作用集中体现在了马克思主义著作的出版和传播上。在政府看来，马克思主义著作的出版，在传播社会科学知识的同时，也传播了阶级斗争和武装革

---

[1] 参见包天笑：《钏影楼回忆录》，中国大百科全书出版社，2008，第235页。
[2] 参见《民国时期总书目》和《泰东图书局研究》等资料。
[3] 周佛海：《实行社会主义与发展实业》，载新青年社编辑部编《社会主义讨论集》，三联书店，1992，第252页。

命等内容。这些对政府的统治和社会的正常运转产生了严重的冲击,所以政府有必要对此予以查禁。在出版社等组织看来,出版马克思主义著作,传递了文化知识,更重要的是促进了商业繁荣,而政府对此类图书的查禁,既影响了思想的流通,还阻碍了正常的商业开展,所以它们有必要予以反抗。在其他的社会群体看来,马克思主义著作的出版,为理解当时的社会思潮之争,提供了基本的阅读材料,无论是国民政府的查禁还是出版组织的抗争,都不应该影响它们的正常流通。

国民政府为查禁马克思主义著作,降低和消除阶级斗争、武装革命等马克思主义思想的影响,制定了各种法规、政策,并将之运用于具体的检查行为中。出版社、传媒机构和社会大众,对国民政府的居于主导地位的各种查禁行为,表示了不同程度的反对。部分出版社和传媒机构,从商业形式和文化影响方面,对此做了协商式的反抗,而许多读者或者机构,则直接无视政府的种种禁令,继续着马克思主义书报的阅读、出版和传播活动。

政府提出查禁马克思主义图书之后,马克思主义著作反而更受欢迎,其背后的原因复杂多样,但是无论如何,被禁之后反而出现数量更多的马克思主义书报,这在客观上确实推动了马克思主义的传播,至少大大提高了它在读者群众中的知晓度和影响力。

第六章 马克思主义著作的出版传播：物质文化的双重变奏

晚清时期出版和传媒活动的发展，为马克思主义在中国的传播提供了便利的渠道。中华民国成立之后，中国的出版传媒行业进入了一个新的发展时期，马克思主义内容更加频繁地出现在北京、上海等大城市的图书报刊上。李大钊、陈独秀等早期先行者，借此刊发宣传马克思主义内容的文章，并很快成了舆论权威，在社会上担负起了意见领袖的功能。

20世纪20年代中后期开始，各种背景的出版机构，基于政治诉求、学术研究和经济利益等目的，纷纷涉足马克思主义著作，尤其是第一次国内革命战争时期，以上海为代表的城市的出版社推出了大量的马克思主义图书。这些图书在出版、发行、传播和阅读过程中，附带或者传达了编译者、出版者、发行者和读者的各种期许，满足了他们的各种需要，同时传播了马克思主义。这些最终对中国的社会思想文化产生了重大影响。

第一节 "庶民的胜利"：阅读和思想的突围

前文考察了马克思主义思想和观点在中国报刊上的传播，研究了马克思主义著作的出版、发行、流通等环节，展现了马克思主义内容从只言片语到整本翻译出版的历史经过，以及马克思主义著作在中国不同时期不同地域的出版、发行和传播。从上述考察中，我们可以深深地感受到，彼时的出版和传媒产业对马克思主义传播的重要推动作用。

正如前文所述，"意义"的构建，不仅与表征、认同和生产密切相关，与消费也密不可分。这一现象在马克思主义的传播过程中同样存在，彼时社会对载有马克思主义的书刊的阅读消费，也构成了马克思主义在中国传播的重要组成部分。

1918年以前，马克思主义在中国的传播，还主要是以简短的词句和章节介绍为主。在这一阶段，还没有出现一个特别有影响力的权威传播者和相应的报刊图书。社会上对这些的内容阅读，亦没有形成很大规模。1918年以后，这种情况发生了巨大的转变——李大钊等知名文化人士成为传播马克思主义的舆论领袖，《新青年》《每周评论》等刊物成为讨论和传播马克思主义的重要传媒平台。这些新情况的出现，在社会上引起了一股强劲的阅读消费热，而这股热潮也逐渐促进了阅读的政治化。

1918年下半年，李大钊撰写的《庶民的胜利》和《布尔什维主义的胜利》发表在《新青年》的第5卷第5号上。一年之后，《新青年》第6卷第5号和第6号，连载了李大钊的《我的马克思主义观》。这三篇文章颇受青年读者的欢迎。

彼时，李大钊身为北京大学图书馆主任与经济学教授，属于典型的精英知识分子。他还经常在报刊上发表文章，对民彝史观、马克思主义等思想进行介绍和评论。这些都在某种程度上使李大钊成了舆论领袖，他的一举一动都影响着许多读者的选择。而《新青年》已经是中国思想界的一支标枪，在青年读者心目中有重要地位："那时候全国一半的思想界都可怜极了，只有《新青年》与其他一二刊物，稍稍鼓吹一点离经叛道的思想。"[1] 一位是在社会上具有重要影响力的舆论领袖，一个是在读者群中影响广泛的刊物，两者的结合产生的传播效果必不会小。不少早期重要共产党员就是阅读了这些内容，对中国的政治走向和前途有了新的认识。

1921年7月，中国共产党第一次全国代表大会在上海和嘉兴召开。参会的代表，总共13人。在这13人中，至少毛泽东、张国焘、陈潭秋和刘仁静4人就是深受李大钊和《新青年》的影响，转变了思想，确立了马克思主义信仰。

1918年8月，为了赴法勤工俭学的事情，毛泽东第一次来到了北京。因为留学事情没有办妥，毛泽东在杨昌济等人的帮助下，进入了北京大学图书馆，成为一名图书管理员，月薪大洋8元。在北京大学工作期间，毛泽东接触到了李大钊等人，阅读到了李大钊的《庶民的胜利》和《布尔什维主义的胜利》，并深受影响。

1919年7月，毛泽东在长沙主持创办《湘江评论》。在《民众的大联合》一文中，毛泽东介绍了世界范围的革命形势变化，写道："我们知道了！我们觉醒了！天下者我们的天下。国家者我们的国家。社会者我们的社会……刻不容缓的民众大联合，我们应该积极进行。"[2] 而在《布尔什维主义的胜利》一文中，

---

[1] 恽代英：《回忆五四前后建立社团的活动》，中国社会科学院近代史研究所编《五四运动回忆录》（续），中国社会科学出版社，1979，第30页。

[2] 毛泽东：《毛泽东早期文稿》，湖南出版社，1990，第390页。

李大钊这样写道："二十世纪的群众运动，是合世界人类全体为一大群众，这大群众里边的每一个人、一部分人的暗示模仿，集中而成一种伟大不可抗的社会力。"[1] 仔细对照两段文字，可以发现，此时毛泽东受李大钊的影响何其深。

对《新青年》等刊物上文章的阅读影响了毛泽东的思想转变，而毛泽东又通过《湘江评论》实施了二次传播，将这种转变传开去。《湘江评论》中对国家政治局势的关注，颇受胡适赞誉，"《湘江评论》的长处是在议论的一方面……《民众的大联合》……眼光很远大，议论很痛快"[2]。《湘江评论》给胡适留下的印象尚且如此深，对其他人的影响也就可想而知了。

1919年的毛泽东，思想还没有完全转向马克思主义，"就在这时候，我的思想还是混乱的，用我们的话来说，我正在找寻出路"[3]。1920年，毛泽东第二次的北京之行，成为他思想转向的契机。而这次契机中的重要触发点是他对马克思主义图书的阅读。经李大钊介绍，毛泽东加入了"少年中国学会"并"用心阅读他们介绍的马克思主义的书刊"[4]。在返回途中，毛泽东顺道去了上海。在沪停留期间，毛泽东拜见了陈独秀，并与他讨论了自己所读过的马克思主义书籍，这也成了毛泽东一生中可能最关键性的时期。

1920年夏天，阅读了《阶级斗争》《共产党宣言》《社会主义史》的毛泽东，"在理论上，而且在某种程度的行动上，我已成为一个马克思主义者了，而且从此我也认为自己是一个马克思主义者了"[5]。

陈潭秋的思想转变过程与毛泽东的经历非常相似。1919年夏天，陈潭秋组织武汉地区的学生前往上海参加全国学生联合会。会后，陈潭秋通过倪季端的介绍，认识了湖北老乡董必武。此时的董必武受李汉俊的影响，已经阅读了《新青年》《每周评论》《新潮》等杂志和《马克思主义入门》《政治经济学入门》等日本出版的马克思主义书籍。董必武和陈潭秋相互交流学习马克思主义的心得。[6] 这些书报极大地影响了陈潭秋对马克思主义的认识和理解，推动了他的思想转变。

---

[1] 原载《新青年》第5卷第5号，1918年10月15日。

[2] 胡适：《胡适文集》（第十一卷），北京大学出版社，1998，第40页。

[3] 斯诺：《西行漫记》，董乐山译，生活·读书·新知三联书店，1979，第127-128页。

[4] 逄先知：《毛泽东年谱》（上卷），中央文献出版社，2013，第51-55页。

[5] 斯诺：《西行漫记》，董乐山译，生活·读书·新知三联书店，1979，第3页。

[6]《鞠躬精粹　战斗终生——董老忆潭秋》，载湖北省社会科学院组编《回忆陈潭秋》，华中工学院出版社，1981，第1页。

陈潭秋与董必武商定，同回武汉"办报纸、办学校",[1]教育青年，传播马克思主义。1921年4月，董必武、陈潭秋等筹办起《武汉星期评论》，在当年的五一专号上，陈潭秋发表了《五一的略史》。除此之外，该刊还发表了有关学习马克思主义以及运用马克思主义观点评论社会问题的文章。[2]

在北京大学就读期间，张国焘开始大量阅读包括《新青年》在内的书报杂志，并将一些报纸与新书寄给自己的父亲。[3]他与李大钊交往密切，李大钊告诉他"此时首先应该致力于马克思主义的研究"。张国焘在李大钊的影响下，开始阅读马克思主义图书。在北京大学的图书馆里，张国焘先后阅读了《马克思资本论入门》《政治经济学批判》《哲学的贫困》《家族私有财产及国家之起源》等中英文译本。[4]

在阅读这些马克思主义书报的同时，张国焘还前往长辛店等铁路工人集中的地方，组织工人学习文化，用工人比较容易理解的方式解释马克思主义，同时尝试指导工人发现周围的社会问题，并运用马克思主义理论分析和解释它们。通过这种通俗化的方式，张国焘等人向工人们介绍了马克思主义，推动了马克思主义在铁路工人群体间的传播。

与张国焘同在北京大学的刘仁静，他的思想转变也颇受马克思主义书报和李大钊的影响。在武昌中华大学附属中学读书期间，刘仁静加入了恽代英等人组织的互助社，通过这个组织，刘仁静接触到了《新青年》和《科学》等杂志，思想已发生了转变。[5]进入北京大学后，刘仁静依靠自己的外语功底，阅读了大量的马列著作，其中就有《资本论》。[6]后来在李大钊的支持下，刘仁静创办了《先驱》杂志，并宣称"本刊的第一任务是努力研究中国的客观的观实际情形，求得一最合时宜的实际的解决中国问题的方案"[7]。

毛泽东、陈潭秋等人的事例是当时包括早期共产党员在内的一部分革命者接受和宣传马克思主义的典型表现。他们受中国彼时传播马克思主义的舆论领

---

[1]《董老的嘱咐》，载《中国青年报》1956年9月5日。

[2] 黎少岑：《陈潭秋与〈武汉星期评论〉》，载湖北省社会科学院组编《回忆陈潭秋》，华中工学院出版社，1981，第87页。

[3] 张国焘：《我的回忆》，东方出版社，1998，第41页。

[4] 张国焘：《我的回忆》，东方出版社，1998，第85页。

[5] 中共"一大"会址纪念，上海革命历史博物馆筹备处：《上海革命史料与研究》（第14辑），上海古籍出版社，2014，第328页。

[6] 张国焘：《我的回忆》，东方出版社，1998，第86页。

[7]《发刊词》，《先驱》1922年1月15日。

袖——李大钊、陈独秀等人的影响，通过阅读马克思主义书报，思想转向了马克思主义，成为马克思主义者。与此同时，他们也从受传者变成了传播者，在各自的活动区域，创办各种书报，开始进行二次传播。

这些书报随着传媒的发行网络，离开出版社，到达读者手中，走出北京、上海、广州、武汉等大城市，走向中国广大的区域。马克思主义随着这些书报，促进了全国各地的青年尤其是进步知识分子的思想觉醒和政治关注。

1912年，中华民国政府开始推进新式教育改革，新式的中学、师范和大学等教育机构纷纷在各地建立，沿海大城市的新式学校数目增长尤其迅速。这些学校集中了大量的青年。1916年，上海有12所大学，北京有17所大学；1924年，北京的大学数目增长到41所，上海的大学也增长到20所。彼时，中国有161所高等学校，其中126所集中在北京、上海、广州、武汉等12个大城市。这些高校集中了数量众多的青年。[1]

民国以来的政府更迭，军阀混战、一战中的受辱等社会现实，始终影响着青年人对于中国社会的思考。彼时思想文化领域里的各种理论、主义和主张均受到这些青年的极大关注。他们也试图从各种思想中，寻找和选择能够解决中国现实问题的手段和方案。[2]而大城市里众多的新式传媒机构，为这些青年读者提供了源源不断的阅读材料。他们接触和阅读各种书报，试图在众多的主义、思想中，分辨何种思想、主义和理论是符合社会需要的。

鲍德里亚认为，物质产品消费的重要性，不仅在于它可能产生的内在的满足，更重要的在于它作为社会的和文化的差异标志以及由此产生的作为一种传媒起作用的方式。霍尔对此表示认同，并认为，文化的意义在文化产品的消费中得以实现。具体到马克思主义而言，各类马克思主义著作和载有马克思主义的文章，它们的被消费被阅读便具有重要的意义。

通过购买和阅读马克思主义文章与著作，读者不仅获得了阅读的满足，而且厘清了马克思主义与其他文化思想之间的区别，并将前者作为媒介和手段，主动去分析和理解中国的社会问题，以思考解决的方式。这一点在李一氓、薛暮桥、李雪峰和郭洪涛等人身上体现得尤其明显。

五四运动发生时，在成都读中学的李一氓，虽然知道此事，但是"年轻的中学生当然说不出什么名堂来"[3]，对五四运动还依然不理解。他对马克思主义

---

[1] 钱聪：《论左翼学生群体的形成及其对马克思主义传播的影响》，《北京党史》，2016（3）。

[2] 姜义华、陈金龙、熊月之和罗志田等学者对此多有论述。

[3] 李一氓：《李一氓回忆录》，人民出版社，2001，第16页。

的理解也是从在上海读大学开始的,并且经历过一番曲折。在上海读书期间,李一氓接触到了更多的书报,他在读书阅报过程中,"否定了《现代评论》派,否定《醒狮》派"之后,才逐渐形成了自己的思想倾向,决定走"《新青年》和《向导》的道路"。[1] 选择之后,李一氓开始阅读《共产党宣言》和《资本论入门》等著作。几十年后,李一氓也认为这些图书虽然当时未必看得懂,但是对"青年学生的思想发展却是极为重要的"[2]。

薛暮桥在陆军监狱服刑时,可以看到一些"只要不写明共产主义、马克思、列宁就能够进入监狱的进步书籍"[3]。在普通反省院关押期间,薛暮桥通过仔细甄别和阅读周佛海的《三民主义理论体系》,从理论上加深了对马克思主义理论和唯物史观的认识,[4] 抛弃了三民主义。1932年初,薛暮桥开始就职于上海中央研究院社会科学研究所,主要从事农村经济调查工作。在此期间,薛暮桥接触到了《共产党宣言》《社会主义从空想到科学》《家族私有制和国家的起源》等图书,提高了对马克思主义的认识水平。[5]

李一氓与薛暮桥两人思想转向马克思主义,与他们身处上海这样的大城市,容易接触马克思主义书报有着密切联系。民国时期,新式传媒的发展,已经克服了伊尼斯所说的"传播的偏向"中的空间限制。马克思主义书报不仅在沿海大城市容易得到,就连远在山西偏远地区的青年也一样能够阅读到,经由发达的传媒网络,马克思主义同样影响着这些地区的进步知识分子。

李雪峰在山西国民师范读书时,接触到了哲学书籍。他先后阅读了各种宣传主义的图书,"在接受马克思主义,走向革命道路之前,头脑中曾有过这么多的各式各样的知识"[6],后来购买和阅读了许多马列主义的图书,才对马克思主义有了了解。通过阅读这些图书,"从理论上弄清楚马克思列宁主义、弄清楚中国革命的性质和道路"[7]。最终,在与各种主义比较后,李雪峰最终选择了马克思主义。

郭洪涛在山西的"反省院"里反省时,既能够阅读国民党的报纸,还可以

---

[1] 李一氓:《李一氓回忆录》,人民出版社,2001,第43页。
[2] 李一氓:《李一氓回忆录》,人民出版社,2001,第43页。
[3] 薛暮桥:《薛暮桥回忆录》,天津人民出版社,1996,第22页。
[4] 薛暮桥:《薛暮桥回忆录》,天津人民出版社,1996,第25页。
[5] 薛暮桥:《薛暮桥回忆录》,天津人民出版社,1996,第35页。
[6] 李雪峰:《李雪峰回忆录》,中共党史出版社,1998,第4-5页。
[7] 李雪峰:《李雪峰回忆录》,中共党史出版社,1998,第8页。

看到社会科学图书。在这些图书中，郭洪涛先后阅读了《资本论》第一卷、《辩证唯物论教程》和《国家与革命》等著作。这些著作原本是国民党用来教化政治犯的，结果适得其反。[1] 郭洪涛不仅没有被洗脑，还通过阅读这些书，学习到了不少马克思主义的理论内容。至少，这些专业的理论知识，帮助郭洪涛完成了《世界经济恐慌与战争》这类专业文章的写作。

李一氓、薛暮桥、李雪峰和郭洪涛等人的经历只是彼时中国众多青年中的缩影。他们通过阅读马克思主义著作，经过对比选择，对马克思主义有了更深刻的认识，也认定了马克思主义是适合中国现实国情的。马克思主义成了他们从事理论研究和革命活动的具体指导。

第二节　阅读与信仰共同体：马克思主义者群体形成

民初以来，逐渐成熟的出版和传媒行业日益成为推动马克思主义在中国传播的重要力量，出版发行的大量马克思主义著作成为重要的传播载体。这些著作的作用既体现在它对马克思主义内容的传递方面，也表现在它所形成的媒介环境和意义生成对于马克思主义者身份认同的影响方面。

法国人拉康有一句著名的论断：欲望即缺乏。在他看来，人类满足自身匮乏的层次有三个：需要（need）、需求（demand）和欲望（desire）。拉康认为："欲望是由语言制约下的一个动物产生的，人的欲望就是他人的欲望。"[2] 而个人欲望是由主体间性催生的，他人、环境的能指都影响着人的欲望。主体间性指的是主体之间的相互关系和交互影响。[3] 主体间性强调了人类在进行自我构建和身份认同中"他者"的重要性。"自我无法独立存在，他人永远是想象关系不可或缺的一方。"[4] 而大众传媒提供了人们建构自我、形成认同的重要"他者"。具体到马克思主义的传播这一论题而言，"他者"既包含马克思主义的具体内容，也包含其他具体存在的一个个马克思主义者。不少马克思主义的受传者，就是通过传媒的平台与他者产生了互动，从而形成了自己是马克思主义者的认同。

清末民初时期的传媒，为落魄的读书人或文化分子提供了一个游离于传统

---

[1] 郭洪涛：《郭洪涛回忆录》，中共党史出版社，2004，第21-22页。
[2] 拉康：《拉康选集》，褚孝泉译，上海三联书店，2001，第568页。
[3] 《编者前言》，拉康《拉康选集》，褚孝泉译，上海三联书店，2001，"编者前言"第9页。
[4] 杨大春、尚杰：《当代法国哲学诸论题——法国哲学研究（1）》，人民出版社，2005，第197页。

社会秩序的机会和通道，使他们有机会施展自己在某一方面的才能。在新式传媒提供的环境里，这些以往不被社会认可或接纳的读书人感受或接触到其他具有相似经历和背景的志同道合者。这些他者的存在，使他们能够更好地认识自己，进而在社会中找到自己的位置，形成自己的身份认同。彼时出版界和传媒界的从业人员在与其他人员交往中，也敢于或者倾向于向别人介绍自己从事的职业。之所以如此，很大程度上在于这些人经由出版传媒与他者不断互动，完成了对自己的身份建构和信仰认同。

被清政府贬黜后，张元济义无反顾地投身于新式出版业，不仅在于他已经无法在官场仕途中重获任用，更在于他发现了新式出版的文化教育功用以及它所容纳的与自己具有同样抱负的同路人。清末媒介环境形成的他者，影响了张元济的选择。

民国以来，中国面临的社会问题，促使中国人寻找一条能够解决这些问题的途径。对于如何解决这些问题，几乎每个人都进行了自己的思考，虽然深浅不一，方式手段各有不同，但是每个人也都形成了自己的见解。各种主义、思潮、理论的引入和活跃，是中国人对这些问题思考的结果。

毛泽东在与斯诺的交谈中，回忆了自己向马克思主义者的转变过程。这一过程，既与马克思主义对中国社会问题的巨大指导作用有关，也与毛泽东通过传媒感知到其他马克思主义者的存在，并产生共鸣有关。《新青年》上李大钊的《我的马克思主义观》，在充分展示李大钊对马克思主义认识的同时，也促进毛泽东的马克思主义者身份的构建。这使毛泽东认识到，在他之外，有许许多多关注马克思主义、信仰马克思主义的人士存在。毛泽东还通过创办《湘江评论》，影响其他的马克思主义受传者，进一步感知到了更多的马克思主义者的存在。

相比毛泽东通过与李大钊等他者的互动，完成马克思主义身份认同的过程而言，国民政府对马克思主义图书的查禁以及传媒机构的反查禁，同样推动了年轻读者的马克思主义者身份认同的转变。

前文论述到，国民政府查禁马克思主义图书的行为，不但未能禁绝马克思主义图书，反而刺激了这些"禁书"的传播。这一现象的背后原因有多重，既有出版机构追逐商业利润的原因，也与"禁书"的出版、销售和阅读确认了马克思主义者的存在有关。

普通读者在刚开始阅读马克思主义图书的时候，受到的影响也许并没有政府想象的那般深刻。普通读者尤其是一些社会经历并不多的青年读者阅读之后，可能只是对这种思想从心理上予以认同，还没有到自认为属于马克思主义者的地步。就连国民党在总结马克思主义在中国的传播时,也认为它只是一种社会思潮,还不具有颠覆性和战斗性。

国民党查禁此类书籍的理由,多数是"共党刊物""宣传马克思主义""宣扬阶级斗争""试图颠覆政府"等。这等于告诉读者,还有其他人也在阅读此类书,其他传播和阅读此类书的人同样相信马克思主义理论,这些人都是马克思主义者。普通读者与其他人发生联系的共同基础就此产生——双方都相信马克思主义,不同的是,其他认同马克思主义的读者都有一个明确的身份——马克思主义者。这些马克思主义者坚信,马克思主义对中国问题有一个总的解决,它将指导人民解决中国社会面临的各种问题。而中国现实面临的问题,也是这些读者关心和想要解决的问题。读者的愿望与马克思主义者的目标一致。

无论是20世纪上半期的出版重镇上海还是抗战时期的国统区,无论是被禁图书数量比较多的泰东图书局、光华书局,还是其他禁书数目较少的出版机构,它们的图书被查禁后,都会以其他名目再次出版。重要原因亦在于,这些图书成为读者了解他者,进而认识自我的重要工具,读者需要它们。国民党在重庆查禁马克思主义图书时,《新华日报》营业部的职员明显感到"敌人的'查禁',给我们推销书刊的工作帮了大忙"[1]。此中原因就在于阅读这些图书,读者能够暂时脱离国民党的思想管制,与更多的他者互动。

大量读者通过对他者的感知,产生了马克思主义者的思想和身份认同。这样的事例比比皆是,尤其是延安地区以外的读者,很多年轻的读者就是用这种方式,感知到其他同情、支持和认同马克思主义的人的存在,通过对相同内容的阅读,完成了马克思主义者的身份认同,逐渐成为马克思主义者。

第三节　延安成为马克思主义传播的中心

抗日战争时期,中共一方面领导着八路军、新四军和其他武装力量,打击日本侵略者,用实际活动践行着马克思主义;另一方面则组织力量编辑、出版、发行马克思主义著作,传播马克思主义。

1938年5月5日,延安马列学院成立。马列学院的力量分为两部分,一部分负责培训干部工作,另一部分则组成编译部,专门编辑和翻译马列著作。张闻

---

[1] 管佑民:《战斗的门市部》,载《新华日报的回忆》编委会编《新华日报的回忆》,四川人民出版社,1979,第317页。

天任编辑部主任,柯柏年、何锡林、王实味、景林等人任编辑。他们编辑完成了马恩丛书。[1]

延安"整风运动"开始后,解放社响应号召,相继推出一批马恩著作。1942年4月出版的《思想方法论》,内容主要是马克思、恩格斯、列宁、斯大林的有关文章论述。此后,该书成为领导干部必读书目。1943年8月,博古校译的《共产党宣言》由解放社出版,此书被列为中共高级干部的必读本,内容包括《共产党宣言》及1872年德文版序言、俄文第二版序言、1883年德文版序言、1890年德文版序言。11月,博古校译的另一经典著作《社会主义从空想到科学的发展》出版,内容包括德文本初版序言、德文第四版序言、英文版导言和《社会主义从空想到科学的发展》。1944年5月,周扬编辑的《马克思主义与文艺》由解放社初版,新华书店发行。该书收录了马克思、恩格斯、普列汉诺夫、列宁、斯大林、高尔基和鲁迅有关文艺的论述。

在解放社之外,延安地区的其他机构和报刊也出版刊登了大量的马克思主义文章和著作。这些著作和文章,几乎涉及马克思恩格斯著作的全部内容。[2]

1938年9月18日起,延安《解放》周刊连载了艾思奇翻译的《马克思恩格斯关于唯物史观的书信》,其内容是马恩关于唯物史观的9封信的摘译。1939年2月至6月,延安《八路军军政杂志》先后刊登了焦敏之翻译的《冲锋》和《军队论》,文章分别是对恩格斯的《攻击》和《军队》两文的摘译。《解放》周刊第66期刊登了吴黎平和石巍(王实味)翻译的《马克思墓前演说》和《马克思小传》。

1940年4月,延安《中国工人》杂志在第3期刊登了《马克思关于工人联合会的报告》,即《临时中央委员会就若干问题给代表的指示》。1940年11月,延安《中国青年》刊发了于光远翻译的《从猿到人过程中劳动底(的)作用》。

---

[1] 具体著作见前文第五章内容。

[2] 以下内容综合自中共中央马克思恩格斯列宁斯大林著作编译局编《马克思恩格斯著作在中国的传播》(1983)、《马克思主义在中国——从影响的传入到传播》(1983)、《马克思主义在中国的传播》(1984)、《中国马克思主义哲学传播史》(1988)、中国人民大学图书馆编《解放区根据地图书目录》(1989)、《近代中国社会主义思潮觅踪》(1991)、《马克思主义在中国100年》(1997)、《中国近现代社会思潮》(1998)、《传播与选择——马克思主义中国化的进程》(2001)、《马克思主义中国化与中国化的马克思主义》(2004)、《回溯历史——马克思主义经济学在中国的传播前史》(2008)、《马克思主义中国化:早期进程与启示》(2009)、《马克思主义中国化的起源语境研究》(2011)、徐素华《马克思恩格斯著作在中国的传播》(2012)。

12月,延安《八路军军政杂志》出版了曹汀翻译、何思敬校对的《新德意志帝国建设之际的暴力与经济》,即《暴力在历史中的作用》,附录《反杜林论》即《暴力论》的摘译。1940年,延安中国工人社还出版了吴文焘翻译的《英国工人运动》一书,内容包括《作公平的工作,得公平的工资》《工资制度》《职工会》《对法国的通商条约》等文章。

1942年10月27日,中共中央宣传部决定成立编译部,负责编译马恩列斯著作等。在制订1943年工作计划时,中央责成张仲实、柯柏年等人拟定翻译计划,在若干年内完成对马恩列斯著作的翻译工作。[1] 鉴于延安过去一般翻译工作的质量,极端不能令人满意,中共中央在1943年5月指定凯丰、博古、洛甫、杨尚昆等人组成翻译校阅委员会,并要在当年首先校阅党校所用全部翻译教材。[2] 博古就先后校译了《共产党宣言》和《社会主义从空想到科学的发展》等著作。由于各种条件的限制,中共制订的编译、校译计划没有完全实现,但是经过校译和新翻译的马恩列斯著作,后来都被列为干部必读著作,大量出版。

虽然,延安的编译人员的数量不多,且工作岗位也经常变动,但是这些编译人员均是马克思主义理论方面的资深研究人员。彼时,在延安的编译人员有张仲实、王实味、柯柏年、吴黎平、于光远、曹葆华、何思敬,艾思奇、师哲等人,他们当时对马克思主义的理解在国内都处于较高的水平。

抗日战争时期,延安出版了32种著作。这些内容更广泛,除涵盖哲学、政治经济学、科学社会主义等内容外,还根据形势需要,组织出版发行了军事斗争、文艺工作、工人运动的图书和专题论文集。

抗战全面爆发后,在抗日救国的感召下,众多受马克思主义影响的青年来到革命圣地延安。在这里他们聆听中共党内的马克思主义研究者的教导,学习马克思主义理论,阅读马克思主义图书,逐渐成长为马克思主义者。

1945年,延安"整风运动"顺利结束。在"整风运动"中,通过对马克思主义著作和理论的学习,中共完成了对全党同志的思想教育,马克思主义理念深入每位党员心中。彼时的中共已经成为马克思主义在中国最大的传播和践行群体,延安也成为国内传播马克思主义的中心,中共成为中国人民践行马克思主义的领导核心。

---

[1] 中共中央马克思恩格斯列宁斯大林著作编译局:《马克思恩格斯著作在中国的传播》,人民出版社,1983,第306页。

[2] 《中共中央关于一九四三年翻译工作的决定(一九四三年五月二十七日)》,中央档案馆编《中共中央文件选集》(第十四册),中共中央党校出版社,1992,第42页。

抗战中，国民党的消极表现招致了人民的不满，中共的英勇抗敌赢得了人民的爱戴。此后，国民党蓄意掀起内战，而中国共产党在广大人民的支持和拥护下，显示了带领人民进行革命战争的能力和勇气。接受了马克思主义教育的中国共产党带领人们在马克思主义理论的指引下，开始了决定中国命运的决战。在解放战争中，中国共产党展现出了摧枯拉朽的力量，并最终赢得战争。而此后马克思主义在中国的传播，也展现出了另一种传播形态。

结语：出版与新的思想文化

思想的传播，不只与内容层面的传布相关，更与物质载体密切相关。思想文化不能脱离当时的社会实际猝然出现，它需要借助一定的物质载体才能形成并得以传播。对图书报刊等思想文化物质载体传播的考察，也是研究思想传播的重要组成部分。对图书报刊的策划、生产、出版、销售和阅读等环节的探究，能更丰富地反映思想文化的传播历程，也更符合历史事实。

这种研究主旨强调了研究思想文化内容的物质载体。此处的"物质载体"既有图书报刊，同时还包含了其他甚至更重要的内容。达恩顿认为人们在关注各种图书版本的同时，更应该"把书籍理解为历史中的一股力量"[1]。他认为，这些图书背后蕴藏着更有价值的"财宝"：通过分析欧洲书籍生产中排字工的拼写错误或者排字架的式样，我们可以了解工业革命前的手工业者的工作习惯。

达恩顿并非有意降低文献学的学术价值和地位，而是要提出一种新的研究路径，通过分析与这些图书有关的更多的信息，完成对社会思想文化变迁的多维度考察。在《启蒙运动的生意》中，达恩顿把对《百科全书》的研究分解为若干个问题：印刷品的物质条件和技术与印刷产品的内容取向以及传播之间的关系如何？出版商、书商、推销员和文化传播中的其他媒介扮演什么角色？以及出版如何像生意那样运作？……[2] 这些问题的关注对象指向了一点：图书是思想文化的载体，但它们更是"匠人的产品、经济交换的物、观念之舟以

---

[1] 罗伯特·达恩顿：《启蒙运动的生意》，叶桐、顾杭译，生活·读书·新知三联书店，2005，第2页。

[2] 罗伯特·达恩顿：《启蒙运动的生意》，叶桐、顾杭译，生活·读书·新知三联书店，2005，第1页。

及政治和宗教冲突的要素"[1]。这些物质化的因素共同影响和推动着思想文化的传布。

在达恩顿看来,《百科全书》是"启蒙运动中最重要的著作",但是它的印刷、出版和流通是一桩投机生意。他认为,以《百科全书》为核心的"启蒙",既是知识、思想和精神的广为传播,也是印刷、出版、贩卖、查禁和盗版错综交合的过程。技术工人、出版商、印刷商、宗教人士、官僚组织、普通民众等都参与到这一过程中,他们从自己的利益诉求出发,参与到《百科全书》从策划到生产到销售再到阅读的活动中,从而共同完成了启蒙思想的传播。

在达恩顿之前,加拿大学者哈罗德·伊尼斯就通过考察自古埃及以来文明史和媒介传播之间的关系,发现每一种形式的媒介都对应和形成了某种特定的文明形态,认为新的媒介产生新的文明。莎草纸的生产和使用必须在特定地区,所以与它对应的就是集中制的政治文明。[2] 羊皮纸适合非集中化行政管理的需要,由于它具备了适合抄写那些翻检方便的大部头书籍的特点,所以它也就成了宗教和法律经典的材料,[3] 促成了欧洲教权的强大。纸张满足下层社会阶级需要的优势[4],推翻了羊皮纸的统治地位。纸的盛行,一方面推动了宗教力量垄断知识和文化局面的瓦解,另一方面也推动了欧洲商业文化的进程。古登堡的印刷技术,首先打破了宗教界对《圣经》等著作的垄断,使普通人可以直接阅读《圣经》,与上帝进行对话,它印刷的小说、戏剧、政论报纸等阅读资料,解放了宗教人员对人们生活主题的占据,形成了新的文明形态。

政治学家本尼迪克特·安德森研究了印刷媒介对民族身份的产生与认同的推动作用:生产体系和生产关系(资本主义)、传播科技(印刷品)和人类语言宿命的多样性之间的互相作用,为民族共同体成为可想象的提供了基础准备;通过印刷字体和纸张的中介作用,不同语言背景的人们得以交流;印刷资本主义产生了新的权力语言,并且具有了固定性,而这种固定性就意味着新的思想文化的形成。[5]

---

[1] 罗伯特·达恩顿:《启蒙运动的生意》,叶桐、顾杭译,生活·读书·新知三联书店,2005,第1页。

[2] 哈罗德·伊尼斯:《帝国与传播》,何道宽译,中国传媒大学出版社,2013,第147页。

[3] 哈罗德·伊尼斯:《帝国与传播》,何道宽译,中国传媒大学出版社,2013,第148页。

[4] 哈罗德·伊尼斯:《帝国与传播》,何道宽译,中国传媒大学出版社,2013,第154页。

[5] 本尼迪克特·安德森:《想象的共同体:民族主义的起源与散布》,吴叡人译,上海人民出版社,2011,第42-44页。

以上研究关注的问题和对象虽然各不相同，但是均将思想文化的传播变迁与复杂的物质活动联系起来，把研究的目光从本著作转向了书籍的印刷、流通、阅读、消费等物质层面。这些研究为本著作考察马克思主义自19世纪末以来在中国的传播提供了新的启发。

马克思主义被引入中国之后，逐渐受到关注。这既与中国的社会政治需要相契合，同时也与中国的出版和传媒活动有着密切的关联。清末以来，中国开始进入大变革时期，整个社会都正在发生巨大的变化，政治、经济、文化等社会各方面均面临着诸多问题。如何应对和解决这些问题，是每个具有家国情怀的中国人都必须要考虑的议题。为了寻找到合适的解决方案，他们开始运用中国已经相对完善的出版传媒机构展开讨论。

正如霍尔对文化的循环论述，生产、消费、认同、表征和规则等活动环节的接合和持续进行，推进了文化的传递一样，马克思主义的思想理论也伴随马克思主义著作和文章的出版流通，在中国传播开来。

中国的早期马克思主义传播者们，虽然对马克思主义的思想内容和理论方法并没有完整的了解和掌握，但是依然有选择地介绍了其中的某些内容，并将之融入他们对社会问题和国家前途的表达中。这些内容被刊登在传媒上，并通过繁密的发行网络向社会传播。马克思主义思想的革命性，对中国彼时社会问题的洞察和指导性，经由这些图书报刊，逐渐引起了人们的关注和信任，获得了小范围的初步认同，并促成了早期的马克思主义者的出现，如李大钊等人。

以李大钊为代表的早期马克思主义者，运用日益普及的新式印刷技术和出版机构创办了同人刊物、商业报纸副刊，大量刊发有关马克思主义的文章著述。《新青年》《觉悟》等媒体，读者集中，发行量可观，已经在社会上拥有了不容小视的影响力。它们在介绍马克思主义内容时，将之表征为分析和解决中国社会问题的重要思想，凸显它的革新性。这又引导了新一轮的中国社会对马克思主义的认同。

随着社会形势的发展和马克思主义在中国影响的增强，马克思主义的思想理论也成为出版领域的重要选题。各种性质的出版社，纷纷开展马克思主义著作的出版发行工作。出版机构对这些图书有着不同的表征，有的将其视为理解马克思主义的入门图书，有的将图书标注为社会科学思想的重要成果，有的突出它在解决中国社会问题方面的有效性……这些表征活动，凸显了马克思主义思想及其著作对中国的意义，扩大了马克思主义著作的销售成果。它们既满足了出版社的各种诉求，又使马克思主义在社会上形成了更深层次的认同。

这些与马克思主义思想内容有关的图书报刊的出版、发行和流通，扩大了中国人对马克思主义的关注和讨论，唤起了中国人对这一思想理论的认同。这种认同又促使着出版和传媒机构对马克思主义开展更大规模的传播活动。两者相互作用，相互促进，共同成为推动马克思主义传播的重要力量源泉，既有物质的力量，也有精神的推动。

在《〈政治经济学批判〉导言》中，马克思从历史唯物主义的角度，辩证地阐述了生产、分配、交换和消费各环节之间的关系，并形成了著名的物质生产循环理论。其时，马克思关注的领域主要在于经济领域，揭露和批判资产阶级对工人的经济剥削，而未对资本主义在文化领域对工人的剥夺和压迫方面给予充分的重视和论述。马克思未曾深入探讨的文化方面的内容，后来成为以伯明翰学派为代表的学者的重要研究领域。霍尔在研读马克思、恩格斯著作的基础上，寻找到了理解和研究文化现象的重要发现：马克思、恩格斯关于经济基础与上层建筑之间的辩证关系，为霍尔进行文化研究带来了巨大的启发，物质生产循环理论被霍尔"接合"进对文化现象的考察领域。

无论是霍尔的文化循环理论，还是罗伯特·达恩顿等人的研究，均注重展现思想文化具有的物质性力量。这种物质性既包含着生产、消费等物质活动，同时也展现了思想文化在时在地性的作用。这种研究思路，突破了以往的从内容层面研究思想文化的路径，印证了物质文化史研究的重要性。虽然两人的考察对象不同，但他们的研究均从不同角度证实了马克思、恩格斯对物质与文化关系论述的正确性，在一定程度上亦是对马克思主义理论方法的应用与丰富。

本书采用传播学和文化研究的理论方法，从马克思主义著作在中国的传播入手，考察了图书报刊等物质载体的出版、发行和流通等环节，以及在此过程中展现的思想文化对出版传媒活动的能动作用。在此意义上，本研究既是对马克思主义在中国传播历程的梳理与丰富，同时也是对马克思主义理论方法的运用和确认。

本研究从马克思主义著作在中国的出版传播入手，力图考察以铅印为基础的出版和传媒活动对马克思主义在华传播的影响，分析两者之间的互动，呈现马克思主义在中国传播过程中所经历的曲折性和复杂性。

20世纪20年代中后期开始，上海的各种出版机构推出了大量与马克思主义思想内容有关的图书，其中既有马恩经典著作，也有马克思主义通俗著述。而上海之外的其他区域，如桂林、昆明、重庆、西安等地，也推出了不少此类著作。这些图书来源多样，既有专业研究者的学术成果，也有业余爱好者的作品；既有大出版社推出的丛书类著作，也有中小型出版社印制的单行本。在资料的收集和整理过程中，笔者发现，部分图书的再版次数非常多，总体的发行量也较大。这些数据一方面显示了出版机构对此类图书的经济价值和社会价值的重视，另一方面显示了时人对此类图书的需求量。

在这些图书的统计数据之外，还有另外的问题值得关注。当时中国的人口数量非常庞大，这些图书所能影响到的人群范围有多大，就需要进行深入研究。马克思主义在中国的传播，既与以往研究成果所重视的精神信仰层面的因素相关，也与物质化的马克思主义著作的出版流通密切相关。当然，它与彼时千千万万的中国人也密切相关。所以上述问题，换个角度而言，其实就是需要深入研究这些书报对普通人或普通读者怎样产生影响以及影响程度如何。

借助于各种图书报刊，马克思主义在中国的传播经历了从城市到乡镇，从知识精英到普通民众的转变。本书的研究，比较清晰地呈现了这一点。对马克思主义在大城市和知识精英中的传播，已经有比较多的研究成果，而针对普通读者和普通读者的研究则不够。大城市的出版机构之所以在偏远地方设立代办点，原因就在于当地有需求或设想当地有需求，而它的销售对象显然是普通读者。研究这些普通读者，分析他们对马克思主义的阅读和理解，将有助于更全面深刻地理解马克思主义在中国的传播。而这一问题也是当下的马克思主义传播面临的重要课题。

民国时期的传播远没有当下丰富多样，覆盖率也没有当下高，当时人们的选择也不多，书报是他们获取信息和学习知识的重要手段。图书报刊也就成了彼时马克思主义在中国传播的重要载体。

到了电子传媒时代，传播的内容异常丰富，传播的形式也多种多样，普通人也能够便利地接触到各种最新的资讯和传媒方式。人们拥有了更多的选择权，既可以选择传媒方式也可以选择内容。如何将作为中国主导思想的马克思主义传播给专业研究者和精英群体之外的普通民众，并在他们那里产生预期的效果，是各界需要认真研究的课题。希望本人下一阶段的研究，能够为此课题增砖添瓦。

参考文献

阿瑞基，2011. 漫长的20世纪. 姚乃强，严维明，韩振荣，译. 南京：江苏人民出版社.

安德森，2011. 想象的共同体：民族主义的起源与散布[M]. 吴叡人，译. 上海：上海人民出版社.

巴尔比耶，拉维尼尔，2008. 从狄德罗到因特网：法国传媒史[M]. 施婉丽，徐艳，俞佳乐，译. 上海：上海人民出版社.

白瑞华，2013. 中国近代报刊史：1800—1912[M]. 苏世军，译. 北京：中央编译出版社.

包天笑，2009. 钏影楼回忆录[M]. 北京：中国大百科全书出版社.

鲍曼，2002. 流动的现代性[M]. 欧阳景根，译. 上海：上海三联书店.

北京图书馆，1986. 民国时期总书目：1911—1949[Z]. 北京：书目文献出版社.

贝克，2008. 媒体、市场与民主[M]. 冯建三，译. 上海：上海人民出版社.

波德里亚，2008. 消费社会[M]. 刘成富，全志钢，译. 南京：南京大学出版社.

伯格，2000. 通俗文化、媒介和日常生活中的叙事[M]. 姚媛，译. 南京：南京大学出版社.

伯纳尔，1976. 一九〇七年以前中国的社会主义思潮[M]. 丘权政，符致兴，译. 福州：福建人民出版社.

博格斯，2002. 知识分子与现代性的危机[M]. 李俊，蔡海榕，译. 南京：江苏人民出版社.

布尔迪厄，1997. 文化资本与社会炼金术：布尔迪厄访谈录[M]. 包亚明，译. 上海：上海人民出版社.

蔡铭泽，2013. 中国国民党党报历史研究[M]. 新北：花木兰文化出版社.

曾鹰，2011. 技术文化意义的合理性研究[M]. 北京：光明日报出版社.

陈伯海，袁进，1993. 上海近代文学史 [M]. 上海：上海人民出版社.

陈昌文，2012. 都市化进程中的上海出版业 [M]. 上海：上海人民出版社.

陈存仁，2000. 银元时代生活史 [M]. 上海：上海人民出版社.

陈公博，2004. 苦笑录 [M]. 北京：东方出版社.

陈红民，2003. 中华民国史新论：经济·社会·思想文化卷 [M]. 北京：生活·读书·新知三联书店.

陈金龙，2013. 近代中国社会思潮与马克思主义中国化 [M]. 北京：人民出版社.

陈晋，2014. 毛泽东阅读史 [M]. 北京：生活·读书·新知三联书店.

陈力丹，1993. 精神交往论：马克思恩格斯的传播观 [M]. 北京：开明出版社.

陈明远，2005. 文化人的经济生活 [M]. 上海：文汇出版社.

达恩顿，2005. 启蒙运动的生意：《百科全书》出版史（1775—1800）[M]. 叶桐，顾杭，译. 北京：生活·读书·新知三联书店.

达恩顿，2012a. 法国大革命前的畅销禁书 [M]. 郑国强，译. 上海：华东师范大学出版社.

达恩顿，2012b. 旧制度时期的地下文学 [M]. 刘军，译. 北京：中国人民大学出版社.

德里达，1999. 多义的记忆：为保罗·德曼而作 [M]. 蒋梓骅，译. 北京：中央编译出版社，1999.

德里克，2010. 革命与历史 [M]. 翁贺凯，译. 南京：江苏人民出版社.

邓明义，2005. 陈望道传 [M]. 2版. 上海：复旦大学出版社.

杜盖伊，霍尔，简斯，等，2003. 做文化研究：索尼随身听的故事 [M]. 霍炜，译. 北京：商务印书馆.

方汉奇，2002. 中国新闻传播史 [M]. 北京：中国人民大学出版社.

冯英子，1986. 我所走过的道路 [M]. 杭州：浙江人民出版社.

福柯，2001. 词与物：人文科学考古学 [M]. 莫伟民，译. 上海：上海三联书店.

福柯，2003. 疯癫与文明：理性时代的疯癫史 [M]. 刘北成，杨远婴，译. 北京：生活·读书·新知三联书店.

福柯，2007. 规训与惩罚：监狱的诞生 [M]. 刘北成，杨远婴，译. 北京：生活·读书·新知三联书店.

高崧，陈应年，陈江，等，1992. 商务印书馆九十五年 [M]. 北京：商务印书馆．

戈公振，1985. 中国报学史 [M]. 北京：中国新闻出版社．

格尔茨，1999. 文化的解释 [M]. 韩莉，译．南京：译林出版社．

葛兰西，2008. 火与玫瑰 [M]. 田时纲，译．北京：人民出版社．

古敏，2005. 头版头条：中国创刊词 [M]. 北京：时事出版社．

郭洪涛，2004. 郭洪涛回忆录 [M]. 北京：中共党史出版社．

郭沫若，1958. 郭沫若文集：第七卷 [M]. 北京：人民文学出版社．

郭湛波，2013. 近五十年中国思想史 [M]. 长沙：岳麓书社．

哈贝马斯，1999. 公共领域的结构转型 [M]. 曹卫东，刘北城，王晓钰，等译．上海：学林出版社．

哈林，曼奇尼，2012. 比较媒介体制：媒介与政治的三种模式 [M]. 陈娟，展江，等译．北京：中国人民大学出版社．

何建国，2011. 领袖著作与意识形态：孙中山著作的出版与传播研究（1919—1949）[D]. 上海：华东师范大学．

何玉蔚，2009. 对"过度诠释"的诠释 [M]. 北京：中国社会科学出版社．

贺渊，2011. 新生命研究 [M]. 北京：社会科学文献出版社．

胡适，1985. 胡适的日记 [M]. 北京：中华书局．

胡适，2013. 胡适文存 [M]. 北京：华文出版社．

胡愈之，1990. 我的回忆 [M]. 南京：江苏人民出版社．

胡悦晗，2012. 日常生活与阶层的形成：以民国时期上海知识分子为例（1927—1937）[D]. 上海：华东师范大学．

湖北省社会科学院，1981. 回忆陈潭秋 [M]. 武汉：华中工学院出版社．

黄宝忠，2012. 近代中国民营业出版研究：以商务印书馆和中华书局为考察对象 [D]. 杭州：浙江大学．

姜义华，1984. 社会主义学说在中国的初期传播 [M]. 上海：复旦大学出版社．

蒋梦麟，2012. 西潮与新潮 [M]. 北京：人民出版社．

蒋原伦，2004. 媒体文化与消费时代 [M]. 北京：中央编译出版社．

焦金波，2014. 延安时期马克思主义大众化研究 [M]. 南宁：广西人民出版社．

金观涛，1983. 在历史的表象背后 [M]. 成都：四川人民出版社．

卡勒，2013. 文学理论入门 [M]. 李平，译．南京：译林出版社．

凯尔纳，2004. 媒体文化 [M]. 丁宁，译．北京：商务印书馆．

凯尔纳，贝斯特，2011. 后现代理论 [M]. 张志斌，译. 北京：中央编译出版社.

柯文，2006. 在传统与现代性之间：王韬与晚清改革 [M]. 雷颐，罗检秋，译. 南京：江苏人民出版社.

来新夏，等，2000. 中国近代图书事业史 [M]. 上海：上海人民出版社.

乐黛云，1995. 独角兽与龙：在寻找中西文化普遍性中的误读 [M]. 北京：北京大学出版社.

勒庞，2013. 乌合之众：大众心理研究 [M]. 夏小正，译. 天津：天津人民出版社.

雷启立，2008. 印刷现代性与中国现代文学的发生：以清末民初的出版活动为中心 [D]. 上海：华东师范大学.

雷群明，2009. 韬奋论新闻出版 [M]. 上海：学林出版社.

黎洁华，虞苇，2003. 戴季陶传 [M]. 广州：广东人民出版社.

李大钊，1999. 李大钊文集 [M]. 北京：人民出版社.

李家驹，2005. 商务印书馆与近代知识文化的传播 [M]. 北京：商务印书馆.

李良玉，2014. 转型时代的思想与文化 [M]. 北京：生活•读书•新知三联书店.

李仁渊，2005. 晚清的新式传播媒体与知识分子：以报刊出版为中心的讨论 [M]. 台北：稻乡出版社.

李提摩太，2005. 亲历晚清四十五年 [M]. 李宪堂，侯林莉，译. 天津：天津人民出版社.

李孝悌，2001. 清末的下层社会启蒙运动：1901—1911[M]. 石家庄：河北教育出版社.

李雪峰，1997. 李雪峰回忆录 [M]. 北京：中共党史出版社.

李一氓，2001. 李一氓回忆录 [M]. 北京：人民出版社.

李泽厚，1979. 中国近代思想史论 [M]. 北京：人民出版社.

林代昭，潘国华，1983. 马克思在中国：从影响的传入到传播 [M]. 北京：清华大学出版社.

刘洪权，2010. 民国时期出版书目汇编 [G]. 北京：国家图书馆出版社.

刘东，翟奎凤，2012. 梁启超文存 [M]. 南京：江苏人民出版社.

罗志田，1999. 权势转移 [M]. 武汉：湖北人民出版社.

罗兹曼，2010. 中国的现代化 [M]. 国家社会科学基金"比较现代化"课题组，译. 南京：江苏人民出版社.

阎小波，2002. 百年传媒变迁：1900—2000[M]. 南京：江苏美术出版社.

马尔库塞，1989. 单向度的人：发达工业社会意识形态研究[M]. 刘继，译. 上海：上海译文出版社.

迈斯纳，1989. 李大钊与中国马克思主义的起源[M]. 中共北京市委党史研究室，译. 北京：中共党史资料出版社.

麦克卢汉，2000. 理解媒介：论人的延伸[M]. 何道宽，译. 北京：商务印书馆.

麦库姆斯，2008. 议程设置：大众媒介与舆论[M]. 郭镇之，徐培喜，译. 北京：北京大学出版社.

曼古埃尔，2002. 阅读史[M]. 吴昌杰，译. 北京：商务印书馆.

毛泽东，1991. 毛泽东选集[M]. 北京：人民出版社.

茅盾，1997. 我走过的道路[M]. 2版. 北京：人民文学出版社.

梅朋，傅立德，2007. 上海法租界史[M]. 倪静兰，译. 上海：上海社会科学院出版社.

梅志，1998. 胡风传[M]. 北京：北京十月文艺出版社.

南希，2007. 结构的共通体[M]. 郭建玲，译. 上海：上海人民出版社.

逄先知，2013. 毛泽东年谱[M]. 北京：中央文献出版社.

彭明，1991. 从空想到科学：中国社会主义思想发展的历史考察[M]. 北京：中国人民大学出版社.

齐峰，李雪枫，2013. 山西革命根据地出版史[M]. 太原：山西人民出版社.

钱存训，2004. 中国纸和印刷文化史[M]. 桂林：广西师范大学出版社.

钱小柏，雷群明，1983. 韬奋与出版[M]. 上海：学林出版社.

邱少明，2011. 民国马克思主义经典著作翻译史：1912至1949年[D]. 南京：南京航空航天大学.

瞿骏，2007. 辛亥革命与城市公共空间：以上海为中心的研究（1911—1913）[D]. 上海：华东师范大学.

全国政协文史资料委员会，2002. 文史资料存稿选编：文化、经济、社会[G]. 北京：中国文史出版社.

芮哲非，2014. 谷腾堡在上海：中国印刷资本业的发展（1876—1937）[M]. 张志强，潘文年，鄢毅，等译. 北京：商务印书馆.

萨义德，2002. 知识分子论[M]. 单德兴，译. 北京：生活·读书·新知三联书店.

萨义德，2003. 文化与帝国主义[M]. 李琨，译. 北京：生活·读书·新知三联书店.
　　桑兵, 2014. 清末新知识界的社团与活动 [M]. 北京：北京师范大学出版社.
　　桑兵, 赵立彬, 2012. 转型中的近代中国 [M]. 北京：社会科学文献出版社.
　　桑斯坦, 2008. 信息乌托邦：众人如何生产知识 [M]. 毕竞悦, 译. 北京：法律出版社.
　　商务印书馆, 1981a. 商务印书馆图书目录：1897—1949[Z]. 北京：商务印书馆.
　　商务印书馆, 1981b. 商务印书馆图书目录：1849—1980[Z]. 北京：商务印书馆.
　　商务印书馆, 1987. 商务印书馆九十年 [M]. 北京：商务印书馆.
　　商务印书馆编辑部, 1998. 商务印书馆一百年 [M]. 北京：商务印书馆.
　　上海图书馆, 1979. 中国近代现代丛书目录 [Z]. 上海：上海图书馆.
　　沈云龙, 1966. 近代中国史料丛刊 [G]. 台北：文海出版社.
　　《生活书店史稿》编委会, 2007. 生活书店史稿 [M]. 2版. 北京：生活·读书·新知三联书店.
　　施瓦支, 1989. 中国的启蒙运动：知识分子与五四遗产 [M]. 李国英, 陈琼, 李声笑, 等译. 太原：山西人民出版社.
　　史和, 姚福申, 叶翠娣, 1991. 中国近代报刊名录 [Z]. 福州：福建人民出版社.
　　舒新城, 2013. 舒新城自述 [M]. 合肥：安徽文艺出版社.
　　斯道雷, 2001. 文化理论与通俗文化导论 [M]. 杨竹山, 郭发勇, 周辉, 译. 南京：南京大学出版社.
　　斯蒂文森, 2001. 认识媒介文化：社会理论与大众传播 [M]. 王文斌, 译. 北京：商务印书馆.
　　斯诺, 1979. 西行漫记 [M]. 董乐山, 译. 北京：生活·读书·新知三联书店.
　　宋原放, 2006. 中国出版史料：现代部分 [G]. 陈江, 辑注. 济南：山东教育出版社.
　　宋原放, 2011. 中国出版史料：近代部分 [G]. 汪家熔, 辑注. 武汉：湖北教育出版社.
　　宋原放, 孙颙, 2000. 上海出版志 [Z]. 上海：上海社会科学出版社.
　　苏精, 2014. 铸以代刻：传教士与中文印刷变局 [M]. 台北：台湾大学出版中心.
　　孙燕京, 张研, 2009. 民国史料丛刊 [G]. 郑州：大象出版社.

孙中山，1985. 孙中山全集 [M]. 北京：中华书局.

汤普森，2001. 英国工人阶级的形成 [M]. 钱乘旦，译. 南京：译林出版社.

陶菊隐，2005. 记者生活三十年 [M]. 北京：中华书局.

田晓青，2013. 民国思潮读本 [M]. 北京：作家出版社.

田子渝，1997. 李汉俊 [M]. 石家庄：河北人民出版社.

田子渝，蔡丽，徐方平，等，2012. 马克思主义在中国初期传播史（1918—1922）[M]. 北京：学习出版社.

万启盈，2012. 中国近代印刷工业史 [M]. 上海：上海人民出版社.

汪晖，2000. 死火重温 [M]. 北京：人民文学出版社.

汪家熔，1985. 大变动时代的建设者 [M]. 成都：四川人民出版社.

汪家熔，2003. 近代出版人的文化追求 [M]. 南宁：广西教育出版社.

汪耀华，2006. 民国出版业经营规章 [M]. 上海：上海书店出版社.

汪耀华，2010. 上海书业同业公会史料与研究 [M]. 上海：上海交通大学出版社.

汪耀华，2011. 上海书业名录 [Z]. 上海：上海书店出版社.

汪原放，1983. 回忆亚东图书馆 [M]. 上海：学林出版社.

汪原放，2006. 亚东图书馆与陈独秀 [M]. 上海：学林出版社.

王东，陈有进，贾向云，2009. 马列著作在中国出版简史 [M]. 福州：福建人民出版社.

王光远，1987. 陈独秀年谱 [M]. 重庆：重庆出版社.

王敏，2008. 上海报人社会生活：1872—1949[M]. 上海：上海辞书出版社.

王奇生，1992. 中国留学生的历史轨迹 [M]. 武汉：湖北教育出版社.

王奇生，2010. 革命与反革命 [M]. 北京：社会科学文献出版社.

王栻，1986. 严复集 [M]. 北京：中华书局.

王韬，1989. 瀛壖杂志 [M]. 上海：上海古籍出版社.

王伟光，2011. 社会主义通史 [M]. 北京：人民出版社.

王煦华，朱一冰，2007.1927—1949年禁书刊史料汇编 [G]. 北京：北京图书馆出版社.

王云五，1977. 岫庐最后十年自述 [M]. 台北：台湾商务印书馆.

王云五，1981. 谈往事 [M]. 台北：传记文学出版社.

威廉斯，2005. 关键词：文化与社会的词汇 [M]. 刘建基，译. 北京：生活·读书·新知三联书店.

魏宏远，1984. 抗日战争时期晋察冀边区财政经济史资料选编 [G]. 天津：

南开大学出版社.

文昊,2013.民国的报业巨头[M].北京:中国文史出版社.

吴方,1994.仁智的山水:张元济传[M].上海:上海文艺出版社.

吴基民,2008.炼狱:中国托派的苦难与奋斗[M].[出版地不详]八方文化创作室.

吴简易,2008.书籍简史[M].太原:希望出版社.

吴相,2000.从印刷作坊到出版重镇[M].南宁:广西教育出版社.

吴永贵,2011.民国出版史[M].福州:福建人民出版社.

萧邦奇,2010.血路:革命中国中的沈定一传奇[M].周武彪,译.南京:江苏人民出版社.

谢尔,2013.启蒙与出版:苏格兰作家和18世纪英国、爱尔兰、美国的出版商[M].启蒙编译所,译.上海:复旦大学出版社.

《新华日报的回忆》编委会,1979.新华日报的回忆[M].成都:四川人民出版社.

熊月之,1994.西学东渐与晚清社会[M].上海:上海人民出版社.

熊月之,1999.上海通史:第6卷[Z].上海:上海人民出版社.

徐素华,2013.马克思恩格斯著作在中国的传播:MEGA² 视野下的文本、文献、语义学研究[M].北京:中国社会科学出版社.

许宝强,2007.资本主义不是什么[M].上海:上海人民出版社.

许纪霖,罗岗,等,2007.启蒙的自我瓦解[M].长春:吉林出版集团有限责任公司.

薛暮桥,1996.薛暮桥回忆录[M].天津:天津人民出版社.

延安时事问题研究会,1961.抗战中的中国政治[M].上海:上海人民出版社.

严帆,2009.中央苏区新闻出版印刷发行史[M].北京:中国社会科学出版社.

杨大春,尚杰,2005.当代法国哲学诸论题:法国哲学研究(1)[M].北京:人民出版社.

杨奎松,1994.马克思主义中国化的历史进程[M].郑州:河南人民出版社.

杨奎松,2012.中间地带的革命[M].桂林:广西师范大学出版社.

杨卫民,2015.摩登上海的红色革命传播[M].上海:上海大学出版社.

杨扬,2000.商务印书馆:民间出版业的兴衰[M].上海:上海教育出版社.

杨荫溥,1983.民国财政史[M].北京:中国财政经济出版社.

姚福申，2004. 中国编辑出版史 [M]. 修订版. 上海：复旦大学出版社.
姚公鹤，1989. 上海闲话 [M]. 上海：上海古籍出版社.
叶志良，2003. 大众文化 [M]. 上海：上海文艺出版社.
叶中强，2010. 上海社会与文人生活：1843—1945[M]. 上海：上海辞书出版社.
伊尼斯，2003. 传播的偏向 [M]. 何道宽，译. 北京：中国人民大学出版社.
伊尼斯，2003. 帝国与传播 [M]. 何道宽，译. 北京：中国人民大学出版社.
俞筱尧，刘彦捷，2002. 陆费逵与中华书局 [M]. 北京：中华书局.
张国焘，1998. 我的回忆 [M]. 北京：东方出版社.
张静庐，1984. 在出版界二十年 [M]. 上海：上海书店.
张静庐，2011a. 中国近代出版史料：初编 [G]. 上海：上海书店出版社.
张静庐，2011b. 中国现代出版史料：甲编 [G]. 上海：上海书店出版社.
张静庐，2011c. 中国现代出版史料：乙编 [G]. 上海：上海书店出版社.
张静庐，2011d. 中国现代出版史料：丙编 [G]. 上海：上海书店出版社.
张静庐，2011e. 中国现代出版史料：丁编 [G]. 上海：上海书店出版社.
张静庐，2011f. 中国出版史料补编 [G]. 上海：上海书店出版社.
张静如，刘志强，卞杏英，2004. 中国现代社会史 [M]. 长沙：湖南人民出版社.
张树栋，庞多益，郑如斯，2004. 简明中华印刷通史 [M]. 桂林：广西师范大学出版社.
张树年，1991. 张元济年谱 [M]. 北京：商务印书馆.
张秀民，1989. 中国印刷史 [M]. 上海：上海人民出版社.
张一兵，2012. 当代国外马克思主义哲学思潮 [M]. 南京：江苏人民出版社.
张元济，2001. 张元济日记 [M]. 石家庄：河北教育出版社.
张云鹏，2007. 文化权：自我认同与他者认同的向度 [M]. 北京：社会科学文献出版社.
张仲民，2009. 出版与文化政治：晚清的"卫生"书籍研究 [M]. 上海：上海书店出版社.
章立凡，2004. 记忆：往事未付红尘 [M]. 西安：陕西师范大学出版社.
章清，2014. 清季民国时期的思想界 [M]. 北京：社会科学文献出版社.
郑超麟，2004. 郑超麟回忆录 [M]. 北京：东方出版社.
郑大华，2006. 民国思想家论 [M]. 北京：中华书局.
郑大华，2006. 民国思想史论 [M]. 北京：社会科学文献出版社.

郑士德，2000. 中国图书发行史 [M]. 北京：中国时代经济出版社.

郑逸梅，1983. 书报旧话 [M]. 上海：学林出版社.

郑瑜，2008. 虹口的空间网络与20世纪30年代上半叶虹口民营出版业 [D]. 上海：华东师范大学.

中共中央马克思恩格斯列宁斯大林著作编译局，1983. 马克思恩格斯著作在中国的传播 [M]. 北京：人民出版社.

中共中央马恩列斯著作编译局研究室，1979. 五四时期期刊介绍 [Z]. 北京：生活•读书•新知三联书店.

中国出版工作者协会，中国民主促进会，1988. 怀念出版家徐伯昕 [M]. 太原：书海出版社.

中国第二历史档案馆，1994. 中华民国史档案资料汇编：第五辑 [G]. 南京：江苏古籍出版社.

中国社会科学院近代史研究所，1979. 五四运动回忆录 [M]. 北京：中国社会科学出版社.

中国社会科学院新闻研究所，1980. 中国共产党新闻工作文件汇编 [G]. 北京：新华出版社.

中华书局，1987. 回忆中华书局 [M]. 北京：中华书局.

中华书局，1993. 中华书局图书目录：1949—1991[Z]. 北京：中华书局.

中华文学史料学学会，1990. 中华文学史料 [G]. 上海：百家出版社.

中央档案馆，江西省档案馆，1986. 江西革命历史文件汇集：1923—1926[G]. 南昌：江西省档案馆.

周策纵，1999. 五四运动史 [M]. 陈永明，等译. 长沙：岳麓书社.

周棉，等，2012. 中国留学生论 [M]. 南京：南京大学出版社.

周其厚，2007. 中华书局与近代文化 [M]. 北京：中华书局.

周武，1999. 张元济：书卷人生 [M]. 上海：上海教育出版社.

周宪，杨书澜，李建盛，2007. 文化研究关键词 [M]. 北京：北京师范大学出版社.

朱联保，1993. 近代上海出版业印象记 [M]. 上海：学林出版社.

朱顺佐，1988. 邵力子传 [M]. 杭州：浙江大学出版社.

庄玉惜，2010. 印刷的故事：中华商务的历史与传承 [M]. 香港：三联书店有限公司.

邹韬奋，1995. 韬奋全集 [M]. 上海：上海人民出版社.

邹韬奋，2000. 韬奋自述 [M]. 上海：学林出版社.

后 记

敲这段文字时，正是千年古都汴梁的仲秋十月，天清云淡。我此时的心情一如窗外，叶黄露浓，欣慰中带有忐忑。欣慰的是，书稿终于要付梓了，忐忑的是，这颗果实还泛着青色。

书稿选题的机缘源于一场学术会。2013年9月29日，来自上海文化出版界的各位学人前辈聚在一起，回忆上海新闻出版业的过往风雨，诉说彼时的行业境遇，畅想上海未来的文化走向。各位前辈娓娓道出上海新闻出版业与中国近现代社会思想变迁的互动纠葛。彼时聆听"口述"历史的我，恰似石猴初入斜月三星洞，好奇中带着困惑：虽对诸多事件、图书有所耳闻，但终归隔膜，感知不透其中深意。即如此，亦震撼于新闻出版活动蕴含的巨大能量。

会后，经恩师雷启立先生的点拨，我觉得看到了学术视野里异样的光彩：基于印刷技术变迁以及由此而来的传媒形态角度，梳理马克思主义著作在华的译介、出版、流通、阅读，呈现新闻传媒的物质活动与马克思主义思想传播的关系。这道光成了我的学术指引，并在此后的数年里与我相伴朝夕。雷师此后的提醒与批评，亦随时响起。此中真情，铭记于心。

研究进行中，我既认真研读各种回忆录和日记，亦曾走马观花浏览彼时的奇闻轶事。上海图书馆里的《赵南公日记》手稿，给我留下了深刻的印象，龙飞凤舞的赵氏文笔，字如其人，颇合燕赵男儿的意气风发；厚达1米的20册《民国时期出版书目汇编》，是我的案头常客，民国时期书业的纷繁气象、思想的纠葛挞伐尽隐其中……

博士毕业后，我回到了古城开封，执教于经风历雨的母校河南大学。感谢母校的安静与恬淡，我可以继续培育我的这棵学术幼苗；感恩杨萌芽老师的渊博学识，我可以请教求证晚晴民国的诸多问题；感激李彬老师的垂爱，我这本小书可以出版；感谢责任编辑胡玲霞女士，为我精心斧正错漏。

最后，深深感谢我的爱人挚友乔新玉女士。她的奉献、支持和付出，陪伴了我的学术发起之路，见证了书稿写作的全部过程。与汝同行，人生幸事！

2021年5月30日